Toward a Multicultural Global History:
Zheng He's Maritime Voyages (1405-1433) and China's Relations with the Indian Ocean World

走向多元文化的全球史

郑和下西洋（1405-1433）
及中国与印度洋世界的关系

[加] 陈忠平　主编

三联书店

图书在版编目（CIP）数据

走向多元文化的全球史：郑和下西洋（1405～1433）及中国与印度洋世界的关系／
（加）陈忠平主编 . —北京：生活 · 读书 · 新知三联书店，2017.1

ISBN 978 – 7 – 108 – 05691 – 7

Ⅰ . ①走…　Ⅱ . ①陈…　Ⅲ . ①郑和下西洋－研究

Ⅳ . ① K248.105

中国版本图书馆 CIP 数据核字（2016）第 089493 号

This research was supported by the Social Sciences and Humanities Research Council of Canada.

责任编辑　刘蓉林

装帧设计　刘　洋

责任印制　宋　家

出版发行　生活·讀書·新知 三联书店
　　　　　（北京市东城区美术馆东街 22 号　100010）

网　　址　www.sdxjpc.com

经　　销　新华书店

印　　刷　北京市松源印刷有限公司

版　　次　2017 年 1 月北京第 1 版
　　　　　2017 年 1 月北京第 1 次印刷

开　　本　635 毫米 × 965 毫米　1/16　印张 24.5

字　　数　270 千字

印　　数　0,001 – 5,000 册

定　　价　52.00 元

（印装查询：01064002715；邮购查询：01084010542）

目 录

前　言：

从多视角的郑和研究走向多元文化的全球史

陈忠平

明代初年的郑和七下西洋是中国史研究领域众所周知的重大历史事件，但无论在传统的世界史或新兴的全球史领域，这一人类航海史上的空前壮举尚未受到应有关注。尽管郑和船队在1405—1433年间曾远航当时已知旧世界的主要海域——印度洋，访问了亚非三十多个国家，但传统的世界史实际是中国史以外的其他国别史的综合，自然不可能对这一主要与中国相关的历史事件予以特别注意。近数十年来，新兴的全球史强调超越国别史局限性的人类历史共同趋势（如现代化）和全球性联系（如世界体系），但这种兴起于西方的史学研究难以摆脱近代以来欧洲中心论或西方中心论的影响。在此新兴领域内的西方主流学者对郑和下西洋不仅缺乏了解，而且其使用的理论方法也难以充分解释这种非西方的历史性事件。[1]

近十余年来关于郑和船队"发现"美洲的大众读物一度受到国际媒体的热捧和全世界公众的注意。虽然古代中国与美洲之间的

---

[1]　详见陈忠平在本书首篇文章中关于全球史中西方主流理论的讨论。

跨太平洋联系值得学术探讨，但这种舆论喧哗缺乏历史资料依据和严格史学研究的基础，反而引起中外历史学家的共同抨击。个别西方学者甚至宣称目前的全球史无须因此改写，[1]增加了从全球史角度正确理解郑和下西洋事件的学术难度。本书的主要目的正是在于突破这种学术困境，通过多视角的郑和研究来倡导多元文化的全球史。

本书所收录的十一篇论文主要来自 2014 年在加拿大维多利亚大学召开的中英文双语国际会议，其主题为"郑和下西洋及自古以来中国与印度洋世界的关系"。这一会议的参与者包括来自亚洲、非洲、欧洲、美洲和澳大利亚的五十多位学者，是亚洲之外召开的最大规模郑和研究会议。与会学者提交的论文将分为中英文两卷，在中国和美洲分别出版发行。但是，本书在主题、内容、论文体例和编辑过程方面都与一般会议论文集有较大区别。其中的论文除了由作者在会后修改之外，均由专家匿名评审，在审查合格之后全部经过不同程度的改写，以便突出从多视角的郑和研究来推进多元文化的全球史这一主题。

这本论文集对作者的一个基本要求是所有论文必须在使用原始资料的基础上，引用分析以往的有关论著，以杜绝重复，并在前人的基础上推陈出新。每篇论文除了严格注明史料的详细来源及其引用的前人论著之外，都编制了"征引文献"目录。这种体例上的技术性改革不仅可以提高郑和研究的整体质量，减少重复研究，而且可以促使其中的研究者从基础性史料解读更上一层楼，进入高层次的理论性思维和分析，发展中国特色的历史理论，推进中国史的创新和全球史的改进。

---

[1] Robert Finlay, "How Not to (Re)Write World History: Gavin Menzies and the Chinese Discovery of America." *Journal of World History*, vol. 15, no. 2 (2004): 229–42.

本书的作者既有郑和研究及中外关系研究方面的资深专家，也包括海内外的年轻华人学术新秀，但他们都是从中国史走向全球史研究的探索者。他们的论文使用了网络理论分析、海洋文化研究、文献史料考释、环境史研究、外交关系分析、文史交叉研究等多种学科的方法来讨论郑和下西洋及其对中国史和全球史，特别是对中国与印度洋世界之间关系的影响。这些论文在理论方法或史料分析方面并非完美无缺，但其所有作者都在推进郑和研究从中国史走向全球史的目标下做出了可贵的探索。他们文章中的不足和稚嫩之处也显示了这种学术探索的困难之处和当前学术界的现状。

第一部分的首篇论文从理论高度反思郑和下西洋及其与全球史的关系。其作者陈忠平从 20 世纪 80 年代前期开始相关研究，是 2014 年在维多利亚大学召开的上述国际会议的主持人和主要组织者。这篇论文通过使用新的网络理论及其一系列概念，试图推进对于郑和下西洋的理论分析，解决有关论著中长期争执不休的一些关键问题，并由此提出了全球史当中存在的一些理论问题。该文从网络理论角度对原始资料的分析指出：在中国与印度洋世界（包括邻近的东南亚地区）之间发展朝贡—贸易并行的关系是郑和下西洋的基本目的、主要活动及其在中国史和全球史中的长期历史遗产。这一人类航海史上的空前壮举对于近代新、旧世界联系之后的全球性网络的革命性变化也做出了间接贡献。

第二部分的两篇论文是对于郑和之前及其下西洋时代中国海洋文化的宏观考察，其两位作者分别为元史研究者刘迎胜和明史研究者万明，他们也是长期致力于中外关系史、特别是郑和下西洋研究的权威学者。刘迎胜的论文揭示了明初之前中国人关于"西洋"观念的源流，以及通过不断扩展的"西洋"世界所进行的中外航海科学技术交流。作者由此指出古代中国的航海科学是在吸纳其他民族知识的过程中发展的一个开放性知识体系，也是郑和下西洋壮举的基础。万明的论文则确证郑和船队所下之西洋即为其随员马欢等人笔下的"那没黎洋"，也即后来称为印度洋的海域。这一航海壮举促成了著名的古代内陆和海上丝绸之路在这一海域的汇合，并使印度洋成为贯通亚洲、非洲和欧洲的交通要道。

第三部分注重有关郑和下西洋的史料解读与史观辨正，其中的两篇论文由吴彦、郭晏光分别与陈忠平合作撰写。吴彦是在浙江大学从事中东史研究的专家，也是维多利亚大学的年轻访问学者，由她与陈忠平共撰的论文对于近来中外出版物中有关郑和船队"发现"美洲的说法追根溯源，综合考察了从先秦到明初华人先于哥伦布到达美洲的各种观点，并对相关文献资料进行了考证和质疑。尽管华人在哥伦布之前"发现"美洲的诸种说法尚无确凿无疑的证据，但该文指出郑和船队在印度洋世界的活动已经在 15 世纪初促进了旧大陆内部的海上联系，对全球化的历史做出了与后来的欧洲航海家同样重要且更为早期的贡献。郭晏光是维多利亚大学的博士候选人，由她和陈忠平合作的论文针对一些学者否定郑和船队曾经到达非洲的观点，使用原始史料、季风资料及考古证据对这一受到质疑的历史事实进行了系统考证，并对全球史，特别是印度洋史当中忽视和误解郑和下西洋的论著提出了批评。

第四部分的两篇论文尝试将环境分析与历史研究相结合，对明初江南地区或当时的东南亚社会与郑和下西洋的密切关系做了别开生面的探讨。梁志平是上海工程技术大学从事中国历史地理研究的年轻学者，他的论文揭示了明初名臣夏原吉治理江南水系的措施及其个人政治态度的变化、郑和船队赖以出海的刘家港的先盛后衰以及下西洋活动从开始到终结之间微妙而复杂的关系。另一论文的作者时平是上海海事大学从事海洋文化研究的专家和上海郑和研究中心的主持人。他在原始史料分析的基础之上，又对马六甲海峡的地理特征、季风活动规律等环境因素进行了考察，考证了郑和船队访问满剌加王国（今马六甲）的确切次数及其对明朝在东南亚的策略和满剌加在跨国贸易中兴起的影响。

第五部分的论文注重对于中国与印度洋地区长期历史关系的分析，其作者罗杨是中国华侨华人历史研究所的年轻学者。她的论文从东晋末年高僧法显西行开始，到明代初期郑和下西洋结束，对历代中国人探索印度洋世界的先驱及其留下的有关中文著述做了系统整理和分析。这些中文著述所反映的海外世界观曾先后受到南亚原始佛教中心及西亚伊斯兰教中心的影响，并经历了从这种宗教信仰情结转向对西洋世界的自然环境和经济状况的认识发展过程。

最后，本书第六部分的两篇综述文章反映了使用文史交叉等多学科研究方法来分析郑和下西洋及有关研究在海外的影响。蔡亚平是暨南大学专攻海洋文学史研究的年轻学者，她对文学、语言和历史领域中就明代后期小说《三宝太监西洋记通俗演义》进行的多学科研究成果进行了综述和评论。作为最末一篇文章的作者，柳瀛在担任维多利亚大学图书馆东亚研究馆馆员后即与陈忠平等合作，编撰了统括十三种语言的郑和研究论著目录，[1]她也在此工作的基础上提供了关于近二十年来中国大陆以外多学科内郑和研究的综述文章，证明这项研究确实已经走入世界学术之林。

所有这些文章都试图从多种角度来推动郑和下西洋的研究，

---

[1] Liu Ying, Chen Zhongping and Gregory Blue, *Zheng He's Maritime Voyages (1405–1433) and China's Relations with the Indian Ocean World: A Multilingual Bibliography* (Leiden: Brill, 2014).

并以此来探索中国史与全球史的联系。它们首先从全球史的角度提出了有关中国史的一些重要问题：例如，明清时期的中国在鸦片战争之前是单纯闭关锁国的停滞封建帝国，还是通过朝贡—贸易等对外关系始终与海外世界保持联系和互动的国家？古代中国在传统农业文明之外，是否曾经通过与海外的交流一度创造领先世界的海洋文化？中国人仅仅是近代地理大发现的局外人、新大陆的后来者，还是长期探索印度洋并在这一旧世界主要海域领导全球化的先驱者之一？同时，本书倡导的郑和研究也对目前仍以近代西方文明崛起为主线的全球史提出了挑战，但这种研究的意义并不是简单地从全球史中一些西方中心论的传统理论观点转向华夏中心论的另外一个极端，全球史实际上是由世界各个民族和各个国家通过其多种文化发展联系、持续互动的结果。郑和下西洋正是推动这种多元文化联系和互动的重大历史事件之一。

多元文化主义是很多西方国家在 20 世纪后期开始奉行的基本国策之一，但本书所关注的是郑和所代表的中国特色的多元文化传统及其在以印度洋为中心的早期全球化历史进程中的影响。[1] 在近代以来的西方世界，美国社会曾经长期以文化"熔炉"（melting pot）自诩，强调外来移民必须在此大熔炉中脱胎换骨，接受同化，抛弃其原来的文化传统，全面接受主要从盎格鲁－萨克逊文明发源的美国文化及其价值观。但是，加拿大社会由于英裔、法裔及其他民族文化长期并存的现实，从 20 世纪 70 年代初开始倡行多元文化主义，对国内各民族采取承认各自文化差异、保存原有文

---

[1] 关于早期全球化的讨论，见 Jürgen Osterhammel and Niels P. Peterson, *Globalization: A Short History*, trans. Dona Geyer (Princeton, NJ: 2005［2003］), 27, 并见本书所收陈忠平首篇论文在结论部分的有关讨论。

化传统、鼓励参与主流社会、促进不同文化交流、帮助移民学习官方语言等政策。此后美国澳大利亚、及欧洲的许多西方国家都在不同程度上采取了类似政策。但是，这一多元文化主义政策被左派批评者认为是掩盖不平等种族关系及将少数民族社区永久化的华丽辞藻和文化装饰。[1]

美国保守派著名学者塞缪尔·亨廷顿在 1993 年发表《文明冲突？》一文，并在此基础上于 1996 年出版了《文明冲突与世界秩序重建》一书，从另一方面对多元文化主义进行了抨击。亨廷顿认为"冷战"结束之后的全球性冲突主要是西方文明与非西方的伊斯兰教等文明之间的对抗，他由此批评多元文化主义将使美国"不属于任何一种文明、缺少文化核心"。所以，美国和西方的前途在于从多元文化重归西方文化，特别是其原有的美国价值观念。亨廷顿的论著曾在"每一大洲和数十国家"激起不同反应，广受争议，影响巨大。[2]因此，多元文化主义以及与之对立的"文明冲突"理论不仅是关于个别西方国家内部民族关系的问题，而且涉及全球史及未来全球化过程中不同文化的关系这一关键问题。由于近来欧美一些国家内部极端伊斯兰恐怖主义滋长，亨廷顿的观点已经受到时任英国首相卡梅伦等一些西方主要国家政治家的呼应和支持，导致一

[1] John Rex, "Multiculturalism in Europe and North America," in *Multiculturalism in North America and Europe: Comparative Perspectives on Interethnic Relations and Social Incorporation*, ed. Wsevolod W. Isajiw with the assistance of Tanuja Perera (Toronto: Canadian Scholars' Press, 1997), 21–31; Michael Dewing, *Canadian Multiculturalism* (Ottawa: Parliamentary Information and Research Service, 2012), 3, 16.

[2] Samuel P. Huntington, *The Clash of Civilization and the Remaking of World Order* (New York: Simon & Schuster Inc., 1996), 13, 306.

系列限制多元文化主义的政策出台。[1] 显然，使用原教旨主义的西方文化来对付原教旨主义的伊斯兰教及其他极端主义的思潮和运动无异于南辕北辙，只能加剧全球性"文明冲突"。多元文化主义提供了走出这种"文明冲突"的一线希望，但这一兴起于西方社会的观念仍然有其局限性，不仅处于左派和右翼学者的两面夹攻之下，而且面临欧美多国政府在政策上倒退的危机。这种学术和政治危机充分说明从郑和研究另辟途径，探讨中国和印度洋地区等非西方社会早期全球化历史，并由此取得历史经验和教训的重要性和迫切性。

位于美国费城的外交政策研究所在 1999 年曾召集一些著名学者，就世界历史上强大帝国利用或限制多元文化政策的得失进行讨论。该所的重要季刊《世界》（Orbis）在同年以"历史上的多元文化主义"为主题出版专刊，登载全球史的权威学者威廉·麦克尼尔（William H. McNeill）以及中国史等领域的十余名专家意见。麦克尼尔指出多元文化的并存、混合和互相冲突不仅是人类文明从开始就存在的现象，而且也是不同文明社会发展和变化的主要动力。他指出多元文明的生存和延续需要一些广为接受、达到共识的基本规则，却并未明确指出这种基本规则从何而来。[2] 参加讨论的当代中国政治和外交问题专家金德芳（June Teufel Dreyer）注意到从古到今的中国历史曾经先后受到来自南亚的佛教、欧洲的马克思主义等外来文化的影响，但她的文章却简单地将数千年的中国文化归结为从儒教到共产主义的单元文化典范（monocultural

---

[1] "Cameron: My War on Multiculturalism", *The Independence* (London, U K), February 5, 2011.

[2] "Editor's Column", esp. 523–24; William H. McNeill, "An Imperative of Civilization," esp. 541, 546–47, 549, both in *Orbis,* vol. 43, no. 4 (1999).

paradigm）。[1] 郑和研究不仅可以帮助纠正和补充这些从中国史到全球史的西方学者论说，而且可以为改进历史学科和现实政治中的多元文化主义提供启示。

实际上，以儒释道融合为特点的多元文化倾向在中国历史上早已存在，也是中华民族能够不断吸纳周边少数民族以及外来文化，得以持续发展壮大的基本原因之一。即使在费正清等西方学者所撰《中国：新历史》这一大学教科书中，这种宗教、政治等方面多元文化的历史事实也俯拾皆是。从东汉开始由印度传入中国的佛教，特别是大乘佛教，不仅为中国文化所吸收，而且受到中国儒学和道学的影响，发展了禅宗等本土教派，进而传入日本等邻国。中国早期原始道教则在佛教的影响下进一步发展了其宗教信仰和组织。特别重要的是，儒学作为汉代以来中国文化的主体，曾吸收佛教的文化要素，在南宋时代演变为新儒学。但是，新儒学后来又有理学和心学之分，其中前者成为中华帝国后期由国家推行的主要意识形态之一，后者则对日本思想界具有重大影响。唐宋时代的海上贸易也导致西亚的伊斯兰商人大批来华及伊斯兰教在中国的迅速传播，甚至被欧洲基督教视为异端的景教也得以在中国流行。在秦汉三国时代以后进入中原的北方游牧民族在南北朝时期建立多个政权，与汉族通婚并接受汉化，奠定了隋唐混血的皇室重新统一中国的基础。从辽代开始，北方少数民族政权进而建立汉化与游牧文化并存的南北面官制，成为后来清朝设立满汉六部并列的中央官制之先声。元朝从忽必烈统治时期开始在国家意识形态上推崇儒释道为

---

[1] June Teufel Dreyer, "China, the Monocultural Paradigm," in *Orbis*, vol. 43, no. 4 (1999): esp. 582–83, 585–87, 590–93. 在金德芳鼓励之下，其丈夫德雷尔在生前曾撰写于 2007 年出版的一部主要英文郑和传记，见 Edward L. Dreyer, *Zheng He: China and the Oceans in the Early Ming Dynasty, 1405–1433*（New York: Pearson, 2007），xiii。

主的文化统治，并由蒙古、汉族及其他民族组成多元的社会。[1] 明初处于云南的元朝残余政权延续至洪武十五年（1382），郑和即在洪武四年（1371）出生于当地的一个伊斯兰贵族家庭。他终生是虔诚的伊斯兰教徒，但是现有资料证明他后来也成为一位佛教信徒，并崇奉道教的神祇天妃。他的生平、思想和行为典型地表现了明初中国多种宗教文化的并存及其相互影响。[2]

郑和下西洋更将这种多元文化传统普及到了广阔的印度洋地区，促进了明代中国和这一地区的早期全球化。本书所收的论文反映了这种多元文化传统影响之下中国和印度洋世界早期全球化历史进程的几个重要方面。郑和不仅在海外推行了以儒家政治文化为核心的朝贡外交，而且以中外各国共同追求的海上国际贸易改变了中华帝国的传统外交体制，促进了中国手工产品与印度洋地区香料等物品为主的大规模物质文化交换。郑和及其华人先驱通过吸纳其他民族知识发展了开放性的航海科学体系，促进了大陆农业文明传统之外的海洋文化，并利用这种多元知识体系实现了中国古代内陆和海上丝绸之路在印度洋的交汇。尽管现有史料并不能证明郑和曾以哥伦布等欧洲航海家的方式，通过对新大陆的发现、征服、殖民、扩张等活动来建立新旧世界的联系，但他发展了兼具中外多元文化特色的朝贡—贸易关系、

---

[1] John King Fairbank and Merle Goldman, *China: A New History* (Cambridge, MA: The Belknap Press of Harvard University Press, 2006), 72–81, 92, 97–98, 113, 121–123, 140, 147–49. 关于中华民族和中国历史的多元文化特征，请参考以下中英文著作：费孝通，《中华民族多元一体格局》，中央民族学院出版社 1987 年版；张海洋，《中国的多元文化与中国人的认同》，民族出版社 2006 年版；Sanping Chen, *Multicultural China in the Early Middle Ages* (Philadelphia: University of Pennsylvania Press, 2012)。

[2] 郑鹤声、郑一钧编，《郑和下西洋资料汇编：增编本》，海洋出版社 2005 年版，上册，第 1—8 页、第 13—21 页、第 598—602 页。

开放性航海科学知识体系，推动了从东亚到东非的海上联系，促进了先于地理大发现的旧世界早期全球化。郑和下西洋前后的中外交流使得刘家港及其周围的江南城镇成为"六国码头"，将其带入与遥远的印度洋世界的联系，也导致了满刺加从明初新兴的东南亚小国成为海上国际商贸中心之一。迄至郑和时期，中国人对印度洋地区的探索和记录还带来对海外世界观的持续改变，突破了华夏中心主义的"天下"观或华夷观念，注意到印度洋地区在佛教和伊斯兰教世界的中心地位及其对于中国海外贸易的实际价值。

当然，郑和下西洋的活动与近来西方兴起的多元文化主义理念仍有重大区别。费正清等西方学者对于中华帝国朝贡体制的研究早就指出这种传统外交体制体现了不平等的华夷"世界秩序"，[1] 与欧美国家多元文化主义在理论上所强调的各民族及其文化平等对待的观念有别。不过，郑和通过在海外推动朝贡—贸易并行的关系，特别是中外共同追求、有利各方的大规模国际贸易，已经在某种程度上改变了这种传统的不平等朝贡外交。关于郑和的许多中文论著称颂他在海外进行的"和平外交"，他的船队在近三十年的下西洋活动中也确实仅因自卫等原因卷入为数极少的军事活动，与其后进入印度洋的达·伽马等西方殖民者以炮舰开路的扩张和殖民政策完全不同。但以往的论著通常仅仅将郑和推行朝贡外交的成功简单地归之于他对海外各国采取的和平友好政策。[2]

---

[1] John King Fairbank, "A Preliminary Framework," in Fairbank ed., *The Chinese World Order: Traditional China's Foreign Relations* (Cambridge, MA: Harvard University Press, 1974), 5.

[2] 范金民，《20 世纪的郑和下西洋研究》，载朱鉴秋主编，《百年郑和研究资料索引：1904—2003》，上海书店出版社 2005 年版，第 345—346 页。关于郑和下西洋期间涉及的三次主要战争，见郑一钧，《论郑和下西洋》，海洋出版社 2005 年版，第 242—244 页、第 249—251 页、第 258—266 页。

在近来出版的英文论著中，少数西方学者声称郑和在上述战争中使用暴力并推行了与达·伽马等欧洲航海家一样的"初级殖民主义"。[1]与此相反，东南亚华人学者陈达生则一反亨廷顿的文明冲突理论，强调"文明交流在欧洲人那里通常通过暴力，如战争、侵占领土、殖民统治等方式来进行"，而郑和下西洋，特别是其在东南亚推动伊斯兰化的活动，"是以和平方式达至文化交流目的的最佳事例"。陈达生对于郑和活动的解释偏重于亚洲文化的非暴力倾向和包容性传统，[2]似乎并未注意到和平与暴力的不同文化交流方式在亚洲和欧洲文明中都曾发生过的无数历史事实。

本书对于郑和海外活动的研究注重于他对于中国历史上多元文化传统的运用，特别是他所推动的明初中国在外交政治文化、对外贸易物质文化、航海科学文化等方面对印度洋不同文化的适应和吸收。这种对外来文化的适应和吸收的结果与中国历史上儒释道互相交融所产生的变化一致，正反映了中国特色的多元文化传统的活力及目前西方多元文化主义政策的缺陷。由于以欧洲文明为核心的美国等西方国家在其多元文化政策下对于少数民族的不同文化仅仅采取包容与宽容，而不是包含和吸纳的政策，未能充分吸收非西方少数民族文化中的合理、积极因素。这种政策上的缺陷使得非西方的移民和归化的公民及其后裔难以完全认同西方社会的主流文化，其

---

[1] Geoff Wade, "The Zheng He Voyages: A Reassessment." *Journal of the Malaysian Branch of the Royal Asiatic Society*, vol. 78, no. 1 (2005): 37–58 ; and "Ming China's Violence against Neighbouring Polities and Its Representation in Chinese Historiography." In Upinder Singh and Parul Pandya Dhar eds., *Asian Encounters: Networks of Cultural Interactions* (New Delhi: Oxford University Press, 2014), 20–41; Tansen Sen, "Changing Regimes: Two Episodes of Chinese Military Interventions in Medieval South Asia." In Singh and Dhar eds., *Asian Encounters*, 62–85.

[2] 陈达生，《郑和与东南亚伊斯兰》，海洋出版社 2008 年版，第1—2页、第154—155页。

中出现少数激进分子走向另一极端，甚至参加伊斯兰恐怖主义运动便是其负面结果之一。

因此，郑和研究既可以推动真正的多元文化的全球史，也能为改进目前处于困境的多元文化主义政策提供历史的经验和教训。在多视角的郑和研究基础上，本书所倡导的多元文化的全球史并非简单地批判、摒弃西方中心论或华夏中心论，笼统强调中外各种文化在印度洋或世界历史上具有同等重要的地位，将它们继续在传统的世界通史式的教科书中杂陈并列；相反，本书认为中国文化、伊斯兰文化、西方文化及其他一些民族的重要文化确实在世界历史不同时期或特定地域分别对全球化历史过程发挥过领导作用。当然，郑和七下西洋的活动仅仅持续了二十八年，他所代表的中国文化在印度洋地区不可能与其时代前后在此地区长期绵延的伊斯兰化以及此后数世纪之久的西方殖民主义活动具有同样深入的影响。但是，本书所收的论文充分证明郑和下西洋并非是一些中外学者所简单认为的毫无长期历史影响的政治泡沫，[1]仅仅"船过水无痕"。[2]除了郑和在印度洋世界发展的朝贡—贸易关系等长期历史遗产已经在本书所收论文中受到特别注意之外，他

---

[1] 王春瑜，《从郑和"七下西洋"看中国的海权体系》，见《明清史事沉思录》，陕西人民出版社 2007 年版，第 135—138 页；陈支平，《客观与现实的背离：郑和下西洋的从旧思考》，载田澍、王玉祥、杜常顺主编，《第十一届明史国际学术讨论会论文集》，天津古籍出版社 2007 年版，第 569—571 页；Robert Finlay, "Portuguese and Chinese Maritime Imperialism: Camões's *Lusiads* and Luo Maodeng's *Voyage of the San Bao Eunuch.*" *Comparative Studies in Society and History* , vol. 34, no.2 (1992): 230。

[2] 王琪、陈信雄，《出版絮言》，载陈信雄、陈玉女主编，《郑和下西洋国际学术研讨会论文集》，台北，稻乡出版社 2003 年版，第 vii 页。王琪、陈信雄引用这句俗语，意在说明"六百年前郑和船队划过的水痕，早已随着浪花而消失"，虽然他们也同意"发生过的［历史事件］，都有机会留下痕迹"的说法。对于该论文集所收陈信雄等人文章的批评，见本书中郭晏光、陈忠平合撰的论文。

对当地佛教、伊斯兰教等不同文化的传播所做的贡献还值得将来的学者做更深入和广泛的探讨。[1]

本书对于郑和下西洋的研究还说明：在世界历史上领导全球化的某种特定文化首先必须实现自身的多元化，或者说是适应和吸纳不同国家和民族的多样文化，与后者发展同质性文化联系，在某种程度上为后者的成员所认同，以便发展麦克尼尔所说的广为接受、达到共识的基本规则。作为本书的主要焦点之一，郑和在明初中国和印度洋世界之间发展的朝贡—贸易关系仅是这种中外多元文化成功结合、推动早期全球化发展的一个例证。[2]因此，本书从多视角的郑和研究出发来强调多元文化之间的互动、交流及其相互吸收，其研究结论对于解释以往全球史的发展、解决当今的所谓全球性"文明冲突"危机，以及化解许多国家内部的民族矛盾都有重要的启发意义。

本书的出版对于其作者之中长期从事郑和研究的资深专家和刚刚投身这一领域的年轻学者而言，都是从中国史踏入新兴全球史的一个尝试。回想 20 世纪 80 年代前期笔者在南京大学攻读硕士学位时，曾参与 1984 年 9 月在南京举行的郑和纪念会议的准备工作，并在该会提交平生所写的第一篇学术论文。这篇论文曾被一主动审

---

[1] 关于郑和推动海外佛教和伊斯兰教传播的历史，已有多种学术论著问世，但目前的研究主要局限于东南亚地区，见朱鉴秋主编，《百年郑和研究资料索引：1904—2003》，第 180—186 页；Liu Ying, Chen Zhongping and Gregory Blue *Zheng He's Maritime Voyages (1405–1433) and China's Relations with the Indian Ocean World: A Multilingual Bibliography*, 34, 121–28.

[2] 详见本书所收陈忠平首篇论文。该文指出郑和所推动的海外朝贡—贸易网络并未能突破官方控制、充分利用民间国际交往和私人海上贸易实现其网络的多元化。这种现象与文化的多元性属于不同的分析范畴。

稿的学术期刊婉拒，却为会议论文集的编者列为首篇发表。[1]正是受此鼓励，我在三十年之后能够继续从事郑和研究，于2014年在太平洋的彼岸主持召开会集亚非欧美澳洲有关研究专家的国际学术会议。这段个人经历说明从事郑和研究的学术道路艰难曲折，也证明以我愚顽之质，只要锲而不舍，也终有一得。参加本次会议并为本书撰稿的国内年轻学者比我当年更为成熟，他们为会议提交的论文也有更多创见，但其中也难免有仓促应付会议的缺陷。经过匿名评审专家的严格审查、中肯批评及与编者一年多来的反复切磋，这些年轻学者的文章在资料、分析、观点、行文等方面都已成为各有特色的佳作。希望这些年轻作者与本书在学术界的年轻读者都能以此为鉴，在将来从事研究时以滥竽充数、人云亦云为耻，以严谨求实、开拓创新为荣，在前辈专家的肩膀上更上一层楼，则中国史学界与整个学术界将大有希望。

本书是集体劳动的成果，但我们的集体所包括的不仅是十位撰稿的学者，也包括提供各种帮助的基金会、研究所和出版社人员及其他支持者。我们衷心感激加拿大人文和社会科学委员会（Social Sciences and Humanities Research Council of Canada）对本书相关研究工作提供的资助，并对维多利亚大学亚太发展促进中心（Center for Asia–Pacific Initiatives）在2014年国际会议期间提供的支持表示谢意。我们特别希望对于三联书店扶持学术、不计盈利的高风亮节表示敬意，并对该出版社的副总编辑常绍民、编辑刘蓉林以及其他有关人员严肃、认真、高效的工作表示谢意。在本书编辑

---

[1] 陈忠平，《郑和下西洋与明初江南经济的发展》，载纪念伟大航海家郑和下西洋580周年筹备委员会、中国航海史研究会编，《郑和下西洋论文集》第二集，南京大学出版社1985年版，第1—14页。

过程中，从国内来到维多利亚大学访问的三位中青年学者在协助收集资料、审阅稿件方面也曾提供帮助，他们包括上海工程技术大学的梁志平副教授、浙江大学的吴彦副教授及厦门大学的李智君教授，在此一并致谢。

一本书的生命在出版之际开始，它的学术生命则存在于读者在阅读过程中与作者的心灵交流及由此不断迸发的思想火花。我们希望本书读者在掩卷之余不仅能够给作者提出批评和校正，而且能够继续以读者或学者的身份与我们共同参与郑和研究以及在中国史和全球史领域的探索。

征引文献

中日文献[1]

陈达生,《郑和与东南亚伊斯兰》,海洋出版社 2008 年版。

陈支平,《客观与现实的背离:郑和下西洋的从旧思考》,载田澍、王玉祥、杜常顾主编,《第十一届明史国际学术讨论会论文集》,天津古籍出版社 2007 年版,第 565—571 页。

陈忠平,《郑和下西洋与明初江南经济的发展》,载纪念伟大航海家郑和下西洋 580 周年筹备委员会、中国航海史研究会编,《郑和下西洋论文集》第二集,南京大学出版社 1985 年版,第 1—14 页。

范金民,《20 世纪的郑和下西洋研究》,载朱鉴秋主编,《百年郑和研究资料索引:1904—2003》,上海书店出版社 2005 年版,第 324—357 页。

费孝通,《中华民族多元一体格局》,中央民族学院出版社 1987 年版。

王春瑜,《从郑和"七下西洋"看中国的海权体系》,见《明清史事沉思录》,陕西人民出版社 2007 年版,第 134—139 页。

王琪、陈信雄,《出版絮言》,载陈信雄、陈玉女主编,《郑和下西洋国际学术研讨会论文集》,台北,稻乡出版社 2003 年版,第 v—vii 页。

---

[1] 本书所有论文目录中的中日文献均按撰者姓名音序排列,日本人姓名依汉字中国读音,中译西语论著以其著者姓名(或名·姓)出现的音序排列,撰者不明者按论著题目首字音序排列。

张海洋，《中国的多元文化与中国人的认同》，民族出版社2006年版。

郑鹤声、郑一钧编，《郑和下西洋资料汇编：增编本》（三册），海洋出版社2005年版。

郑一钧，《论郑和下西洋》，海洋出版社2005年版。

朱鉴秋主编，《百年郑和研究资料索引：1904—2003》，上海书店出版社2005年版。

西语文献

"Cameron: My War on Multiculturalism", *The Independence* (London, UK), February 5, 2011.

Chen, Sanping. *Multicultural China in the Early Middle Ages*. Philadelphia: University of Pennsylvania Press, 2012.

Dewing, Michael. *Canadian Multiculturalism*. Ottawa: Parliamentary Information and Research Service, 2012.

Dreyer, Edward L.. *Zheng He: China and the Oceans in the Early Ming Dynasty, 1405–1433*. New York: Pearson, 2007.

Dreyer, June Teufel. "China, the Monocultural Paradigm." *Orbis,* vol. 43, no. 4 (1999): 581–97.

"Editor's Column." *Orbis,* vol. 43, no. 4 (1999): 523–30.

Fairbank, John King. "A Preliminary Framework," in Fairbank ed., *The Chinese World Order: Traditional China's Foreign Relations*, 1–19. Cambridge, MA: Harvard University Press, 1974.

_____, and Merle Goldman. *China: A New History*. Cambridge, MA: The Belknap Press of Harvard University Press, 2006.

Finlay, Robert. "How Not to (Re)Write World History: Gavin Menzies and the Chinese Discovery of America." *Journal of World History*, vol. 15, no. 2 (2004): 229–42.

_____. "Portuguese and Chinese Maritime Imperialism: Camões's *Lusiads* and Luo Maodeng's *Voyage of the San Bao Eunuch.*" *Comparative Studies in Society and History*, vol. 34, no.2 (1992): 225–241.

Liu, Ying, Chen Zhongping and Gregory Blue, eds., *Zheng He's Maritime Voyages (1405–1433) and China's Relations with the Indian Ocean World: A Multilingual Bibliography*. Leiden: Brill, 2014.

McNeill, William H.. "An Imperative of Civilization." *Orbis,* vol. 43, no. 4 (1999): 541–51.

Rex, John. "Multiculturalism in Europe and North America," in *Multiculturalism in North America and Europe: Comparative Perspectives on Interethnic Relations and Social Incorporation*, ed. Wsevolod W. Isajiw with the assistance of Tanuja Perera, pp. 15–33. Toronto: Canadian Scholars' Press, 1997.

Osterhammel, Jürgen, and Niels P. Peterson. *Globalization: A Short History*, trans. Dona Geyer. Princeton, NJ: 2005〔2003〕.

Sen, Tansen. "Changing Regimes: Two Episodes of Chinese Military Interventions in Medieval South Asia." In Singh and Dhareds., *Asian Encounters*, 62–85.

Singh, Upinder, and Parul Pandya Dhar eds., *Asian Encounters: Networks of Cultural Interactions*. New Delhi: Oxford University Press, 2014.

Wade, Geoff. "Ming China's Violence against Neighbouring

Polities and Its Representation in Chinese Historiography." In Singh and Dhar eds., *Asian Encounters,* 20–41;

      _____. "The Zheng He Voyages: A Reassessment." *Journal of the Malaysian Branch of the Royal Asiatic Society*, vol. 78, no. 1 (2005): 37–58.

第一部分

理论方法探索：
郑和下西洋及全球史反思

走向全球性网络革命：
郑和下西洋及中国与印度洋世界的朝贡—贸易关系[1]

陈忠平

【摘要】通过使用新的网络理论概念，本文试图推进对于郑和下西洋的理论分析，并解决有关论著中长期争执不休的一些关键问题。这种理论性分析也显示郑和曾通过在海外发展朝贡—贸易网络而改变了明初之后的中外关系，并由此对中国、印度洋地区及全球化历史产生重要影响。从网络理论高度对原始资料的分析指出，在海外发展朝贡—贸易并行的关系是郑和下西洋的基本目的、主要活动和长期历史遗产。郑和通过创立海外航海和贸易基地，极大地促进了明代中国和印度洋世界之间朝贡外交和官营外贸关系的制度化和扩大化。这种官方控制的朝贡—贸易网络缺乏民间国际交往和私人海上贸易的支持，缺少多样化的活力，在郑和下西洋之后有所萎缩。但是，这种双重外交和外贸网络在 15 世纪初的空前发展及在此后的长期延续仍然将中国和印度洋地区带入了程度空前的互动关

---

[1] 本文所使用的印度洋地区或印度洋世界的概念包括印度洋沿海国家及其邻近的东南亚国家。

系，并为后来欧洲航海家领导的地理大发现、早期中西交往及近代世界的全球化奠定了基础。因此，对于郑和下西洋及其推进的中国和印度洋世界之间朝贡—贸易关系的网络分析有助于改进目前全球史中以近代西方崛起和扩张为中心的历史叙述框架和理论分析模式。从这一理论高度进行的史料分析也能够揭示郑和下西洋及其推动的传统外交和外贸关系如何影响了近代的全球性网络革命，即在新旧大陆连接之后的全球性关系制度化、扩大化、多样化及其多种网络成员之间互动程度的激增。

郑和（1371—1433）下西洋在地理大发现时代的前夕开始发动，他在1405—1433年间七次远航印度洋的壮举也远远超过同一时期欧洲航海家的成就。本文将使用网络理论来考察郑和下西洋所涉及的一些关键问题，特别是他在中国与印度洋国家之间发展的朝贡—贸易关系，[1]以及他的航海活动对于中国和世界历史的影响。

迄今，关于郑和下西洋的研究已有十三种以上语言的论著，某些大众读物甚至宣称郑和的船队在哥伦布之前已经发现美洲。[2]然而，中外学者对这一重大事件进行的理论分析却相对薄弱，它在全球史上的意义也尚未得到足够注意。[3]特别重要的是，在15世纪前期，中国与邻近国家之间的朝贡关系已经延续了千年以上，并因郑和下西洋而演变为朝贡与贸易结合、并行的关系，曾连接了从东亚到东非的许多国家。与此相比，作为现代国际关系基础的威斯特法伦和约体系迟至17世纪中期才在欧洲出现，但它随着近代西方的全球性扩张影响了整个世界，最终导致中华帝国朝贡外交关系

---

[1] 本文使用"朝贡—贸易关系"一词来强调这种双重关系通过郑和下西洋而在中国与印度洋国家之间的发展以及这种外交和外贸关系在此后的结合和并行。以往论著通常使用的"朝贡贸易"一词过分强调中华帝国主导下的朝贡体系之内中外贸易的附庸性质，它在本文中仅在必要时偶尔被使用，详见以下的讨论。

[2] Liu Ying, Chen Zhongping and Gregory Blue, *Zheng He's Maritime Voyages (1405-1433) and China's Relations with the Indian Ocean World: A Multilingual Bibliography* (Leiden: Brill, 2014), xxiii, xxv.

[3] 范金民，《20世纪的郑和下西洋研究》，载朱鉴秋主编，《百年郑和研究资料索引：1904—2003》，上海书店出版社2005年版，第324—357页，特别是第354—357页。

和相关外贸体制在 19 世纪末期解体。中国历史上的朝贡关系虽在史学界已受到一定重视，但中外学者通常忽视了郑和下西洋曾经给这种传统的对外关系带来的重要变化，并由此影响了中国和印度洋地区的历史及全球性网络的革命性变化。[1]

本文的主要目的在于将网络理论运用于郑和研究，推进这一历史研究领域的理论分析，并以此来批评和纠正全球史中以近代西方的崛起和扩张为中心的学术倾向。使用网络理论与史料分析相结合的方法来全面考察郑和下西洋的基本目的、主要活动和历史遗产，可以解决有关研究中一些长期处于争议的关键问题。从网络理论角度来系统分析郑和所推动的中国与印度洋世界的朝贡—贸易关系还可以摆脱有关研究中的华夏中心主义倾向或过分强调中华帝国在其外交关系中支配地位的偏向。[2]这种理论性分析特别有助于揭示传统朝贡外交与官营对外贸易从 15 世纪初期开始的同步发展及其对中国、印度洋地区和世界早期全球化历史的重要贡献和某些负面影响。

---

[1] 李云泉，《朝贡制度史论》，新华出版社 2004 年版，第 1—10 页、第 64—69 页；David C. Kang, *East Asia Before the West: Five Centuries of Trade and Tribute* (New York: Columbia University Press, 2010), 3–4, 159–65。李著对朝贡制度做了迄今最为系统和完备的论述，但该书仅有寥寥数语触及郑和下西洋的历史性事件，并在第 65 页将郑和的七次航海误记为六次。

[2] 有关研究指出，"朝贡" 仅指中华帝国受到周边邻国的朝拜、臣服和献贡的单向行为，不能全面体现它们之间的双边关系，见陈尚胜，《中国传统对外关系研究刍议》，载陈尚胜主编，《中国传统对外关系的思想、制度与政策》，山东大学出版社 2007 年版，第 18 页。确实，有关朝贡关系的论著通常仅强调中华帝国及其华夏文化对朝贡国的支配。这些论著所使用的 "朝贡贸易" 也是一个现代概念，仅指中华帝国支配之下及其朝贡体制之内特许的中外经济交往，同样反映了某种程度的华夏中心主义倾向。

网络理论的启示与郑和下西洋研究

自 20 世纪后期以来，网络理论已经逐渐影响到亚洲历史及中国历史的研究领域，特别是中国社会政治史的研究，[1]但这一理论尚未受到研究郑和下西洋学者的注意。这一学术现状既可归因于传统网络理论自身的局限性，也可归咎于有关史学研究中偏重史料和史实的文献解读而轻视理论分析的传统。近年来，中西方学者正在积极将郑和下西洋研究推向全球史的广阔领域。运用网络分析方法不仅可以弥补郑和研究中理论贫乏的缺陷，也可以避免陷入全球史领域内西方中心论的误区。

网络分析的重点是"一系列网络的成员（有时称为节点）以及将某些或所有节点连接起来的关系，而后者包括某种或多种特定的联系，如亲属关系、频繁接触、信息交流、互相冲突和感情上的支持"。[2]网络理论在人文和社会科学领域盛行的原因在于它突破了通常以个人特点及其活动或者以特定组织结构及其功能来进行分

---

[1] 使用网络概念来研究与中国相关的亚洲历史的最早论著之一是：Ira M. Lapidus, "Hierarchies and Networks: A Comparison of Chinese and Islamic Societies," in Frederic Wakeman, Jr. and Carolyn Grant, eds., *Conflict and Control in Late Imperial* (Berkeley, CA: University of California Press, 1975), 26–42。关于在中国社会、政治、经济、历史等方面使用网络分析进行研究的中外学者论著，见 Chen Zhongping, *Modern China's Network Revolution: Chambers of Commerce and Sociopolitical Change in the Early Twentieth Century* (Stanford, CA: Stanford University Press, 2011), 6–7。

[2] Barry Wellman, Chen Wenhong and Dong Weizhen, "Networking Guanxi," in Thomas Gold, Doug Guthrie, and David Wank, eds., *Social Connections in China: Institutions, Culture and the Changing Nature of Guanxi* (Cambridge, UK: Cambridge University Press, 2002), 224.

析研究的局限，可以展示真实复杂的社会关系。但是，它包括的传统分析概念，如关系密度（density）、联系程度（connectivity）和向心程度（centrality），比较偏重于静态描述社会关系，难以用于研究郑和下西洋之类的动态历史事件。[1]

在拙著《近代中国的网络革命：20世纪早期的商会与社会政治变迁》一书中，我曾对人文和社会科学中，特别是中国研究领域中的传统网络理论提出批评，并发展了一些新的分析概念。首先，中国社会学、历史学和其他学科中的传统网络分析过分强调非正式的人际"关系"，但忽视了更为正式的制度化关系，如从家庭、社团、政府乃至联合国这样的社会政治组织，以及地方规章、国家宪法和国际法等约定俗成的规则。其次，传统网络理论长于描述特定时期的关系现状，但难于表现不同时空条件下关系的变化，更无法解释这种关系变化的动力。有鉴于此，我的上述专著试图发展更为宽泛和能动的网络理论，突破以往学者通过所谓个人"关系"的研究而在人际性和制度化关系之间制造的鸿沟。它指出网络发展和变化的真正动力和意义在于其关系的制度化（关系的规范化、组织化及正式化等）[2]、扩大化、多元化，以及其中网络成员之间互动的增强化。通过使用这一新的网络理论对有关史料进行分析，拙著指出，在1902年之后，商会和其他多种新式法人社团在中国的出现

---

［1］ Chen Zhongping, *Modern China's Network Revolution*, xiii–xv, 6–7.

［2］ 制度分析理论，特别是历史制度化理论指出"制度化现象"，包括规范人类行为的正式组织及非正式的规定、程序等，见 Kathleen Thelen and Sven Steinmo, "Historical Institutionalism in Comparative Politics," in Sven Steinmo, Kathleen Thelen, and Frank Longstreth, eds., *Structuring Politics: Historical Institutionalism in Comparative Analysis* (New York: Cambridge University Press, 1992), 2. 本文使用"关系制度化"一词来概指正式和非正式的组织、规定、程序等的发展，它们对人类行为和关系的规范和组织，特别是非正式关系转向正式化的过程。

及其在城镇的普遍发展导致了社会政治结构当中的一场网络革命，即其中空前未有的关系制度化、扩大化、多元化以及各种网络成员互动程度的激增。[1]这种新的网络理论可以对郑和下西洋及全球化的历史研究提供启示，揭示二者之间的内在联系。

从这种网络分析的观点来看，世界上所有的自然、社会及历史现象都是相互联系和保持互动的网络。从微观角度来看，作为物质基本元素的原子实际是由无限可分的粒子组成，并存在于后者的相互、持续运动之中。在社会中，一个"单独"的人不仅由复杂的骨骼、肌肉、神经等系统组成，而且其个人的身份"认同"，即姓、名、职称、体格特点等，总是反映了他（她）与某一家庭、文化、组织、种族之间可以识别的关系。在政治领域，所谓"个人"权力实际上是人际之间的支配性关系。在经济领域，个人财富也只能在交换关系中才能真正体现其价值。当然，在历史领域，郑和下西洋之类的宏伟历史事件和人类社会的全球化过程都可以作为高度能动和日益扩大的网络，对其进行理论性的研究。在1405—1433年，郑和通过在印度洋的七次航行逐渐将其航海、外交和贸易等活动从东南亚和南亚的海域向西亚和东非的海岸扩大，与越来越多的国家和部族建立了联系，特别是制度化的朝贡和贸易形式的互动关系。[2]这一系列的海上活动典型地表现了当时跨越中国和印度洋世界的网络发展。

在人类社会全球化的历史过程中，部族和国家之间也常常借助通商、移民、战争、外交、文化交流等形式的接触而产生日益

---

[1] 对于传统网络理论的批评以及新的网络分析概念的阐述，详见 Chen Zhongping, *Modern China's Network Revolution*, xv, 7–8。

[2] 郑鹤声、郑一钧编，《郑和下西洋资料汇编：增编本》，北京海洋出版社 2005 年版，上册，第 129—133 页；中册，第 827—872 页。

制度化或日益常规和正式的关系，将此关系从特定地区向整个世界扩大，并将越来越多样的社会带入逐渐全球化的互动网络。从15世纪开始的"地理大发现"之后，新、旧世界的联系使这种全球化网络在其关系制度化、扩大化、多元化及其网络成员互动方面都达到空前程度。这种世界历史的根本性变化可以称之为一场全球化的网络革命。从这一网络全球史观来看，所谓欧洲航海家的"地理大发现"绝不可能是孤立于其他地区和民族航海活动之外的历史现象。因此，郑和在印度洋世界的七次大规模航海及其发展朝贡—贸易关系的活动无疑对近代的全球性网络革命产生过影响。

但是，中外学者在郑和下西洋研究中却通常忽视这种理论上的宏观分析，长期固守考释和解读原始史料的研究传统。在1875年，英国学者梅辉立（W. F. Mayers）发表《15世纪中国人在印度洋的探险》一文，对明人黄省曾《西洋朝贡典录》中有关郑和下西洋的记载加以翻译和注释。该文成为近代西方学者研究郑和下西洋的滥觞之作，也开创了此项研究中注重史料和史实考释的学术传统。[1]法国汉学家伯希和（Paul Pelliot）等西方学者的有关著述也以考证郑和航海的史料和史实而知名。这些西方学者的论著经过冯承钧等人在20世纪上半期翻译为中文，进而影响了中国学者的研究。[2]冯承钧校注的马欢《瀛涯胜览》及费信《星槎胜览》又经过英国学者米尔斯（John Vivian Gottlieb Mills）的翻译，在20世纪后期以英文在西方出

---

[1] W. F. Mayers, "Chinese Explorations of the Indian Ocean during the Fifteenth Century" *China Review* 3, no. 4 (1875): 219–25; 3, no. 6 (1875): 321–31; 4, no. 2 (1875): 61–67; 4, no. 3 (1875): 173–190.

[2] 伯希和著、冯承钧译，《郑和下西洋考》，商务印书馆（上海）1935年版。

版，[1]将这一注重史料和史实考释研究的风气推向极致。

此外，梁启超在 1905 年发表的《祖国大航海家郑和传》长期被中国学者尊为有关研究的开山之作，[2]实际上，该文也仅仅综合排比了有关史料，提出了华人历史当中也有哥伦布式航海英雄的观点。后来许多学者对郑和下西洋的有关史料和史实进行了更为广泛和深入的考释，但他们也多将郑和与哥伦布及其他欧洲航海家进行比较。这些研究实际上与梁启超百年之前的论文在方法和结论方面类似，并未真正在理论分析方面有所创新。

近年来，中外学者关于郑和下西洋研究最为值得注意的方向是突破其原有的中国史研究范围，在印度洋世界及全球史的广阔背景下思考其历史与现实意义。自 2002 年以来，各地召开的纪念郑和下西洋会议及此后出版的会议论文集典型地反映了这一可喜的学术倾向。2002 年、2004 年及 2005 年先后在昆明、北京、南京召开的纪念会议主题及其会议论文集主标题依次是"世界的郑和""郑和远航与世界文明"及"传承文明，走向世界，和平发展"。[3]此

---

[1]　Ma Huan, *Ying-Yai Sheng-Lan: The Overall Survey of the Ocean's Shores*［1433］. Trans. John Vivian Gottlieb Mills (Cambridge, UK: Cambridge University Press for the Hakluyt Society, 1970); Fei Hsin (Fei Xin), *Hsing-chà-sheng-lan: The Overall Survey of the Star Raft.* Trans. J.V. Mills；Ed. Roderich Ptak (Wiesbaden: Harrassowitz, 1996).

[2]　梁启超，《祖国大航海家郑和传》（1905），张品兴主编，《梁启超全集》，第 3 册，北京出版社 1999 年版，第 1545—1550 页；王健，《近代中国人研究郑和应始于 1905 年：梁启超〈郑和传〉发表时间考》，《江海学刊》2005 年第 3 期，第 161—162 页。

[3]　高发元、姚继德、何明编，《世界的郑和：第二届昆明郑和研究国际会议论文集》，云南大学出版社 2005 年版；王天有、许凯、万明，《郑和远航与世界文明：纪念郑和下西洋 600 周年论文集》，北京大学出版社 2005 年版；江苏省纪念郑和下西洋 600 周年活动筹备领导小组编，《传承文明，走向世界，和平发展：纪念郑和下西洋 600 周年国际学术论坛论文集》，社会科学文献出版社 2005 年版。

外，在 2010 年马六甲举行的有关纪念会议之后出版的中英文两卷论文集标题均为"郑和与亚非世界"。[1] 但是，这些论文集中绝大多数文章仍然局限于从原始资料进行研究的传统方法，仅以历史事实证明郑和下西洋在中国和世界历史上的地位、贡献和意义等。极少文章涉及对郑和下西洋活动的理论性分析，当然更缺乏通过这种分析展开的对于全球史领域内西方中心主义理论及其叙事框架的批判。

但是，从网络史观出发的郑和下西洋研究有可能对具有西方中心主义倾向的史学理论做出挑战和改正，并填补和充实全球史中非西方历史部分的某些空白。在全球史研究中曾经盛极一时的西方现代化理论片面强调以近代西方历史为普遍发展模式，过分夸大非西方社会内传统文化与现代文明的矛盾，并鼓吹抛弃非西方文化传统和全盘西化。[2] 在这种西方中心主义理论的影响之下，迄今全球史研究的主流学派仍然贬低甚至无视郑和及其他近代之前非西方社会的航海家对所谓"地理大发现"和此后全球化历史的影响。

与现代化理论及其西方中心主义观点相反，使用网络理论来分析郑和下西洋则可以揭示这种近代之前的非西方海上活动与后来到达印度洋内的欧洲航海家"地理大发现"之间的联系，特别是前者对后者的影响。众所周知，欧洲航海家跨越印度洋的活动始于达·伽马 1498 年从非洲东海岸到印度次大陆的航行，他的领航员是阿拉伯水手而非华人海员。麦哲伦及其继任船长在其 1521—1522

---

[1] 许福吉、廖建裕、柯木林编，《郑和与亚非世界》，新加坡国际郑和学会 2012 年版；Chia Lin Sien and Sally Kathryn Church, eds., *Zheng He and the Afro-Asian World* (Melaka, Malaysia: Melaka Museums Corporation and International Zheng He Society, 2012)。

[2] 关于现代化理论及西方学术界对这一理论的批评，见 Alvin Y. So, *Social Change and Development: Modernization, Dependency, and World-System Theories* (London, UK: Sage Publications, 1990), 23–37、53–59。

年前后的环球航行中也并未使用华人作为在亚洲和印度洋海域的向导和领航员。[1]但是，郑和船队常常搭载东南亚、南亚、西亚及东非大量朝贡使臣，还使用了来自这些地区的土著或华人移民后代作为水手及其他航海人员。[2]他的船队航海技术、装备和经验无疑影响了阿拉伯人及其他亚非航海家，并可能通过后者进而影响达·伽马及其他欧洲探险家在印度洋的活动。在依靠帆船横跨印度洋的时代，早期欧洲航海家在此地区的探险极有可能得益于郑和及其他亚洲和非洲先驱在利用季风、洋流、海道、星象导航等方面积累的航行技术和经验。

更为值得注意的是，在18世纪中期欧洲殖民制度在印度洋地区确立之前，"欧洲人在亚洲的主要贸易还是局限于亚洲之内，而非欧洲。他们只是进入了当地已经存在并已兴盛数世纪之久的复杂贸易结构，并未在此时期做任何重要的更改"。[3]因此，对于郑和在印度洋地区所推行的朝贡—贸易关系进行网络分析可以揭示他所建立的海上贸易网络及其沿海基地也为早期欧洲商人在这一地区的商业冒险活动创造了前提。

当前，在全球史研究中盛行的世界体系理论，实际上也没有完全摆脱西方现代化理论及其他西方中心论观点的影响。世界体系理论认为从15世纪中期开始，西欧和北美国家的先后兴起、扩张及相应的区域性不平等劳动分工、商品交换和剩余价值分配已将世界各地转变为一个相互联系的资本主义经济体系。这一世界经济体

---

[1] 南炳文，《关于15到16世纪世界性大航海的几点浅见》，载王天有、许凯、万明编，《郑和远航与世界文明》，第43—44页。

[2] 郑鹤声、郑一钧编，《郑和下西洋资料汇编：增编本》，上册，第558—559页；周运中，《郑和下西洋新考》，中国社会科学出版社2013年版，第21—22页。

[3] M. N. Pearson, *Before Colonialism: Theories on Asian-European Relations, 1500–1750* (Delhi: Oxford University Press, 1988), 43–44.

系包括三个不同等级的部分：在其中占支配地位的西欧和北美核心国家；处于被支配地位的边缘地区或被西方剥削的发展中地区；处于这二者之间的半边缘地区。[1]实际上，这一理论仍然聚焦于由西方发源和主导的世界资本主义经济体系的发展，忽视了非西方地区对全球化历史的重要性。[2]

特别值得注意的是，这一理论陷入了与西方现代化理论类似的误区，忽视了印度洋世界等非西方传统社会中的航海及贸易网络的扩张对近代西方主导的世界经济体系或近代全球化历史的积极影响。即使有学者试图对这种以近代西方为中心的世界体系在理论上进行修正，将其历史发展上溯到近代之前的印度洋等非西方地区传统社会的跨国经济网络，他们也常常忽视郑和下西洋的历史作用。例如，珍妮特·阿布–卢格霍德的《欧洲霸权之前：1250—1350年之间的世界体系》即专注于从欧洲直到中国等传统社会之间的跨国联系，在全球史领域影响很大。该书指出13世纪和14世纪中期之间的世界体系已将欧洲、中东和其他亚洲地区传统社会联结为相互依赖的经济网络，但它与近代西方核心国家支配下的世界资本主义经济体系有明显的区别。由于此书研究时段限于1250—1350年，郑和从1405年至1433年在印度洋地区七次规模空前的航海和贸易活动仅仅作为中华帝国退出这一世界体系的例证，受到了极其有限的注意。[3]

---

[1] Immanuel Wallerstein, *The Modern World–System, I: Capitalist Agriculture and the Origins of the European World–Economy in the Sixteenth Century* (New York: Academic Press, 1974), esp. pp. 38, 349–50. 关于世界体系理论在20世纪后期的修正和发展，见 So, *Social Change and Development*, 187–92。

[2] Pearson, *Before Colonialism*, 7, 31.

[3] Janet L. Abu-Lughod, *Before European Hegemony: The World System, A.D. 1250–1350* (New York: Oxford University Press, 1989), esp. 321, 343–45.

本文试图通过对于郑和下西洋的个案研究和网络分析来批评和纠正上述全球史当中的理论错误，补充其中不足之处。这种史实和理论结合的研究可以帮助改写从中古到近代这一关键时期的世界历史，特别是全球化的历史。由于篇幅所限，本文的网络分析将集中于郑和下西洋的一些关键问题以及他在明代中国与印度洋世界之间发展的朝贡—贸易关系。

1. 从网络理论角度反思郑和下西洋的关键问题

关于郑和的中文论著常常称赞他在海外的"和平外交"，却极少将其外交活动中最关键的朝贡关系作为专题进行研究，[1]并由此来回答一些有关郑和下西洋的关键问题，如郑和航海的基本目的、主要活动及历史遗产。实际上，自20世纪40年代以来，费正清等学者即认为从汉代至清末的中华帝国为了强化其统治"天下"的权力、华夏文化的优越地位以及国防安全等原因，在对外关系中发展了一整套以自身文化、礼仪和政治制度为基础的朝贡体系。在这种传统外交体系之下，中华帝国统治者给予朝贡国首领册封和赏物，而后者则亲自或派遣贡使来华，通过对前者跪拜朝见和进献贡品等仪式来形成双方的等级性关系，从而获得特许在华进行贸易活动。[2]这些早期研究已经认识到朝贡体制在明初经历了重要变化，[3]

---

［1］ 范金民，《20世纪的郑和下西洋研究》，第345—346页。

［2］ J. K. Fairbank and S. Y. Teng, "On the Ch'ing Tributary System," *Harvard Journal of Asiatic Studies* 6, no. 2 (1941：135–48。该文主要讨论清代朝贡体系，但也考察了它在明代早期的历史。

［3］ 关于朝贡体制研究的评述及有关论著，见张锋，《解构朝贡体系》，《国际政治科学》2010年第2期，第33—62页，特别是第34页、第48页；James L. Hevia, "Tribute, Asymmetry, and Imperial Formations: Rethinking Relations of Power in East Asia," *The Journal of American–East Asian Relations* 16, no. 1–2 (2009): 69–83, esp. 71–72.

但它们通常都忽视了郑和下西洋曾给这种长期延续的外交体制带来的重要变化，即在中国和印度洋之间发展了朝贡、贸易并行的网络。

由于网络史观注重历史现象内部及其相互之间普遍存在的关系，它可以帮助揭示郑和下西洋的基本目的、主要活动内容及长期历史遗产均与明代中国和印度洋国家之间朝贡—贸易关系的发展密切相关。这种分析方法不仅可以解决这些长期困扰郑和研究的关键性问题，而且可能综合和吸收有关争论中具有学术价值的不同观点。

首先，郑和下西洋的目的是相关研究争论的主要焦点之一，但其中不同观点大多片面强调他所代表的明王朝的官方目的，忽视了印度洋地区国家对下西洋活动的积极参与、它们的不同追求及其对明朝政策的影响。如果将明代中国和印度洋国家的各自目的及其互动过程纳入共同的网络分析模式来对郑和下西洋进行综合研究，郑和的主要使命显然是在推行明朝海外朝贡政策的同时，进行中外各方所共同追求的双边贸易。

《明史·郑和传》对他在永乐时期航海目的就有"踪迹建文"和"耀兵异域，示中国富强"之说，但该书也承认他发起第七次航海的主要原因是宣德时期"帝以践阼岁久，而诸番国远者犹未朝贡"[1]。所以，《明史》的官方编纂者也注意到了郑和的主要使命之一是发展海外朝贡关系。近代以来研究郑和下西洋原因的学者又提出了打通欧西航路、追求海外殖民（移民）、经营国际贸易、加强文化交流、建立回教同盟、发展和平外交、对付帖木儿帝国、贯彻

---

[1] 张廷玉等撰，《明史》，中华书局 1974 ［1739］年版，卷三〇四，第 7766—7768 页。

海防政策等各种不同说法。[1]但是，"踪迹建文"说即使可信，也只能是郑和最初数次航海的原因之一。打通欧西航路的说法明显于史无据，贯彻海防政策的说法同样与郑和远航印度洋的事实不符。即使郑和船队曾"耀兵异域，示中国富强"，这也仅是一种为了达到更为实质性的目的而使用的手段。

上述其余各种说法无论是否成立，实际都反映了郑和所代表的明王朝在推行朝贡外交的同时希望在移民、通商及文化、政治或军事等方面与印度洋国家进行合作的具体目标，而实现这些目标需要这些国家根据其实际利益进行主动配合。从网络分析的观点来看，达到这些目标的根本办法是建立各方之间正常、互利和长期的制度化关系。

费正清的研究曾指出以华夏文化为中心的朝贡体制在中国文明影响的区域之外具有根本性的缺陷，缺乏对该区域之外国家在文化上的吸引力，只能以对华贸易的实际利益来吸引这些国家加入朝贡关系。[2]从汉代以来，中华帝国为此目的发展了以往论著所称的"朝贡贸易"，即在朝贡体制之下实行以"怀柔远人"为目的，并以"厚往薄来"为原则，不计成本利润地实行中外礼品及其他物品的交换。在明代，由来华朝贡使臣献纳的贡物和明朝皇帝回赐的赏物之间的礼品交换所占比例很小，而由贡使带来的其他物品与中国产品的交换才是所谓朝贡贸易的主要内容。[3]这种中外物品的交易在

———————————

[1] 范金民，《20世纪的郑和下西洋研究》，第325页、第328—329页、第332—333页、第343—344页。

[2] John King Fairbank, "A Preliminary Framework," in Fairbank ed., *The Chinese World Order: Traditional China's Foreign Relations* (Cambridge, MA: Harvard University Press, 1974), 3–4.

[3] 李云泉，《朝贡制度史论》，第17—22页、第43—50页、第92—109页、第195—196页。

明朝文献中通常专称为"互市"[1]。马欢在 1413 年、1421 年和 1431 年先后以通事身份跟随郑和三下西洋，他在所著《瀛涯胜览》一书中记载了东南亚、南亚、西亚等地民众对中国所产瓷器、绸缎、苎丝、铜钱等物品的喜爱和需求。[2] 在 1444 年，为该书最先作序的明人马敬也指出明朝统治者对这种互市的需求："洪唯我朝太宗文皇帝、宣宗章皇帝，咸命太监郑和率领豪俊，跨越海外，与诸番货易。"[3]

郑和通过下西洋来推行朝贡—贸易关系的主要目的明确体现在明朝廷所下达的有关诏令中。永乐皇帝在 1421 年为郑和第六次下西洋规定的基本任务不仅是"赍敕及锦绮、纱罗、绫绢等物，赐诸［朝贡］国"[4]，而且为他的船队提供了"银两段疋铜钱等件"[5]，以便在印度洋国家进行贸易。在 1430 年，宣德皇帝也"特遣太监郑和、王景弘等赍诏往谕"印度洋各朝贡国，[6] 同样命令后者领取了"赏赐番王头目人等彩币等物"，以及为购买阿丹（今也门港市亚丁）等国"进贡方物"而准备的苎丝、瓷器等物品。[7]

---

[1] 王圻，《续文献通考》，松江府 1603 年版［1586 撰］，卷三一，《市籴考·市舶互市》，第 19a—27b 页。

[2] 马欢著、万明校注，《明钞本〈瀛涯胜览〉校注》，海洋出版社 2005 年版，第 15 页、第 27 页、第 56 页、第 77 页、第 107—108 页。关于马欢生平及其著作，见该书所载万明，《马欢〈瀛涯胜览〉源流考》，第 1—2 页。

[3] 马敬，《〈瀛涯胜览〉序》，载马欢著、万明校注，《明钞本〈瀛涯胜览〉校注》，第 107—108 页。

[4] 《明太宗实录》，台北，"中央研究院"历史语言研究所 1962［1430］年影印本，卷二三三，第 5b 页。永乐皇帝在 1408 年、1412 年、1416 年给郑和的类似诏命见于同书卷八三，第 3a 页；卷一三四，第 3a 页；卷一八三，第 1b 页。

[5] 巩珍著、向达校注，《西洋番国志》，中华书局 1961 年版，第 9 页。

[6] 《明宣宗实录》，台北，"中央研究院"历史语言研究所 1962［1438］年影印本，卷六七，第 4a 页。

[7] 巩珍著、向达校注，《西洋番国志》，第 10 页。

明代中国和当时阿拉伯国家的原始文献也明确显示郑和船队在印度洋地区实际追求了发展朝贡关系和国际贸易的双重目的，其中后一目的也是该地区各朝贡国的需求。以上引用的马欢著作中关于上述"阿丹国"的记载如下："永乐十九年（1421）……［郑和随员］内官周等驾宝船三只往彼。王闻其至，即率大小头目至海滨迎接诏赏至王府，礼甚尊敬，咸伏。开读［诏书］毕，王即谕国人，但有珍宝许令卖易。"[1]根据也门当地阿拉伯史料的记载，郑和船队的使臣确实在1421年前后数次访问阿丹国并在当地进行贸易。他们在1420年觐见该国国王时，还宣读了永乐皇帝以天下共主自称的诏书。但是，阿丹国王及其他首领不仅没有"咸伏"奉诏，还在给永乐皇帝的回信中斥责了后者诏书的无礼。尽管如此，该国此后仍继续与郑和船队的贸易，还通过他的船队向明朝派遣贡使，介入在中国境内的朝贡和互市活动。[2]因此，郑和下西洋的主要目的在于奉行明王朝扩大海外朝贡关系的政策，并满足中外各国发展互市关系的需求。[3]正确理解郑和下西洋的这种主要目的是解决其他有关问题的前提。

其次，郑和下西洋期间的主要活动也是中外学者争论的一个关键问题。郑和船队以发展海外朝贡—贸易关系为其主要活动内容，也涉及航海、战争等行动，这些次要的行动却成为以往论著所

---

[1] 马欢著、万明校注，《明钞本〈瀛涯胜览〉校注》，第80页。

[2] 家岛彦一著、刘晓民译，《郑和分艅访问也门》，载中外关系史学会编，《中外关系史译丛》第2辑，上海译文出版社1985年版，第46—60页。

[3] 当然，印度洋地区各国加入这种朝贡—互市关系也有其他特殊或次要原因。例如，处于马来半岛的满刺加为了摆脱暹罗的控制，在1400年前后建国之初即与明朝建立了朝贡关系，见杨亚非，《郑和航海时代的明朝与满刺加的关系》，载纪念伟大航海家郑和下西洋580周年筹备委员会、中国航海史研究会编，《郑和下西洋论文集》第二集，南京大学出版社1985年版，第207页、第211—214页。

特别强调和争论的焦点。[1] 对此问题进行网络分析的重点应是这些主要和次要活动之间的联系，而不是孤立的个别事件。郑和船队的航海显示了明初高度发达的造船工艺和航行技术，但其活动的重心明显不是探索新的航道和海域，而是为扩大明朝海外朝贡—贸易关系服务的。

作为 1430—1433 年间郑和第七次下西洋的随员之一，巩珍对该次在印度洋地区航海的主要活动概述如下：郑和"所至番邦二十余处……其所赍恩颁谕赐之物至，则番王酋长相率拜迎，奉领而去。举国之人奔趋欣跃，不胜感戴。事竣，各具方物及异兽珍禽等件，遣使领赍，附随宝舟赴京朝贡。"[2] 同样参加此次航行的马欢进一步指出郑和成功推行朝贡外交的原因是在于他的船队与许多印度洋国家发展了长期稳定的物品交换和贸易关系。如在盛产胡椒的柯枝国（今印度南部的科钦）有"名称哲地者，俱是财主，专收买下珍珠、宝石、香货之类，皆候中国宝船或别处番船客人"。基于同样原因，柯枝国还"将方物差头目进献于［明］朝廷"，加入在中国境内的朝贡和贸易活动。[3] 因此，这种朝贡—贸易关系的发展实际已经突破朝贡礼仪制度，成为以通商关系为基础的海上贸易网络。

郑和主要使用国际贸易来扩大明朝海外朝贡关系的活动，这

---

[1] 郑和下西洋通常被用来与哥伦布等欧洲航海家的活动进行比较，对他航海活动最为集中的研究见南京郑和研究会编，《走向海洋的中国人》，海潮出版社 1996 年版；及其《郑和与海洋》，中国农业出版社 1999 年版。关于郑和所涉及的军事行动的学术争议，见 Geoff Wade, "The Zheng He Voyages: A Reassessment," *Journal of the Malaysian Branch of the Royal Asiatic Society* 78, no. 1(2005): 37–58.

[2] 巩珍著、向达校注，《西洋番国志》，第 5—6 页。

[3] 马欢著、万明校注，《明钞本〈瀛涯胜览〉校注》，第 58—62 页。

与强盛的元帝国以武力为主来推行朝贡关系的政策有很大不同。[1]
当然，郑和船队由巨型战舰和数量庞大的军事人员组成，似乎带有
"耀兵异域"、震慑印度洋国家的用意。[2]但是，在上述阿丹等印度
洋国家，郑和所派出的分遣船队仅包括数艘船只，后者也只能利用
双边贸易而非军事震慑来推行名义上的朝贡关系。特别重要的是，
郑和在1406年剿灭旧港首领陈祖义的战争、在1411年擒获锡兰国
王阿烈苦奈儿及、在1414年擒获苏门答剌版王苏干剌等军事活动
都属于突发的或偶然的事件，并非他七次航海的主要使命和活动内
容。这些军事行动的胜利都稳定了这些朝贡国的政局，促使它们与
明朝保持更密切的朝贡—贸易关系。[3]

　　郑和船队在印度洋国家进行的对外贸易仍然是为朝贡外交服
务的，但这种大规模中外物品交换也追求了实际经济效益。以往一
些有关论著认为郑和船队耗费了明初中国巨大人力、财力和物力，
但带回的仅是海外珍异，多为明朝统治集团所独享的奢侈品，与国

---

[1]　关于元朝以武力为主推行朝贡关系的政策，见李云泉，《朝贡制度史论》，第55—58页。

[2]　这一说法来源于前引［清］张廷玉等撰，《明史》，卷三〇四，第7766页，但近来
　　为一些西方学者所沿袭并加以强调，见 Edward L. Dreyer, *Zheng He: China and the
　　Oceans in the Early Ming Dynasty, 1405–1433* (New York: Pearson, 2007), xii。

[3]　关于明代档案所记载的这三次战事发生的准确年份，见范金民，《〈卫所武职选簿〉
　　所反映的郑和下西洋史事》，载《郑和研究》2009年第4期，第12—18页。中国
　　学者通常认为郑和所领导的这三次军事行动都是属于突发性或自卫性战争，或出
　　于稳定当地政局的目的，并巩固了明朝与这些朝贡国的关系，见郑一钧，《论郑
　　和下西洋》，海洋出版社2005年版，第242—244页、第249—251页、第258—
　　266页。但是，一些西方学者则认为这三次战争表明了郑和下西洋的主要目的在
　　于通过显耀或使用强大的武力来迫使印度洋国家接受明朝的朝贡体系或控制这一
　　地区的商业枢纽和网络，见 Dreyer, *Zheng He*, 55–59, 67–71, 79–81；Wade, "The
　　Zheng He Voyages: A Reassessment," 44–51, 55。韦杰夫（Geoff Wade）的文章并
　　声称郑和船队还曾在爪哇、暹罗、古里等地使用武力，但该文并未提供明确证据
　　来显示郑和曾在这些地方介入大规模军事冲突。

计民生无关。这些论著并强调明朝政府在对海外贡使的回赐和双方互市中采取了"厚往薄来"的给价政策，所以郑和船队从事的对外贸易便被斥责为得不偿失的行为。[1]这种朝贡形式下的外贸受到学者否定的原因还在于当时来华贡使需要地方政府和人民就地招待并运送至京城，他们又大量输入可以获得明朝政府高额给价但却并无实际用途的外国产品，加重了明朝官方和民间财政负担。[2]

但是，以上论著忽视了郑和船队已经通过在印度洋地区的直接对外贸易大大降低了明朝为外国贡使提供的运送、招待、高额收买贡品和其他附贡产品等项费用。这种直接对外贸易也抛弃了"厚往薄来"的传统政策，主要由郑和船队和当地官商对双方交换的物品议价成交。如在印度次大陆南部的古里，"王差头目并哲地、米讷几即书算手、官牙人等，会〔郑和船队〕领船大人议择某日打价。至日，先将〔从中国〕带去锦绮等货逐一议价已定，随写合同价数各收……然后哲地富户将宝石、珍珠、珊瑚等物来看议价，非一日能定，快则一月，缓则二、三月。"[3]

郑和船队通过向印度洋地区国家大量输出"锦绮"等纺织品以及瓷器等产品，推动了此类手工业在明朝国内的发展，并为这些产品开拓了海外市场。[4]同时，胡椒等香料是郑和船队从印度洋

[1] 何平立，《明初朝贡制度析论》，载《学术界》1988 年第 4 期，第 34 页；李庆新，《郑和下西洋与朝贡体系》，载王天有、许凯、万明编，《郑和远航与世界文明》，第 244—246 页；杨欢，《浅析永乐朝发展朝贡贸易的措施及其弊端》，载《黑龙江教育学院学报》2008 年第 3 期，第 92—93 页。

[2] 李金明，《论明初的海禁与朝贡贸易》，载《福建论坛》2006 年第 7 期，第 75—77 页；杨欢，《浅析永乐朝发展朝贡贸易的措施及其弊端》，第 93 页。

[3] 马欢著、万明校注，《明钞本〈瀛涯胜览〉校注》，第 66 页。

[4] 陈忠平，《郑和下西洋与明初江南经济的发展》，载纪念伟大航海家郑和下西洋 580 周年筹备委员会、中国航海史研究会编，《郑和下西洋论文集》第二集，第 7 页、第 9—10 页。

地区输入中国的最大宗货物，因此其价格在明初国内市场迅速跌落，已经从统治集团所独享的奢侈品变为普通民众可以消费的医疗药品和烹饪调料。尽管如此，永乐初年胡椒等香料在国内市场上的时价仍然比原产地高出十倍左右。永乐和宣德年间，钞币已经严重贬值，官方强行使用规定的高价香料代替钞币向大量官员、将士甚至民夫和工匠发放薪俸。结果，郑和船队带回的香料为明政府带来二十至一百倍的高额利润，帮助解决了当时的货币经济危机。甚至有学者声称郑和推动的以香料为主的贸易为明朝带来的收益超过宋元时期市舶司管理下的海外贸易收入的十余倍。因此，郑和船队输入香料的贸易活动既为明初政府带来了大量经济收益，也满足了社会消费的需求，扩大了印度洋地区主要土特产品的国际市场，成为后来欧洲人在这一地区进行香料贸易的先驱。[1]

郑和船队对外贸易活动既包括中国瓷器和绫绸等手工业产品为主的大批输出，也涉及印度洋地区胡椒等土特产品为主的大量输入，已经远远超越中华帝国在境内或边境地区朝贡制度特许之下中外互市的地域范围交易规模。这种对外贸易活动主要由郑和所代表的明朝政府所控制，但它在为传统朝贡政策服务的功能之外也发展了内在的经济活力。郑和船队所进行的这些主要活动对于明初及其之后的中国和全球历史都有重要影响。

郑和下西洋的历史遗产实际是困扰有关研究的第三个关键问

---

[1] 范金民，《20世纪的郑和下西洋研究》，第347页，综述了田培栋、何平立和陈亚昌关于郑和船队香料贸易的研究。其他有关研究见 T'ien Ju-kang, "Chêng Ho's Voyages and the Distribution of Pepper in China," *Journal of the Royal Asiatic Society of Great Britain and Ireland* 2 (1981): 186—97；严小青、惠富平，《郑和下西洋与明代香料朝贡贸易》，载《江海学刊》2008年第1期，第180—185页；万明，《郑和下西洋终止相关史实考辨》，载万明，《明代中外关系史论稿》，中国社会科学出版社2011年版，第355—359页。

题，而强调长期历史联系的网络史观则为解决这一问题提供了新的途径。从网络史观看来，郑和七次远航印度洋的壮举是中国及世界的长期历史中的重要一环，并非是一些学者所形容的昙花一现的政治泡沫，对后来历史没有连续性的影响。[1] 实际上，他所留下的长期遗产仍然是在中国和印度洋地区发展起来的朝贡—贸易关系。在1433年郑和逝世之后，他的庞大船队中止了海外航行活动并逐渐消亡殆尽，他的航海伟业也被保守的官员和学者遗忘。[2] 但是，郑和从1405年到1433年间努力推动的朝贡—贸易关系仍然在不同程度上持续至19世纪末期，继续对中外关系发生影响，甚至影响了欧洲国家在亚洲的早期活动。[3]

　　确实，这种朝贡外交政策与官营对外贸易的结合与并行是在郑和时代及其之后中外关系的主要模式。如明人王圻所说："凡外夷贡者，我朝皆设市舶司以领之……其来也，许带方物，官设牙行与民贸易，谓之互市。是有贡舶即有互市，非入贡即不许其互市明矣。"[4] 明初市舶司之下朝贡关系的扩大是郑和下西洋的结果之一。虽然这种官方机构使用牙行管理海外贸易的措施出现在明代后期，这一措施与上述郑和船队利用古里当地牙人进行中外贸易的手法极

---

[1] 王春瑜，《从郑和"七下西洋"看中国的海权体系》，见《明清史事沉思录》，陕西人民出版社2007年版，第135—138页；陈支平，《客观与现实的背离：郑和下西洋的从旧思考》，载田澍、王玉祥、杜常顾主编，《第十一届明史国际学术讨论会论文集》，天津古籍出版社2007年版，第569—571页；Robert Finlay, "Portuguese and Chinese Maritime Imperialism: Camões's *Lusiads* and Luo Maodeng's *Voyage of the San Bao Eunuch.*" *Comparative Studies in Society and History* 34, no.2 (1992)：230。

[2] Edward Dreyer, *Zheng He*, 165–80.

[3] 李云泉，《朝贡制度史论》，第78—80页、第136—139页、第141—174页、第223—271页。

[4] 王圻，《续文献通考》卷三，第25b页。

其相似，反映了朝贡形式下官方对外贸易在国内或海外扩大后必然要转向部分或全部由商［牙］人直接管理的共同趋势。因此，市舶司和商人牙行在明代后期的结合是郑和推动的朝贡—贸易关系在其组织制度方面的延续和演变，也是他所留下的历史遗产的一个重要部分。

市舶司在唐朝开元二年（714）左右最早设立，用以管理对外海上贸易。明初开始使用这一机构专门管理朝贡事务，又很快在洪武四年（1371）实行海禁政策后将其全部撤销。永乐皇帝在即位之后继续实行海禁，但迅速恢复了广州、泉州和宁波的市舶司，并在永乐三年（1405）九月命其各自设立驿馆，招待海外贡使。同时，永乐皇帝在当时的首都南京设立会同馆，管理和招待外国贡使，在永乐六年（1408）又设另一会同馆于北京。所有这些措施显然与1405—1407 年之间郑和首航印度洋有关。从此之后，郑和七下西洋曾导致市舶司之下朝贡和互市活动的空前活跃。[1] 虽然郑和下西洋于 1433 年结束，他推动的朝贡外交与官营海外贸易并行的对外关系仍然通过市舶司制度之下的朝贡与互市结合的活动延续下来。

在印度洋世界，郑和船队开创的航海和贸易网络，特别是以香料为主的贸易网络也并没有在其身后完全消失，大多为 15 世纪末开始东来的欧洲航海家、商人所继承和利用。在 1498 年达·伽马的葡萄牙船队穿越西印度洋到达古里之后，他很快就从当地的传

---

[1] 陈伯坚、黄启臣编著，《广州外贸史》，广州出版社 1995 年版，上册，第 208—236 页；Sally K. Church, "Changing Attitudes Toward Foreigners from Overseas: An Investigation into the Policy of the Ming Emperor Yongle, 1403–1424," *Nanyang xuebao*（南洋学报）56 (2002): 53–54. 关于明代市舶司制度的演变，亦见于李金明，《明代海外贸易史》，中国社会科学出版社 1990 年版，第 68—79 页、第 165—172 页。

闻中了解到在 1418 年前后曾有大型军事舰队定期来此，以绫绸及黄铜器皿来交换当地土产香料。尽管这位欧洲航海家对这一传闻与郑和船队之间的关系一无所知，他已经开始着手了解传闻中的来客背景。[1] 在此之后，其他东来的欧洲冒险家更加注意了解和追随华人在印度洋地区的航海和贸易活动。例如，在 1505 年 7 月，葡萄牙船长佩雷拉将两名非洲船员从圣老伦索岛（马达加斯加岛）带往莫桑比克，向他们了解到二至三艘大型"中国式帆船"通常每隔两年就会航行并贩卖丁香等香料到该地，该船长为此特别率领十艘帆船前往六百海里之外的圣劳伦索岛核查，证明一切属实。有些学者甚至认为上述"中国式帆船"即为 1433 年之前在郑和统率下访问非洲的分遣船队。[2] 但从时间上看来，这些"中国式帆船"在此地的香料贩卖活动似乎更像华人私商按照郑和的航线在原有的海外市场继续定期进行的同样内容的贸易。

正因为郑和之后华人商船在印度洋部分保持了这种航海和贸易网络，葡萄牙国王唐·曼努埃尔在 1508 年派遣迪奥戈·洛佩斯·德·塞凯拉从里斯本出航时特别下达指示："你必须探明有关秦［华］人的情况，他们来自何方？路途有多远？他们何时到马六甲或他们进行贸易的其他地方？带来些什么货物？他们的船每年来多少艘？他们船只的形式和大小如何？他们是否在来的当年就回国？他们在马六甲或其他任何国家是否有代理商或商站？"[3] 结果，郑

---

[1] 金国平，《葡萄牙史料所载郑和下西洋史事探微》，载陈信雄、陈玉女主编，《郑和下西洋国际学术研讨会论文集》，台北，稻乡出版社 2003 年版，第 325—326 页。

[2] 吴志良、金国平，《郑和航海的终极点：比剌及孙剌考》，载王天有、万明编，《郑和研究百年论文选》，北京大学出版社 2004 年版，第 267—269 页。

[3] 《托雷·多·通博国家档案馆中有关葡萄牙人航海与征服的文献》，转引自张天泽著、姚楠、钱江译，《中葡早期通商史》，香港中华书局 1988 年版，第 36 页。

和船队在印度洋的航海和贸易网络在不同程度上为葡萄牙人所继承和利用。他的船队在印度次大陆海岸进行香料贸易的主要港口通常成为葡萄牙人在1503—1510年间建立商站和城堡之地。作为郑和在印度洋地区航海和互市主要基地的满剌加、忽鲁谟斯也先后为葡萄牙人在1511年和1515年夺取并建立城堡。但是，葡萄牙人以炮舰追求商业和殖民扩张的政策却并不比郑和船队推动的朝贡—贸易关系更为有效，未能控制后者曾多次出入的红海口重要商港阿丹。[1] 更为重要的是，葡萄牙人很快发现中国是印度洋地区盛产的香料等产品的重要市场，从满剌加贩运香料到中国不仅航程比到欧洲大为缩短，而且所获得的利润相等。将锦缎等手工产品从中国贩卖到满剌加等地，甚至可以获得三十倍左右的利润。因此，葡萄牙人最先竭力活动于中国和印度洋国家之间，在很大程度上从事的是与郑和船队内容和路线都一致的海上贸易。[2]

同时，在中华帝国的后期，郑和时代的朝贡—贸易关系不仅通过明代市舶司之下的朝贡外交和官营外贸活动曾长期存在，而且还影响了直到清代中期的中西交往。在葡萄牙占领满剌加之后，派往中国的第一任大使托梅·皮雷斯在1517年到达广州，要求建立通商关系。他在广州立即被明朝官员当作朝贡使臣，接受跪拜叩头的礼仪训练，后来通过贿赂当地镇守太监取得在1520年前往北京朝见明武宗的机会。由于武宗在次年暴死，葡萄牙对明朝朝贡国满

---

[1] Pius Malekandathil, "From the Trails of the Chinese to the Dominance of the Portuguese: An Overview of the Patterns of Their Naval Voyages and the Maritime Policies in India," in Malekandathil, *Maritime India: Trade, Religion and Polity in the Indian Ocean* (New Delhi: Primus Books, 2010), 68–69, 75.

[2] 张天泽著、姚楠、钱江译，《中葡早期通商史》，香港中华书局1988年版，第39—41页。

剌加的侵占及其在广州附近的军事活动又受到明朝官员的谴责，皮雷斯使团外交活动全部失败，其成员被全部送回广州监禁。直到1554年，葡萄牙才获得广东地方官员许可，在交纳关税后前往广州进行互市贸易，并在1557年取得租居澳门的机会。1644年清朝取代明朝之后，葡萄牙为了保持在澳门租居及在广州互市的机会，在1670年再次派出使团前往北京，终于和清廷建立了正式的朝贡关系。[1]

在1655—1795年之间，荷兰、葡萄牙、梵蒂冈和英国总共派出至少十一个使团前往北京，这些来自西欧的使臣大都在朝见清朝皇帝时奉行了跪拜之礼。但是，他们显然仅是为了通商的利益或在华传教的需要在形式上承认了清帝国的朝贡制度，在1793年来华的英国使臣马尔嘎尼甚至拒绝在朝见时奉行跪拜仪式。这些被清廷视为贡使的欧洲使臣在此后逐渐绝迹于北京，但是除了梵蒂冈以外的上述西欧"朝贡"国家，以及法国、西班牙和新兴的美国等西方国家的商人和公司都积极加入了1685年后逐渐形成的"广州体系"，即在清朝中央和地方官员监督下，由商人牙行直接管理的中外互市体系。[2]一些学者认为这种中外"互市体制"开始于16世纪明政府与葡萄牙等国在广州等口岸的通商及在西北边境开放的"马市"和"茶马市"，已经突破朝贡体制，但是其"起源还不明确"。[3]

---

[1] 万明，《中葡早期关系史》，社会科学文献出版社2001年版，第22页、第25—41页、第79—88页、第258—268页。

[2] John King Fairbank, *Trade and Diplomacy on the China Coast: The Opening of the Treaty Ports, 1842–1854* (Stanford, CA: Stanford University Press, 1969), 14–16, 48–53; 陈伯坚、黄启臣，《广州外贸史》，上册，第170—73页。

[3] 中岛乐章著、张子平译，《明代朝贡贸易体系的变化与重组》，载复旦大学文史研究院编，《世界史中的东亚海域》，中华书局2011年版，第85—86页、第103—105页。

实际上，无论从其语源或历史来考察，这种中外海上"互市"都或多或少地反映了郑和时代之后与朝贡关系并行的官营中外互市制度的长期演变。[1] 确实，清朝对安南、暹罗等亚洲和印度洋国家的朝贡关系不仅继续存在，而且如上所说，一度在 1655—1795 年还包括了荷兰和葡萄牙等西欧国家。所以，在广州体系下的中国与西方国家的互市并未完全与朝贡制度分离，也未能摆脱官方的间接控制。直到 1800 年前后，中国整体对外关系实际上继续了郑和时代以来的朝贡—贸易并行的关系。

总之，对于郑和下西洋的基本原因、主要活动及长期遗产所做的网络分析为解决学术界对于这些关键性历史问题的长期争议提供了新的理论方法。它证明郑和下西洋推动了从中华帝国传统的朝贡体制及其体制内的"朝贡贸易"向朝贡与贸易并行、并重的外交和外贸关系的重要转变。本文的下一部分将进一步使用网络理论的一些具体概念来讨论郑和下西洋给这种朝贡—贸易关系本身所带来的变化，并指出这种关系变化的局限性及其对于华人在印度洋与全球化历史中活动影响。

2. 郑和时代中国与印度洋世界朝贡—贸易关系的网络分析

关于郑和下西洋的大量论著通常都会触及当时中国与印度洋世界的朝贡和贸易关系，但有关的专题研究不仅数量有限而且相互矛盾。它们或者抨击郑和所推动的朝贡关系助长了明王朝的虚骄自

---

[1] 关于明代文献中的"互市"，见王圻，《续文献通考》，卷三一，《市籴考·市舶互市》，第 11b—27b 页。关于中外互市先后在明代市舶司、官设牙行、民间牙行直到清代海关和广州十三行牙商直接管理下的制度演变，见李金明，《明代海外贸易史》，第 68—79 页、第 165—172 页；陈伯坚、黄启臣，《广州外贸史》，上册，第 229—273 页。

大心理及其得不偿失的朝贡贸易，[1]或者赞扬他扩展的朝贡贸易促进了中外政治和经济交往，推动了华人海外移民并提高了明朝国际威望。[2]在以明代朝贡关系为专题的研究中，郑和下西洋的历史性事件或仅作为例证而被提及，[3]或者如上所述，被用来作为明初朝贡贸易弊端的证明。[4]使用新的网络理论所强调的关系制度化、扩大化、多样化及网络成员互动的分析概念，本文将突破以往研究中的片面观点，揭示郑和下西洋对于明朝和印度洋世界之间朝贡—贸易关系的正面和负面影响。这种全面的网络分析证明郑和时代的朝贡—贸易关系既经历了积极变化，又未能突破官方的控制得到多样化发展，只是间接地影响了从印度洋地区到全球范围的海上网络扩张。

确实，郑和下西洋导致明朝与印度洋世界之间朝贡—贸易网络经历了空前的发展和不同程度的变化，特别是其关系的制度化、扩大化、多样化及其网络成员之间互动程度的激增。以下将集中讨论这四个方面的关系变化，按其历史发展的逻辑顺序进行分析，并说明为何郑和留下的历史遗产构成了全球化过程中一个重要但又是间接的因素。

郑和所推动的朝贡—贸易关系的制度化，特别是新型组织规

[1] 李庆新，《郑和下西洋与朝贡体系》，第244—249页；庄国土，《论郑和下西洋对中国海外开拓事业的破坏——兼论朝贡制度的虚假性》，载《厦门大学学报（哲学社会科学版）》2005年第3期，第72—76页。

[2] 和洪勇，《明前期中国与东南亚国家的朝贡贸易》，载《云南社会科学》2003年第1期，第87—90页；林翠茹，《郑和下西洋和朝贡体系下的东南亚华侨》，及陈永升，《郑和下西洋与明代的朝贡贸易体系》，均载林晓东、巫秋玉主编，《郑和下西洋与华侨华人文集》，中国华侨出版社2005年版，第141—152页、第539—549页。

[3] 中岛乐章，《明代朝贡贸易体系的变化与重组》，第88页、第92页、第97—98页。

[4] 何平立，《明初朝贡制度析论》，第34页；李金明，《论明初的海禁与朝贡贸易》，第74—77页；杨欢，《浅析永乐朝发展朝贡贸易的措施及其弊端》，第92—94页。

章的创立，体现了这种双重网络在印度洋世界内迅速扩张和持续发展的基本力量。这种网络制度化的力量确保了朝贡—贸易关系的急剧发展，却不会在此变化过程中或在郑和航海终止后轻易涣散和解体。当然，如上所说，中华帝国的朝贡体制，包括其体制内的朝贡贸易从汉代至明初就已经逐渐制度化。永乐初年虽然继续实行洪武年间的海禁政策，但将浙江、福建和广东市舶司全部恢复，对外国使臣在朝贡贸易之外的私人贸易也实行免税政策，并实行了其他鼓励与周边国家发展朝贡—互市关系的措施，[1]反映了朝贡制度的有限改革及官营对外贸易的开放。郑和下西洋及其他永乐时期对外使臣的频繁派遣只是这一政策改革的表现之一，他的海外活动却在印度洋世界带来了一场朝贡、贸易并行的制度化变革。

在郑和下西洋期间，中国与印度洋地区朝贡—贸易关系的制度化主要表现于他的船队在海外所设立的航海和贸易的基地及有关的新型组织和措施。现有资料证明郑和在下西洋期间至少在马来半岛的满剌加（今马六甲）、苏门答腊岛西北古国苏门答剌和孟加拉海湾的察地（今吉大）港建立了"官厂"进行海外贸易。[2]根据马欢的记载，处于满剌加的官厂是在该国与明朝形成密切的朝贡关系后建立的，它也成为郑和船队的主要航行基地及其连接东南亚和印度洋各地贸易的中心："永乐七年［1409］己丑，上［永乐皇帝］命正使太监郑和等赍诏敕赐头目双台银印、冠带袍服……中国宝船到彼，则立排栅，城垣设四门更鼓楼，夜则提铃巡警。内又立重栅小城，盖造库藏仓廒，一应钱粮屯放在内。去各国船只俱回

---

［1］ 李庆新，《郑和下西洋与朝贡体系》，第 232—237 页。

［2］ 周运中，《郑和下西洋新考》，第 244—250 页。

到此处取齐，打整番货，装载停当，等候南风正顺于五月中旬开洋回还。"[1]

此外，郑和第七次下西洋期间曾在爪哇、忽鲁谟斯长期停留，远远超过在满剌加的时间，他的船队大约也在这两地建立了"官厂"形式的基地。在印度次大陆南端的古里，郑和同样建立了类似基地。[2]郑和在1407年"赍诏敕赐其国王诰命银印及升赏各头目品级冠带"，并利用当地首领和商人建立一整套朝贡、互市结合的管理制度。该国"王有大头目掌管国事……其二头目受中国升赏，若宝船到彼，全凭二人为主买卖"。他们与当地的商人、牙人和书算手全盘负责对中国的"锦绮"等货物及本地的珍珠等土产定价。[3]

因此，郑和不仅沿用了传统朝贡制度中册封、颁赏等礼仪来建立明朝和满剌加、古里等国家的外交关系，而且使用这种礼仪形式的外交关系建立了更为正式和实在的制度来管理其船队的航行和贸易活动。特别重要的是，在其船队海外基地，郑和充分利用了当地首领和商人，形成遍布印度洋交通要道上的制度化朝贡—贸易网络枢纽，或网络理论所称的节点。值得注意的是，郑和在满剌加、古里等国家推行的朝贡关系主要借助于双边贸易来实现，他的船队在"官厂"等基地的贸易活动又满足了各方共同需要，甚至有的处于当地官员和商人管理之下。因此，他的海外活动显然不同于葡萄牙等欧洲殖民者依靠军事力量来直接控制海上商业枢纽和网络的

---

[1] 马欢著、万明校注，《明钞本〈瀛涯胜览〉校注》，第37页、第41页。

[2] 周运中，《郑和下西洋新考》，第26页；金国平，《葡萄牙史料所载郑和下西洋史事探微》，第327—331页。

[3] 马欢著、万明校注，《明钞本〈瀛涯胜览〉校注》，第63—67页。

"初级殖民主义"行为。[1]

　　实际上，郑和在满剌加、古里等印度洋国家建立的海外贸易基地及其相关组织和措施是在中华帝国原有朝贡体系之外最为重要的制度化创新和在海外的进一步发展。正是以上述"官厂"及类似基地为支点，郑和船队建立了从中国南海直到西印度洋地区之间的数条主要航线以及更大数量的分遣船队航线，通过七次大规模航行将朝贡、贸易并行的关系从东南亚和南亚扩展到了西亚和东非的广大地区。[2]

　　这种朝贡—贸易关系的扩大化是在中国和印度洋世界之间海上网络发生的另一重要的变化，它也是以这种双重网络的制度化、特别是郑和船队所创立的"官厂"基地及其组织等制度化的发展为基础的。通过分布于东南亚、南亚和西亚的海外基地，郑和主船队及其分遣船队以接力的方式，将明初的朝贡、贸易并行交叉的关系逐步扩展到了先前中国历代使臣和商人难以从中国直航达到的印度洋国家。迄至最近，不少学者仍然认为郑和在印度洋的航行只是沿着中国及其他亚洲和非洲国家航海家已经开辟的航道行进，并无新的航路或其他地理发现。[3]这些学者实际忽视了郑和在印度洋世界扩展制度化朝贡—贸易关系方面超越前人的成就。

---

[1] 关于郑和使用武力追求"初级殖民主义"的说法来自 Geoff Wade, "The Zheng He Voyages: A Reassessment" 51。针对韦杰夫文章中某些错误论点进行的驳斥，见黎道纲，《泰国传说与郑和神话——兼驳 J. Wade 否定郑和的一条论据》，载《东南亚研究》2006 年第 4 期，第 85—88 页；《〈东西洋考〉暹罗名胜西塔考——再驳詹夫·威否定郑和的一条论据》，载《郑和研究》2007 年第 2 期，第 51—57 页。J. Wade 为韦杰夫英文原名 Geoff Wade 的简称。

[2] 郑一钧，《郑和下西洋对 15 世纪初期世界文明发展的贡献》，载王天有、许凯、万明编，《郑和远航与世界文明》，第 32—33 页。

[3] 周运中，《郑和下西洋新考》，第 46 页、第 300—305 页。

确实，现有资料证明，从唐、宋至元代的中国航海家及商人已经进入广阔的印度洋，到达南亚、西亚，甚至东非海岸，郑和下西洋大约并未超越这一范围。[1] 但是，郑和时代之前的华人在印度洋，特别是西印度洋地区的航海和通商大多是个别使臣或私人海商偶发、不连续的活动，与郑和船队连续的大规模航行和以上述海外基地制度为基础的地区性朝贡—贸易网络扩张仍然相差甚远。在这一方面，即使元帝国在海上的扩张也比郑和的航海活动逊色，如明代人黄省曾所说："西洋之迹，著自郑和……愚尝读秦汉以来册记，诸国见者颇鲜。至前元号为广拓，而占城、爪哇亦称密近，乃坚不一屈内款，至勤兵越斗者数年，竟不得其要领，至今遗笑海上。如我圣代，联数十国，翕然而归拱，可谓盛矣。"[2] 这段引文反映了明代文人以天朝上国自居的自大心理，但也确实说明郑和在扩展制度化或更为正常的朝贡—贸易关系方面取得了远远超出前代的成就。

在郑和下西洋时期，中国和印度洋世界之间朝贡—贸易关系的扩大化直接导致了各国来华使者的数量空前增加。据统计，在洪武的三十一年中仅有十七个国家派遣使臣来华，这些使臣也基本来自与中华帝国长期保持关系的东北亚和东南亚国家。而在永乐时的二十二年中就有四十六个国家派遣使臣来华朝贡，这些国家和地区大多位于印度洋世界，与以往中国历代王朝从未发生过直接关系。即使在宣德时的短短九年，也有十八个国家派遣了来华使者，其中不少使臣是随郑和最后一次航海的船队回国或来访的。[3]

实际上，郑和船队曾访问过更多国家和地区，只是它们未能

<hr />

[1] 郑鹤声、郑一钧编，《郑和下西洋资料汇编：增编本》，上册，第103—107页。

[2] 黄省曾著、谢方校注，《西洋朝贡典录》，中华书局1982［1520］年版，第7—8页。

[3] 李庆新，《郑和下西洋与朝贡体系》，第237—239页；郑鹤声、郑一钧编，《郑和下西洋资料汇编：增编本》，上册，第559页，中册，第860页。

派出来华使者。如当时在非洲东海岸南部"又有国曰比剌,曰孙剌。郑和亦尝赍敕往赐。以去中华绝远,二国贡使竟不至。"[1]特别值得注意的是,郑和推动的朝贡—贸易并行的关系已经从明王朝与其朝贡国统治者之间的往来扩大成为他的船队与印度洋民众之间的大规模商品交换。如在阿拉伯半岛的祖法儿国(今阿曼),"中国宝船到彼开读赏赐毕,其王差头目遍谕国人,皆将乳香、血竭、芦荟、没药、安息香、苏合油、木鳖子之类来换易苎丝、瓷器等物"[2]。这种贸易活动将郑和船队带入与该地区大量商人和普通百姓之间的直接接触及其以中国产品与当地多种土产的大规模交换。它显示了当时跨越印度洋的制度化朝贡—贸易关系在走向扩大化的过程中也经历了多样化的发展。

这种关系多元化的发展对于上述朝贡—贸易网络的重要性在于它可以为后者带来日益不同的因素,确保其不断的制度化创新和持续的多方面扩展。上述分析已经证明郑和下西洋导致了这种双重网络经历如下一系列关系多元化的发展:从明朝政府市舶司控制下的朝贡和互市并举到海外基地内由当地官商直接管理的中外互市;从中外统治者以奢侈品为主的礼品交换到郑和船队以中国手工产品与印度洋国家民众的香料等产品为内容的大规模贸易。但是,在郑和下西洋的活动中,这种外交和外贸关系多样化的发展仍然被严格限制于中国和印度洋国家官方控制的朝贡—互市范围之内。他的庞大船队主要由明朝政府的官兵组成,其航海活动完全由明政府资助,其海外"官厂"等基地的国际贸易也处在中方及当地官方的间接或直接管理之下。现有研究证明郑和船队官兵只能在官方默许下携带"麝香

---

[1] 张廷玉等撰,《明史》,卷三二六,第8454页。
[2] 马欢著、万明校注,《明钞本〈瀛涯胜览〉校注》,第77页。

等物"，到海外从事官方朝贡贸易之外的有限贩卖活动，这与欧洲国王和政府支持海商组成合股贸易公司，在印度洋及其他地区进行大规模商业和殖民扩张活动完全不同。[1] 因此，郑和在印度洋地区发展的朝贡—贸易网络并未充分利用民间海外贸易取得更为多样化的发展，主要处于明朝官方控制之内。一旦明朝政府决定中止郑和下西洋，曾经遍布印度洋世界的朝贡—贸易网络便开始萎缩并部分瓦解。

此外，明代的朝贡体制对来华贡使有贡期、勘合等严格规定。[2] 限制了外国商人自由进入中国国内市场。同时，明初的国内海禁政策限制了民众的海上活动，特别是商人的私人海上贸易。这些内外政策的结合进一步扼杀了民营海上贸易可能带来的活力。因此，某些以往的研究便笼统地将郑和时代前后与朝贡外交并行的官营外贸和海禁措施并列，称为"明代对外政策两大支柱"[3]。另一类似的研究抨击郑和推行了"毫无实际建树"的朝贡制度，"没有获得对海外邻国的实际政治影响力"。但是，该文认为郑和船队能够将针对国内商民的海禁政策成功地实行于国外。[4] 实际上，明代的海禁仅是禁止华人海上活动的国内政策，[5] 郑和在海外进行的朝贡—贸易活动虽然主要处于官方控制之下，但已部分突破朝贡制度

---

[1] 郑家馨，《试论国家权力对15世纪中国和葡萄牙两国海洋活动的不同作用》，载王天有、许凯、万明编，《郑和远航与世界文明》，第326页、第332页。

[2] 李云泉，《朝贡制度史论》，第73—76页、第87—92页。

[3] 李金明，《论明初的海禁与朝贡贸易》，第73—77页。引号内的文句系该文引自田中健夫，《东亚国际交往关系格局的形成和发展》，载中外关系史学会编，《中外关系史丛》第二辑，第153页。

[4] 庄国土，《论郑和下西洋对中国海外开拓事业的破坏：兼论朝贡制度的虚假性》，第73—74页、第76页。

[5] 万明，《郑和下西洋终止相关史实考辨》，第350—354页。

的限制，涉及与印度洋地区朝贡国内民众的商品交换。[1] 这种官方朝贡—贸易关系在海外的发展实际是在明朝海禁政策关闭民间海上对外贸易大门的同时为中外交往和通商提供了开启的窗口。

正因如此，郑和所推动的朝贡—贸易关系的制度化、扩大化和一定程度的多样化仍然将明初中国和许多印度洋国家带入了空前未有的互动，导致从东亚直到东非之间各国外交联系以及海上航行、贸易网络的扩张。据估计，郑和下西洋所涉及的直接参与者、其家庭成员及供应物资的人员总数可能高达永乐时期全国人口的十分之一。[2] 另据不完全统计，洪武时期二十九年中明政府仅接待外国朝贡使者一百八十三次，平均每年来使六次；由于郑和下西洋的影响，永乐时期二十一年中接待朝贡使者激增为三百一十八次，平均每年十五次；洪熙时期一年中，约接待朝贡使者十九次；宣德时期九年中接待朝贡使者约七十九次，平均每年九次。在永乐二十一年（1423）九月，从东南亚、南亚、西亚和东非来访的印度洋十六个国家使臣多达一千二百人。[3]

特别值得注意的是，永乐九年（1411）满剌加国王率妻子和陪臣五百四十余人来访，其使团人员总数接近该国人口总数（约为

---

[1] 马欢著、万明校注，《明钞本〈瀛涯胜览〉校注》，第 34 页、第 61 页、第 66 页、第 77 页、第 80 页。

[2] 周运中，《郑和下西洋新考》，第 29 页。该书指出郑和船队在每次航行中通常载有两万七千名以上的官兵及其他人员。《卫所武职选簿》档案所记载的官兵一般曾随郑和下西洋一至四次，由此估计郑和共统率五万至十万官兵等人员七下西洋。将这些七下西洋的参与者、他们的家庭成员及为下西洋供应物资的数百万民众进行估计所得到的总数约为永乐三年（1405）全国 51618500 人口总数的十分之一。

[3] 郑一钧，《郑和下西洋对 15 世纪初期世界文明发展的贡献》，第 27—28 页。该统计并未计入洪武、永乐和宣德帝统治的所有年份，其提供的外国朝贡使团数目应该低于实际数目。此外，明初对于外国使臣来华的记载也并不完整，见 Church, "Changing Attitudes Toward Foreigners from Overseas," 52，54，59。

六千人）的十分之一。从该年直到宣德八年（1433），满剌加国共派出十五批朝贡使团来明朝访问，其中，该国祖孙三代国王曾五次访问明朝。郑和下西洋期间曾多次经过满剌加，其船队并在此建有官厂作为航海和贸易的主要基地之一。这种主要基于朝贡—互市关系基础上的互动，特别是郑和下西洋活动的直接影响，很快帮助满剌加从一个新兴国家成为印度洋地区航海和贸易中心之一，并在后来成为葡萄牙殖民者垂涎的主要目标之一。[1]

明代后期学者祝允明曾根据题本等明初原始资料，记载了郑和在 1430—1433 年第七次下西洋期间的详细日程。郑和主船队在出航和回航途中停泊时间超过十天或长至一百三十天的地点包括占城、爪哇、满剌加、苏门答剌、古里和忽鲁谟斯。[2] 在这些航海基地，郑和船队进行的长时间朝贡外交活动和大规模的官方贸易及附带的民间贸易活动，对当地的发展无疑产生了如同在满剌加的影响，帮助它们成为印度洋世界航海与贸易网络的枢纽。只是由于明朝政府在郑和于 1433 年逝世后停止了其船队在印度洋的活动，这些航海与贸易网络的枢纽才最终被葡萄牙等欧洲人继承和控制，并在此基础上建立了连接新旧大陆的全球性网络。近来的一些通俗出版物声称郑和船队也曾经越过印度洋，完成人类首次环球航行。[3] 但以现有资料为基础，本文的研究证明郑和基本奉行了推行海外朝贡—贸易关系的诏命，其船队活动也大致局限于在印度洋世界，执

---

[1] 杨亚非，《郑和航海时代的明朝与满剌加的关系》，第 206—214 页；万明，《郑和与满剌加》，载万明，《明代中外关系史论稿》，第 318—320 页、第 324—327 页。

[2] 祝允明，《前闻记》，中华书局 1985 年影印本，第 72—75 页。

[3] Gavin Menzies, *1421: The Year China Discovered the World* (London, UK: Bantam, 2002); Andro Anatole. *The 1421 Heresy: An Investigation into the Ming Chinese Maritime Survey of the World* (Bloomington, IN: AuthorHouse, 2005).

行这种官方使命，未能直接建立全球性的海上联系。

因此，从网络理论的观点来看，郑和下西洋给中国和印度洋世界的朝贡—贸易关系带来的主要变化在于这种双重关系的制度化和扩大化，并特别表现于他对海外基地制度及远洋航线和香料贸易市场等海上网络的建立和扩展。这种制度化的航海和贸易网络并未因为郑和下西洋活动在1433年的突然中止而消失，而是为后来的欧洲航海家所利用，建立了从印度洋到全球范围的海上联系。但是，郑和从事的明初朝贡外交和官营中外互市缺乏官方和民间海上活动齐头并进的多样化活力，反映了明朝对外政策的严重局限性，以至于无法直接领导超越印度洋的全球化运动。当然，郑和并非这些政策的制定者，不应为这些政策的所有负面效果承担责任。但是，作为明初对外政策的主要执行者之一，郑和推动的朝贡—贸易网络也因此并未带来真正的革命性变化。尽管如此，他所推动的中国和印度洋世界之间的相互联系仍然对15世纪之后全球性网络的革命性变化做出了间接的重要贡献。

结　论

中外学者关于郑和下西洋的研究已经持续了一个多世纪，但有关研究的进一步发展需要在理论分析方面得到升华，对全球史的学术进展做出真正有意义的贡献。将郑和研究引入全球史的意义也不仅在于提供另外一个从非西方历史而来的范例，而且在于对该领域内以近代西方为中心的史学传统与理论模式进行批判和改进。本文对郑和下西洋及中国与印度洋世界朝贡—贸易关系的网络分析是在这一理论层面进行的尝试，希望能取得抛砖引玉的效果。

网络分析的理论力量在于它可以帮助揭示表面上看来独立存

在的自然、社会及历史现象的各自内在和外部联系及其互动产生的力量。对网络现象的社会学研究已经证明"你与地球上的任何人之间仅有'六人间隔'"的西方俗语确为事实，个人或地方性的活动可以通过这种普遍存在的网络产生全球性的反响。[1]本文使用的新的网络理论比传统网络理论更为宽泛和能动，其中一些新的分析概念也更简明、易懂并适用于社会和历史研究。这一网络理论注重普遍存在的人际性和制度化的社会关系，并强调从特定网络的关系制度化、扩大化、多元化以及网络成员的互动程度来考察社会历史变化及其动力。

将这一网络理论与历史资料的分析结合起来研究郑和下西洋，本文特别注重贯穿于他七次远航印度洋的基本原因、主要活动及其长期遗产之间的朝贡—贸易关系，有助于澄清史学界对这些关键问题的误解。郑和在下西洋过程中推行朝贡—贸易关系并行的基本目的不仅包括了许多中文论著所片面强调的明朝官方的外交、外贸等方面的政策，或者以往论著所强调的政治和经济双重目的，[2]而且在一定程度上反映了印度洋国家和人民的政治抉择和经济利益。因此，郑和船队在印度洋地区各国的主要活动是与其朝贡外交并行的互市贸易，特别是中国手工制品与当地香料等土产之间按货论价、利润丰厚的大规模物品交易。这种海外活动的重点既不是无数学术论著或大众读物所瞩目的航海活动本身，也不是少数西方学者所强调的军事威慑和偶尔的战争行动。在明代海禁政策扼杀国内合法民间海上贸易的情况下，郑和推动的朝贡—贸易结合的对外关系在他

---

［1］ Duncan J. Watts, *Small World: The Dynamics of Networks between Order and Randomness* (Princeton, NJ: Princeton University Press, 1999), esp. 4.

［2］ 周运中，《郑和下西洋新考》，第 10 页。

的时代及其之后长期并行，保持了中外官方外交和外贸的渠道，直接影响了中国和欧美西方国家之间的早期接触。

本文就郑和在中国和印度洋世界所推行的朝贡—贸易关系进行的网络分析和史料研究也提出了一些新的观点。郑和船队在印度洋国家建立的"官厂"等基地利用了明朝与朝贡国的外交关系发展了新的海外贸易制度，是在明代传统朝贡体制之外重要的制度化创新，却为以往的论著所忽视。郑和在印度洋的远航虽然如一些学者所称，并未发现新的航线或土地，但他利用上述海外基地将制度化的航行和朝贡—贸易网络推进到了西亚甚至东非等前代华人使臣和商人偶尔涉足或从未到达的国家。郑和逝世后，他发展的朝贡外交和官方外贸网络因缺乏明政府的继续赞助和民间海外贸易的多样化活力而部分解体。但是，郑和船队的沿海基地、远洋航线和香料市场等航海和贸易网络在后来成为早期欧洲人在印度洋活动的基础之一，帮助了后者发起全球性网络革命，即建立穿越大西洋、印度洋和太平洋及新旧大陆之间的联系。

上述网络分析不仅能够帮助将郑和下西洋的研究提高到理论层次，而且可以深化关于全球史中一些重要理论问题的讨论。费正清编辑的《中国人的世界秩序：传统中国的外交关系》一书是关于中华帝国朝贡关系的经典之作，他在该书中宣称："传统中国的世界秩序［朝贡关系］无法被称为国际［现象］，因为其中的参与者并未使用类似于西方关于国家或主权的概念，或每一国家具有平等主权的概念。"[1] 与此相反，近来韩裔美国学者康灿雄（David C. Kang）认为，以明清中国为宗主和儒家文化为纽带的等级性朝贡体系曾形成独特的东亚国际关系，维持了长期的和平。但是，从欧

---

[1] John King Fairbank, "A Preliminary Framework," 5.

洲起源的威斯特法伦和约体系强调国家主权平等和国际力量均势，成为现代国际关系的基础，却无法遏制近代欧洲及世界曾经长期经历的战乱。日本学者滨下武志也认为以明清中国为核心的朝贡体系，尤其是朝贡贸易，已经将亚洲连接为一个地域经济圈，并影响了西方国家最初进入亚洲的贸易活动和外交关系。与康灿雄相似，滨下武志也主要聚焦于中国文化影响下的东亚地区。[1]

尽管费正清数十年前的陈旧观点已经受到上述亚裔或亚洲学者的批评，它仍然影响了目前的中国史和全球史研究。无数中外研究论著早已证明近代欧美国家的商业、殖民扩张与费正清所谓的"西方关于国家或主权"平等的概念完全不符，但它们通常仍将这种暴力性和侵略性的活动奉为推动现代化、世界体系发展或其他形式的全球化动力。与此相反，郑和推动的相对和平与互利的朝贡—贸易关系却因其等级性的形式被忽视，或仅仅被作为中华帝国的一种外交国策。即使上述康灿雄、滨下武志对朝贡体制的研究也仍然局限于东亚地区，他们也仅强调其儒家文化或其体制内的官营国际贸易产生的内在联系和动力。

但是，本文的网络分析证明郑和下西洋带动的朝贡—贸易关系远远扩展到了中国儒家文化影响之外的广阔印度洋地区，为欧洲航海家在这一地区的航海和贸易活动创造了一个前提。这种双重对外关系后来还在明清时代朝贡制度之外或官方间接控制之下形成了上述的"互市制度"，将葡萄牙等西方国家带入对中华帝国的朝贡贸易或朝贡制度以外的互市等多种形式的互动关系之中。因此，本

---

[1] David C. Kang, *East Asia Before the West: Five Centuries of Trade and Tribute*，1–16；滨下武志著、朱荫贵、欧阳菲译，《近代中国的国际契机：朝贡贸易体系与近代亚洲经济圈》，中国社会科学出版社 1991 年版，第 30—31 页。

文强调从"朝贡—贸易"并行和并重的关系而不是仅仅从传统的朝贡体系或作为后者附庸的朝贡贸易来分析郑和下西洋时期形成的中国和印度洋世界的关系。

本文对于郑和下西洋及中国和印度洋世界朝贡—贸易关系进行的网络分析有助于进一步清除从费正清以来朝贡制度研究中的西方中心主义影响,并为重新思考全球化的现象乃至全球史提供了一种更为简易和全面的理论方法。在近来的学术研究中,即使对欧洲中心主义持批判态度的学者也认为"全球化开始于 1571 年"。这种观点强调欧洲航海家发现的穿越大西洋、太平洋和印度洋之间的航路首先将人口较为稠密的亚、非、欧旧大陆与美洲新大陆连接起来,并将它们带入了全球性的贸易和其他形式的互动过程之中。[1]

从网络分析的观点看来,全球化的历史过程从个人和地方的互相联系开始,并通过这种关系的制度化和扩大化将日益多样的民族和国家卷入全球性的频繁互动和持久整合。[2] 郑和下西洋推动的朝贡—贸易关系已经表现了从东亚向整个印度洋地区发展的跨地域联系的趋势,或者说是亚洲和非洲旧大陆的早期全球化趋势。这种跨地域的网络在郑和下西洋结束之后有所收缩但并未完全消失。欧洲航海家所发现的穿越大西洋、太平洋和印度洋之间的航线仅仅是将郑和等亚洲和非洲的航海先驱创立的海上贸易网络与世界其他地区连接了起来,开启了真正意义上的全球性网络革命。毫无疑问,郑和下西洋是走向这一全球性网络革命的关键一步。

---

[1] Dennis O. Flynn and Arturo Giráldez, "Globalization Began in 1571," in Barry K. Gills and William R. Thompson eds., *Globalization and Global History* (London, UK: Routledge, 2006).

[2] Jürgen Osterhammel and Niels P. Peterson, *Globalization: A Short History*, trans. Dona Geyer (Princeton, NJ: 2005［2003］), 21–27.

（本文初稿在 2014 年 7 月 25 日至 30 日之间草成，二稿利用 2015 年 1 月 25 日至 4 月 5 日授课之余的时间完成，并在吸收万明研究员、程思丽［Sally K. Church］博士评审意见的基础上定稿。该文修改期间也曾得到梁志平博士代为提供部分中文参考资料。特此向所有提供帮助的学者致谢。）

征引文献

中日文献

滨下武志著、朱荫贵、欧阳菲译，《近代中国的国际契机：朝贡贸易体系与近代亚洲经济圈》，中国社会科学出版社 1991 年版。

伯希和著、冯承钧译，《郑和下西洋考》，商务印书馆（上海）1935 年版。

陈伯坚、黄启臣编著，《广州外贸史》（三册），广州出版社 1995 年版。

陈尚胜，《中国传统对外关系研究刍议》，载陈尚胜主编，《中国传统对外关系的思想、制度与政策》，山东大学出版社 2007 年版，第 1—22 页。

陈永升，《郑和下西洋与明代的朝贡贸易体系》，载林晓东、巫秋玉主编，《郑和下西洋与华侨华人文集》，第 539—549 页。

陈支平，《客观与现实的背离：郑和下西洋的从旧思考》，载田澍、王玉祥、杜常顾主编，《第十一届明史国际学术讨论会论文集》，天津古籍出版社 2007 年版，第 565—571 页。

陈忠平，《郑和下西洋与明初江南经济的发展》，载纪念伟大航海家郑和下西洋 580 周年筹备委员会、中国航海史研究会编，《郑和下西洋论文集》第二集，第 1—14 页。

范金民，《20 世纪的郑和下西洋研究》，载朱鉴秋主编，《百年郑和研究资料索引：1904—2003》，上海书店出版社 2005 年版，第 324—357 页。

　　_____，《〈卫所武职选簿〉所反映的郑和下西洋史事》，载《郑和研究》2009年第4期，第4—18页。

　　高发元、姚继德、何明编，《世界的郑和：第二届昆明郑和研究国际会议论文集》，云南大学出版社2005年版。

　　巩珍著、向达校注，《西洋番国志》，中华书局1961〔1434〕年版。

　　和洪勇，《明前期中国与东南亚国家的朝贡贸易》，载《云南社会科学》2003年第1期，第86—90页。

　　何平立，《明初朝贡制度析论》，载《学术界》1988年第4期，第31—35页。

　　黄省曾著、谢方校注，《西洋朝贡典录》，中华书局1982〔1520〕年版。

　　纪念伟大航海家郑和下西洋580周年筹备委员会、中国航海史研究会编，《郑和下西洋论文集》第二集，南京大学出版社1985年版。

　　家岛彦一著、刘晓民译，《郑和分腙访问也门》，载中外关系史学会编，《中外关系史译丛》1985年版，第2辑，第44—60页。

　　江苏省纪念郑和下西洋600周年活动筹备领导小组编，《传承文明，走向世界，和平发展：纪念郑和下西洋600周年国际学术论坛论文集》，社会科学文献出版社2005年版。

　　金国平，《葡萄牙史料所载郑和下西洋史事探微》，载陈信雄、陈玉女主编，《郑和下西洋国际学术研讨会论文集》，台北，稻乡出版社2003年版，第323—339页。

　　_____，吴志良，《郑和航海的终极点：比剌及孙剌考》，载王天有、万明编，《郑和研究百年论文选》，北京大学出版社2004年版，第260—273页。

黎道纲，《〈东西洋考〉暹罗名胜西塔考：再驳詹夫·威否定郑和的一条论据》，载《郑和研究》2007年第2期，第51—57页。

_____，《泰国传说与郑和神话：兼驳J. Wade否定郑和的一条论据》，载《东南亚研究》2006年第4期，第85—88页。

李金明，《明代海外贸易史》，中国社会科学出版社1990年版。

_____，《论明初的海禁与朝贡贸易》，载《福建论坛》2006年第7期，第73—77页。

李庆新，《郑和下西洋与朝贡体系》，载王天有、许凯、万明编，《郑和远航与世界文明》，第228—252页。

李云泉，《朝贡制度史论》，新华出版社2004年版。

梁启超，《祖国大航海家郑和传》，载张品兴主编，《梁启超全集》第3册，北京出版社1999年版，第1545—1550页。

林翠茹，《郑和下西洋和朝贡体系下的东南亚华侨》，载林晓东、巫秋玉主编，《郑和下西洋与华侨华人文集》，第141—152页。

林晓东、巫秋玉主编，《郑和下西洋与华侨华人文集》，中国华侨出版社2005年版。

马欢著、万明校注，《明钞本〈瀛涯胜览〉校注》，海洋出版社2005年版。

马敬，《〈瀛涯胜览〉序》，载马欢著、万明校注，《明钞本〈瀛涯胜览〉校注》，第107—108页。

《明太祖实录》卷二五七，台北，"中央研究院"历史语言研究所1962［1418］年影印本。

《明太宗实录》卷二七四，台北，"中央研究院"历史语言研究所1962［1430］年影印本。

《明宣宗实录》卷一一五，台北，"中央研究院"历史语言研究所1962［1438］年影印本。

南炳文，《关于15到16世纪世界性大航海的几点浅见》，载王天有、许凯、万明编，《郑和远航与世界文明》，第40—49页。

南京郑和研究会编，《郑和与海洋》，中国农业出版社1999年版。

_____，《走向海洋的中国人：郑和下西洋590周年国际学术研讨会论文集》，海潮出版社1996年版。

田中健夫著，张荫桐、傅念祖译，《东亚国际交往关系格局的形成和发展》，载中外关系史学会编，《中外关系史译丛》第二辑，第127—158页。

万明，《马欢〈瀛涯胜览〉源流考》，载马欢著、万明校注，《明钞本〈瀛涯胜览〉校注》，第1—28页。

_____，《明代中外关系史论稿》，中国社会科学出版社2011年版。

_____，《郑和下西洋终止相关史实考辨》，载万明，《明代中外关系史论稿》，第349—368页。

_____，《郑和与满剌加》，载万明，《明代中外关系史论稿》，第315—329页。

_____，《中葡早期关系史》，社会科学文献出版社2001年版。

王春瑜，《从郑和"七下西洋"看中国的海权体系》，见《明清史事沉思录》，陕西人民出版社2007年版，第134—139页。

王健，《近代中国人研究郑和应始于1905年：梁启超〈郑和传〉发表时间考》，载《江海学刊》2005年第3期，第161—162页。

王圻，《续文献通考》卷二五四，松江府1603［1586撰］年版。

王天有、许凯、万明编，《郑和远航与世界文明：纪念郑和下西洋600周年论文集》，北京大学出版社2005年版。

许福吉、廖建裕、柯木林编，《郑和与亚非世界》，新加坡国际郑和学会 2012 年版。

严小青、惠富平，《郑和下西洋与明代香料朝贡贸易》，载《江海学刊》2008 年第 1 期，第 180—185 页。

杨欢，《浅析永乐朝发展朝贡贸易的措施及其弊端》，载《黑龙江教育学院学报》2008 年第 3 期，第 92—94 页。

杨亚非，《郑和航海时代的明朝与满剌加的关系》，载纪念伟大航海家郑和下西洋 580 周年筹备委员会、中国航海史研究会编，《郑和下西洋论文集》第二集，第 205—217 页。

张锋，《解构朝贡体系》，载《国际政治科学》2010 年第 2 期，第 33—62 页。

张天泽著，姚楠、钱江译，《中葡早期通商史》，香港中华书局 1988 年版。

张廷玉等撰，《明史》28 册（原卷三三二），中华书局 1974[1739] 年版。

郑鹤声、郑一钧编，《郑和下西洋资料汇编：增编本》（三册），海洋出版社 2005 年版。

郑家馨，《试论国家权力对 15 世纪中国和葡萄牙两国海洋活动的不同作用》，载王天有、许凯、万明编，《郑和远航与世界文明》，第 312—349 页。

郑一钧，《论郑和下西洋》，海洋出版社 2005 年版。

_____，《郑和下西洋对 15 世纪初期世界文明发展的贡献》，载王天有、许凯、万明编，《郑和远航与世界文明》，第 21—39 页。

中岛乐章，《明代朝贡贸易体系的变化与重组》，载复旦大学文史研究院编，《世界史中的东亚海域》，中华书局 2011 年版，第 85—113 页。

中外关系史学会编，《中外关系史译丛》第二辑，上海译文出版社 1985 年版。

周运中,《郑和下西洋新考》,中国社会科学出版社 2013 年版。

祝允明,《前闻记》,中华书局 1985 年影印本。

庄国土,《论郑和下西洋对中国海外开拓事业的破坏——兼论朝贡制度的虚假性》,载《厦门大学学报（哲学社会科学版）》2005年第 3 期，第 70—77 页。

西语文献

Andro, Anatole. *The 1421 Heresy: An Investigation into the Ming Chinese Maritime Survey of the World.* Bloomington, IN: AuthorHouse, 2005.

Chen, Zhongping. *Modern China's Network Revolution: Chambers of Commerce and Sociopolitical Change in the Early Twentieth Century.* Stanford, CA: Stanford University Press, 2011.

Chia Lin Sien and Sally Kathryn Church, eds., *Zheng He and the Afro-Asian World.* Melaka, Malaysia: Melaka Museums Corporation and International Zheng He Society, 2012.

Church, Sally K. "Changing Attitudes Toward Foreigners from Overseas : An Investigation into the Policy of the Ming Emperor Yongle, 1403–1424." *Nanyang xuebao*（南洋学报）56（2002）: 45–73.

Dreyer, Edward L. *Zheng He: China and the Oceans in the Early Ming Dynasty, 1405–1433.* New York: Pearson, 2007.

Fairbank, John King. "A Preliminary Framework," in Fairbank ed., *The Chinese World Order: Traditional China's Foreign Relations*, 1–19. Cambridge, MA: Harvard University Press, 1974.

_____. *Trade and Diplomacy on the China Coast: The Opening of the Treaty Ports, 1842–1854*. Stanford, CA: Stanford University Press, 1969.

_____ and S. Y. Teng. "On the Ch'ing Tributary System," *Harvard Journal of Asiatic Studies* 6, no. 2 (1941): 135–246.

Fei Hsin（Fei Xin）. *Hsing–ch'a–sheng–lan: The Overall Survey of the Star Raft*, trans. J.V. Mills ; Ed. Roderich Ptak. Wiesbaden : Harrassowitz, 1996.

Finlay, Robert. "Portuguese and Chinese Maritime Imperialism: Camões's *Lusiads* and Luo Maodeng's *Voyage of the San Bao Eunuch*." *Comparative Studies in Society and History* 34, no.2 (1992): 225–241.

Flynn, Dennis O. and Arturo Giráldez. "Globalization Began in 1571," in Barry K. Gills and William R. Thompson eds., *Globalization and Global History*, 208–22. London, UK: Routledge, 2006.

Hevia, James L. "Tribute, Asymmetry, and Imperial Formations : Rethinking Relations of Power in East Asia." *The Journal of American–East Asian Relations* 16, no. 1–2（2009）: 69–83.

Kang,David C. *East Asia Before the West: Five Centuries of Trade and Tribute*. New York: Columbia University Press, 2010.

Lapidus, Ira M. "Hierarchies and Networks: A Comparison of Chinese and Islamic Societies," in Frederic Wakeman, Jr. and Carolyn Grant eds., *Conflict and Control in Late Imperial China*, 26–42, Berkeley, CA: University of California Press, 1975.

Liu, Ying, Chen Zhongping and Gregory Blue, eds. *Zheng He's Maritime Voyages (1405–1433) and China's Relations with the Indian Ocean World: A Multilingual Bibliography*. Leiden: Brill, 2014.

Ma Huan. *Ying–Yai Sheng–Lan: The Overall Survey of the Ocean's Shores* [1433], trans. John Vivian Gottlieb Mills. Cambridge, UK: Cambridge University Press for the Hakluyt Society, 1970.

Malekandathil, Pius. "From the Trails of the Chinese to the Dominance of the Portuguese: An Overview of the Patterns of Their Naval Voyages and the Maritime Policies in India," in Pius Malekandathil, *Maritime India: Trade, Religion and Polity in the Indian Ocean*, 62–81. New Delhi: Primus Books, 2010.

Mayers,W. F. "Chinese Explorations of the Indian Ocean during the Fifteenth Century." *China Review*3, no.4 (1875): 219–25; 3, no.6 (1875): 321–31; 4, no.2 (1875): 61–67; 4, no.3 (1875): 173–190.

Menzies, Gavin. *1421: The Year China Discovered the World.* London, UK: Bantam, 2002.

Osterhammel, Jürgen, and Niels P. Peterson. *Globalization: A Short History*, trans. Dona Geyer. Princeton, NJ: 2005 [2003].

So, Alvin Y. *Social Change and Development: Modernization, Dependency, and World–System Theories*.London, UK: Sage Publications, 1990.

Thelen, Kathleen, and Sven Steinmo."Historical Institutionalism in Comparative Politics." In Sven Steinmo, Kathleen Thelen, and Frank Longstreth, eds. *Structuring Politics: Historical Institutionalism in Comparative Analysis*, 1–32. New York: Cambridge University Press, 1992.

T'ien, Ju–kang. "Chêng Ho's Voyages and the Distribution of Pepper in China." *Journal of the Royal Asiatic Society of Great Britain and Ireland* 2 (1981): 186–97.

Wade, Geoff. "The Zheng He Voyages: A Reassessment." *Journal of the Malaysian Branch of the Royal Asiatic Society* 78, no. 1 (2005): 37–58.

Wallerstein, Immanuel. *The Modern World-System, I: Capitalist Agriculture and the Origins of the European World-Economy in the Sixteenth Century*. New York: Academic Press, 1974.

Watts, Duncan J. *Small World: The Dynamics of Networks between Order and Randomness*. Princeton, NJ: Princeton University Press, 1999.

Wellman, Barry, Wenhong Chen, and Dong Weizhen. "Networking Guanxi," in Thomas Gold, Doug Guthrie, and David Wank, eds. *Social Connections in China: Institutions, Culture and the Changing Nature of Guanxi*, 221–41. Cambridge, UK: Cambridge University Press, 2002.

陈忠平

历史学博士，现为加拿大维多利亚大学历史系教授。主要研究方向为明清社会经济史、清末民初社会政治史、全球华人移民通史。曾在1987年获得中国国家教委首届青年社会科学研究基金，近年来多次获得加拿大人文与社会科学委员会、联邦公民移民部等部门研究基金，现参与主持重大国际合作研究项目"印度洋世界：人类与环境的互动及最早全球化经济的形成"。主要学术成果包括三十余篇中英文学术论文、中英文目录各一本（均为合作编辑）、中英文著作各一部，其中代表作为《近代中国网络革命：20世纪初期的商会与社会政治变迁》（*Modern China's Network Revolution: Chambers of Commerce and Sociopolitical Change in the Early Twentieth Century*）。

第二部分

海洋文化考察：
郑和时代的中国与西洋世界

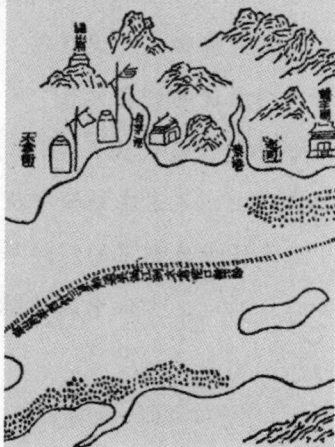

开放的航海科学知识体系
——郑和下西洋与中外海上交流

刘迎胜

【摘要】本文第一部分从考察"下西洋"的概念在郑和时代已经使用入手，论述了东、西洋概念的起源。第二部分论述了郑和时代以前，中国从海外输入地理知识的两个重要渠道，即魏晋以后随佛教入华的印度地理学，以及蒙元时代传入的伊斯兰地理学。第三部分聚焦郑和船队中的外籍乘员，特别是"番火长"。通过分析在有关剿灭陈祖义、攻取锡兰山与下番归程中遭遇倭寇三次战事的史料中均出现的"番火长"的记载，证明郑和船队的各支水师中，普遍配置了"番火长"，其职责应是在印度洋航段负责导航工作。在此基础上，笔者在结论中提出，郑和远航的基础既包括了明初以前中国人民世代积累的海洋科技知识，也有这一时代吸纳的其他民族知识。所以，古代中国的航海科学是一个开放的知识体系。

在交通不发达的古代，从中国前往世界其他文明中心是非常不便的，需要经过漫长的海路或陆路。而旧大陆的其他几个文明中心，如包括古埃及、两河流域与古希腊在内的东地中海地区和古印度，其陆海交通条件均较为便利。古代中国人如欲前往其他文明古国，要花费更长的时间，消耗更多的资源。那么，在这种不利的地理条件之下，又如何会出现郑和七次远航西洋的壮举？

　　就像源自中国的磁罗盘指南术的传播，推进了世界其他民族航海的发展一样，中国古代航海术发展的过程中，也一直在通过与域外文明交往而汲取着有益的养分。本文第一部分论述了笔者提出的东、西洋概念源于古代中国人前往东南亚时，为避开南海中的暗礁浅滩，而取道南海东西两侧的航线的观点。以此为开端，作者在第二部分中考察了明永乐初年以前，中国通过各种途径，获取的海外其他民族的地理知识的过程。在第三部分中，笔者通过研究有关郑和船队在剿灭陈祖义、攻取锡兰山与下番归程中遭遇倭寇三次战事的史料中出现的"番火长"的记载，证明郑和船队的各支水师中，均有"番火长"配置。在此基础上，笔者在第四部分中得出古代中国的航海科学是一个开放的体系，是在吸纳其他民族的知识中前进的，是郑和船队能够创造如此伟业的重要背景之一的结论。

一、东、西洋概念的起源与南海航线[1]

当代中文学术论著与舆论通常将明初郑和率领的船队远航壮举称为"郑和下西洋"。近代以来，"东洋"与"西洋"的语义在东亚使用汉文的各民族语言中，与郑和时代区别甚大。在近现代中国，"东洋"通常指日本，"西洋"指欧美，而在日本，虽"西洋"的语义大致同于中国，但"东洋"则指亚洲。[2]这种东西洋概念的区别反映了中国和其他亚洲国家航海科学知识体系的不同和各自的历史演变，其中关于西洋的认识对于郑和远航之前的中外航海科学知识的交流尤其重要。

为何当时的中国人将郑和船队所赴之地称为"西洋"？是否是因为波斯湾、阿拉伯与东非之地在中国人眼中均位于西方？实际上，郑和船队所赴之地，如东南亚位于中国以南。为什么当时的中国人不使用近代以来惯用的"南洋"这个概念呢？

文天祥在其《指南录》诗文集中，有多首诗记其被俘后北上经过。其中有一首题为《北海口》，其序曰："淮海本东海，地于东中，云南洋、北洋。北洋入山东，南洋入江南。"其后，诗中有句

---

[1] 本节讨论的基础之一是刘迎胜，《"东洋"与"西洋"的由来》，载郑和下西洋600周年纪念活动筹备领导小组，《郑和下西洋研究文选》，海洋出版社2005年版，第69—75页，但我已经在史料和分析方面大为扩展。此外，本节主要讨论明代之前"东洋"与"西洋"概念的起源。关于"西洋"概念在明初之后演变得更为详细和全面的论述，见洪建新，《郑和航海前后东、西洋概念考》，载纪念伟大航海家郑和下西洋580周年筹备委员会、中国航海史研究会编，《郑和下西洋论文集》第一集，人民交通出版社1985年版，第207—221页，特别是本论文集中万明关于这一明初概念的最新研究论文。

[2] 仓石武四郎、折敷濑兴，《岩波日中辞典》，东京，株式会社岩波书店1986年版，第785页左列。

"而今蜑起楼台处，亦有北来蕃汉船"[1]，可见"南洋"与"北洋"的区分，不但宋时已有之，且与东海中南来北往的船舶航线有关：北上者，所取海道曰"北洋"；南下者，所取海道为"南洋"。这一点甚为重要，我们下面将再涉及这一问题。虽然就航线所经海域而言，当时的南、北洋与清末洋务运动时的南、北洋相当接近，但毕竟与当代民间对东南亚的通称"南洋"意义相去甚远。

明中后期，将郑和率领船队浮海下番壮举称为"下西洋"的提法已经相当流行，反映在大量文献与史料中。"下西洋"的说法究竟始于何时？查今存郑和在世时所立几块碑石，如江苏南京静海寺之《御制弘仁普济天妃宫之碑》，[2]江苏太仓之《娄东刘家港天妃宫石刻通番事迹碑》[3]与福建长乐《天妃之神灵应记》碑，[4]其中均无"下西洋"的字眼。但在《明太宗实录》永乐九年（1411）八月条中有记："甲寅，礼部、兵部议奏下西洋官军锡兰山战功升赏例。"[5]此外，在今存于太仓人民公园之《明武略将军太仓卫副千户尚侯声远墓志铭》中，亦有"永乐七年（1409）己丑，命内臣下西洋忽鲁谟斯等国"语句[6]，可见"下西洋"的提法在郑和时代已经存在。

[1] 文天祥，《文山先生全集》卷十三，别集卷之四，第53b页，四部丛刊景明正德刊本。

[2] 今碑虽存原址，但其字迹已难以读出，幸其文字保存在明代佚名者撰《金陵玄观志》卷十三，第12a—13b页（明刻本，现藏南京图书馆）。

[3] 郑和等，《娄东刘家港天妃宫石刻通番事迹碑》，其碑文保存在钱谷撰《吴都文粹续集》卷二八"道观"，第36a—38b页（清文渊阁四库全书补配清文津阁四库全书本）。

[4] 郑和等撰，《天妃之神灵应记》，载郑鹤声、郑一钧编，《郑和下西洋资料汇编：增编本》，上册，海洋出版社2005年版，第18—19页。

[5] 张辅，《明太宗文皇帝实录》卷七十八，第3b页，台北，"中央研究院"历史语言研究所1962影印本。

[6] 俗称《周闻墓志铭》，见上海大学郑和研究小组，《郑和史迹文物辑录——介绍几块碑刻》，载《上海大学学报》1985年第2期，第100—104页。

学者们注意到，在不同的时代的历史文献中"东洋"和"西洋"的含义并不一样。明代张燮在《东西洋考》"文莱"条中提到，文莱为"东洋尽处，西洋所自起也"。[1]许多学者据此研究"东洋"与"西洋"的地理划分。由此看来，似乎文莱是东洋与西洋的分界，并且将东洋与西洋均作为地理范围的名词。[2]但问题并非这样简单，因为基于不同时代文献中有关"东洋"与"西洋"记载，所得出的有关"东洋"与"西洋"的区分，只能是文献所记载的时代的区分。

"西洋"的概念并非明代的创造，或许在宋代以前已经产生。已故庄为玑先生曾引用一有关宋代的抄本记载："宋绍定间（1228）有进士蒲宗闵，司温陵道通判，后升都察院。端平丙申（1236）中，奉使安南。嘉熙二年（1238）奉使占城，淳祐七年（1247）再使渤泥，后卒于官也。其子有三：长子应，次子甲，三子烈。蒲应入渤泥，蒲甲司占城西洋之转运使，大食、波斯、狮子之邦，蛮人嘉谐。记曰：蒲氏盖从五代留从效使蒲华子蒲有良之占城（引者按，原文如此），司西洋转运使，波斯人咸喜为号矣，故自宋元以来，泉郡之蒲氏名于天南也。"[3]据庄先生注记，其所见者为抄本，"由林少川同学提供"。但此文献以后未见再有人使用，姑暂置不论。

今存宋末《金虏海陵王荒淫》评话中有一段文字，曰：

---

[1] 张燮，《东西洋考》，谢方点校本，中华书局1981年版，第102页。

[2] 参见陈佳荣，《帆船时代南海区划东西洋之另一讲究》，载中国中外关系史学会、云南省社会科学院、红河州人民政府编，《中国与周边国家关系研究》，中国书籍出版社2013年版，第15—22页。

[3] 蔡水兼，《西山杂志》卷一《蒲厝》条，转引自庄为玑，《泉州宋船为蒲家私船考》，《中国与海上丝绸之路》，福建人民出版社1991年版，第274页。

女待诏道：该有个得活宝的喜气。贵哥插嘴道：除了西洋国出的走盘珠，缅甸国出的缅铃，只有人才是活宝。[1]

据笔者检索，最早注意到此一话本年代的是胡适先生。他在《宋人话本八种》的序言中提到：

我们看了这几种小说，可以知道这些都是南宋的平话。《冯玉梅》篇说"我宋建炎年间"，《错斩崔宁》篇说"我朝元丰年间"，《菩萨蛮》篇说"大宋绍兴年间"；《拗相公》篇说"先朝一个宰相"，又说"我宋元气都为熙宁变法所坏"：这些都可证明这些小说产生的时代是在南宋。《菩萨蛮》篇与《冯玉梅》篇都称"高宗"，高宗死在1187年，已在12世纪之末了，故知这些小说的年代在13世纪。

《海陵王荒淫》也可考见年代。金主亮（后追废为海陵王）死于1161年；但书中提及金世宗的谥法，又说"世宗在位二十九年"；世宗死于1189年，在宋高宗之后二年。又书中说：

"我朝端平皇帝破灭金国，直取三京。军士回杭，带得虏中书籍不少。"

端平是宋理宗的年号（1234—1236）；其时宋人与蒙古约好了同出兵伐金，遂灭金国。但四十年后，蒙古大举南侵，南宋也遂亡了。此书之作在端平以后，已近13世纪的中叶了。

但《海陵王荒淫》一篇中有一句话，初读时，颇使我怀

---

[1] 无名氏，《金虏海陵王荒淫》，见汪乃刚辑，《宋人话本八种》，上海东亚图书馆印行，1928—1929年版，第185—259页。这一史料承陈高华先生相告，谨此志谢。

疑此书的年代。书中贵哥说：

"除了西洋国出的走盘珠，缅甸国出的缅铃，只有人才是活宝。"

这句话太像明朝人的口气，使我很生疑心。缅甸不见于《宋史》外国诸传。[1]

他又写道：

又元世祖招谕缅甸之年（1271），即是意大利人马哥孛罗（Marco Polo）东游之年。中国与"西洋"的交通正开始。不过当时所谓"西洋国"并不很"西"罢了。大概贵哥口中的"西洋"，不过是印度洋上的国家。

故我们可以不必怀疑这些小说的年代。这些小说的内部证据可以使我们推定他们产生的年代约在南宋末年，当13世纪中期，或中期以后。其中也许有稍早的，但至早的不得在宋高宗崩年（1187）之前，最晚的也许远在蒙古灭金（1234）以后。

这些小说都是南宋时代说话人的话本，这大概是无疑的了（参看鲁迅《小说史略》第十二篇）。[2]

胡适先生的发现与对其史料的断代研究非常有价值。兹后，20世纪40年代刘铭恕先生发掘《金虏海陵王荒淫》评论中上述内容的史料价值，将之用以论证汉文语境中"西洋概念"的起源，可谓

---

[1] 胡适，《〈宋人话本八种〉序》，初载汪乃刚辑，《宋人话本八种》，后来收入胡适著，《胡适文集》6，《古典文学研究》下，人民文学出版社1998年版，第301—304页。

[2] 胡适，《〈宋人话本八种〉序》，第305—306页。

再前进一步。[1]

至于东洋的概念，查南宋末真德秀在《申枢密院措置沿海事宜状戊寅（1218）十一月》中提到"永宁寨，地名，水湾去法石七十里。乾道间毗舍耶国入寇，杀害居民，遂置寨于此。其地阚临大海，直望东洋，一日一夜可至彭湖。彭湖之人遇夜不敢举烟，以为流求国望见，必来作过。"[2]这里提到的东洋，显然与澎湖隔海相望的琉球，即台湾有关，实际是指台湾海峡。足见"东洋"与"西洋"的概念至少在宋末已经使用。

稍微留心东亚—西太平洋地图者均会发现：在东亚大陆海岸与西太平洋诸岛之间，如日本、琉球、台湾与吕宋列岛之间的黄海、台湾海峡与南海，形成了一条大致为东北—西南走向的水道。从中国东南沿海港口航向东南亚与印度洋的航线虽然必经南海，但学者们几乎找不到古代船只东西向横越，或南北向纵穿南海的记载。原因很简单，汉文史料中多次提及南海各处广布的石塘（环礁）、石床（浅滩、礁盘）是航行的海舶必须小心躲避之地。为避开这些水下暗礁，古代中国舟师们在离开中国港口下番时，在航线上只有两个选择：或沿东亚大陆沿海航行，或首先向东，再沿西太平洋岛弧而行。因此，有关"东洋"与"西洋"的概念，起初必与中国海舶下番时所选择的航线有关。凡沿上述南海东缘航线所经诸岛诸国，均为东洋；而沿其西缘者则为西洋。[3]

---

[1] 刘铭恕，《郑和航海事迹之再探》，原载金陵、齐鲁、华西三大学《中国文化研究汇刊》第3卷，1943年9月，后收于郑和下西洋六百周年纪念活动筹备小组编，《郑和下西洋研究文选》（1905—2005），海洋出版社2005年版，第194页。

[2] 真德秀，《西山先生真文忠公文集》卷八，第17a—17b页，四部丛刊景明正德刊本。

[3] 关于这一问题的详细论证，见刘迎胜，《汪大渊的东洋之行——东洋与西洋概念产生的历史背景之探索》，载《南洋学报》2002年第56卷，第35—36页。

这种东西洋的区别是明代郑和下西洋时期进一步发展华人航海科学知识体系的基础之一，因为这种知识体系是在特定海域进行航海探索和经验积累的结果。在比东洋更为遥远的西洋海域，华人不仅要通过自身的航海探索和经验积累来扩大这种知识，而且要在与当地人民的文化交流中达到这一目的。

二、郑和下西洋之前的中外海上交流

在当代中国的出版物中，有关郑和的成就，最常被提及的有以下几个关键点：

1）其 1405 年的首次远航早于著名葡萄牙航海家达·伽马在 1498 年抵达印度九十余年。

2）其船队远航东南亚、南亚、西亚，甚至抵达东非，共有七次，时间长达二十八年。

3）其船队包括二百余艘不同船舶，水手达两万七千余人，规模几乎是哥伦布船队的一百倍。

以上三点说明，古代中国的航海能力在明初达到了一个新水平。因此郑和的远航是极为重要的里程碑，但他的下西洋成就是奠定在明初之前中外航海知识交流基础之上的。我们分以下几点来论述这一议题。

1. 重新审视中国的传统海外地理学——知识的间接来源

海外地理知识对于航行极为重要。中国古代文献中有许多海外地理的描述，并记录了大量海外地名。其中许多已收集于厚达一千余页的《古代南海地名汇释》之中。[1] 人们不禁会问，古代中国人从何处得到这些知识？是全部通过自己的探察，还是有相当部分从他人那里习得？东汉以后，随着佛教的传入，印度的地理学也因之入华。西晋沙门法立与法炬所译《大楼经》卷一《阎浮利品第一》记阿耨达龙王（阿耨达池）云：

> 东有大流江，下行一江……[2] 东流入大海；阿耨达龙王南有大江，名和叉[3]……流入大南海；[4] 阿耨达龙王西有大江，名信陀……入大西海；阿耨达龙王北有大江，名斯头……入北海。[5]

上述记载中提及的第一条河大流江，当为恒河，所谓"东流入大海"，乃指恒河下游的流向，所入之海，即今之孟加拉湾。第三条河信陀河，即今之印度河，而所入之"大西海"，即阿拉伯海。[6] 故而这段文字中的东、西方向，均系依据印度次大陆为视角中心判断，而所谓"西海"，是说明阿拉伯海位于次大陆之西。这

---

[1] 陈佳荣、谢方、陆峻岭编，《古代南海地名汇释》，中华书局 1986 年版。

[2] 此处及以下用省略号处，皆略去"有五百部河，绕阿耨达龙王"数字。

[3] 即古之乌浒水（Oxus），又译作缚叉河，今塔吉克斯坦阿姆河上源之一瓦赫什（Vakhš）河。

[4] 按，此河流向明显有误，详见后。

[5] 高楠顺次郎、渡边海旭、小野玄妙等编辑校勘，《大正新修大藏经》，昭和九年（1934）大正一切经刊行会出版，卷一，No. 23，第 278 页。这一段有关阿耨达池源出的四条大河分流四个方向入海的描述，在不同的佛经译本中反复出现。

[6] 参阅刘迎胜，《徙多河考》，载《禅学研究》第 1 辑，江苏古籍出版社 1992 年版，第 176—189 页。

些知识之源是印度人的地理观，经翻译而为当时的中国人所知，[1]对中国人而言，是一种间接的知识。将阿拉伯海称为"西海"的传统，至宋末僧人志磐于咸淳元年（1265）所刻"西土五印之图"中还在继续。[2]

周去非写于 1178 年的《岭外代答》与赵汝适作于 13 世纪中叶的《诸蕃志》是两部著名的中国海外地理史料，但两位作者均未有任何海外经历。周去非坦承"尝闻之舶商"[3]，而赵汝适也写道，他曾"询诸贾胡，俾列其国名，道其风土与夫道理之联属，山泽之蓄产，译以华言"[4]。可见两书中所记外国地理知识均非亲身经历所得。实际上，各民族的知识体系中，均包含有其他民族的创造，也即间接知识。

2. 蒙元帝国时代的东西交流

如将目光投向明以前的时期，我们会得到一些新启示：元太宗窝阔台时期，蒙古军队征服了包括俄罗斯在内的东欧地区，使蒙古势力与西方基督教世界直接相连。在元代第四位皇帝蒙哥朝末期，其幼弟旭烈兀征服了报达（Baghdad），在西亚建立伊利汗国（Il–Khanate），不但控制了波斯湾，而且其影响扩及东地中海地

---

[1] 拙文《徙多河考》中除讨论了佛经中有关阿耨达池的不同记载外，还论述了随佛教入华的印度地理学；并见刘迎胜，《西北民族史与察合台汗国史研究》中"唐以前文献有关徙多河的记载"一节，南京大学出版社 1994 年版，第 215—219 页。近年有关研究见吕福基，《佛教世界观对中国古代地理中心观念的影响》，载《陕西师范大学学报》2005 年第 4 期，第 77—80 页。

[2] 曹婉如、郑锡煌、黄盛璋等编，《中国古代地图集》（战国—元），文物出版社 1990 年版，第 154 页。并参见郑锡煌，《〈佛祖统纪〉中三幅地图初探》，载《自然科学史研究》1985 年第 3 期，第 235 页。

[3] 周去非著、杨武泉校注，《〈岭外代答〉校注》，中华书局 1999 年版，第 37 页。

[4] 赵汝适著、杨博文校释，《〈诸蕃志〉校释》"赵汝适序"，中华书局 1996 年版，第 1 页。

区。而东亚大陆后来则受制于蒙哥的继承者——旭烈兀之兄忽必烈及其后裔。这样，在古代世界东西交流的历史上，首次出现了一种独特的现象，即所谓"丝绸之路"的起点与其亚洲陆地终点，均在蒙古政权的控制之下。在成吉思汗后裔所统治的蒙古政权，即元帝国、伊利汗国、钦察汗国与察合台汗国中，位于东亚的元帝国与立国于西亚的伊利汗国的王族，均出自成吉思汗第四子拖雷，故而其间的关系较之其他汗国间更为密切。所以，元代中国与西亚之间的海陆联系之频繁程度，远逾前代。这种联系以下列几点最为突出：

2.1 回回人入华

成吉思汗远征之后，大量中亚的贵族、官僚、军士、学者、工匠、教士和商贾随蒙古军入华，其中多数为穆斯林，被汉人称为回回。他们最终定居于汉地。元人许有壬提到："我元始征西北诸国，而西域最先内附，故其国人柄用尤多，大贾擅水陆利，天下名城巨邑，必居其津要，专其膏腴。……居中土也，服食中土也，而惟其国俗是泥也。"[1]

西域人的大量入华，不只是人口的向东迁移，也是知识的传入。元代入华西域人种属、语言虽然不一，但其主流文化是伊斯兰文化。因此，蒙元时代伊斯兰天文星历、数学、地理学、医药学、语言学、历史学知识不但大量传入汉地，而且随着回回人在华的定居而在中国落脚生根，渐次融入中国科学与文化。[2]

---

[1]《西域使者哈只哈心碑》，见许有壬，《至正集》明初复刊元抚州路儒学刊本，元人文集珍本丛刊（七），台湾，新文丰出版公司1985年版，卷五十三，第40页b。

[2] 参阅刘迎胜，《13—18世纪回回世俗文化综考》，载《中国回族研究》1991年第1辑，第93—124页。

2.2 官方支持的下番活动

蒙元帝国虽然陆地与中亚、西亚及欧亚草原相连，但自元世祖忽必烈登基之后，陆路交通不时被中亚蒙古叛王，如阿里不哥（Ariq Böge）、海都（Qaidu）和都哇（Du'a）等阻断。在这种情况下，海路成为联系元东南沿海港口与波斯湾的主要通道，因此东西之间的海路较此前更为繁忙。往来于海道的，既有官方使臣，也有民间人员。[1] 元代派往海外使臣中为人提及最多的是杨庭璧与周达观。杨庭璧从元世祖至元十六年（1279）至二十年（1283）的五年间，曾四度奉命出使位于今印度南部西海岸的俱蓝（Kullam/Quilon）与东海岸的马八儿（Ma'abar，即西洋国）。[2] 而永嘉人周达观于元成宗元贞二年（1296）随使团赴真腊（今柬埔寨），在当地停留了近一年，归国后著《真腊风土记》，[3] 不但记录了当地人的生活、风俗与中国的往来，也是世界上首部记录真腊国都吴哥（Ankor）的旅行记。

元代除遣使出海以外，还有一些商人以官商的身份下番，这种官商称为斡脱（ortoq），是蒙古语中的突厥语借词的音译，原义为"合伙"，转义为商人。蒙古人因是草原牧民，不谙商业，因此皇室成员各备本钱，委托商人代为经营。[4] 元人黄溍为澉浦（今浙

---

[1] 参见刘迎胜，《旭烈兀时代汉地与波斯使臣往来考略》，载《蒙古史研究》1986 年第 2 辑，第 21—30 页；修订稿收于刘迎胜著，《蒙元帝国与 13—15 世纪的世界》，生活·读书·新知三联书店 2013 年版，第 15—28 页。马建春，《蒙·元时期的波斯与中国》，载《回族研究》2006 年第 1 期，第 103—108 页。施泳峰，《从伊朗国家博物馆藏元青花看元代与伊利汗国的联系》，载《文物鉴定与鉴赏》2014 年，第 10 期，第 66—69 页。

[2] 《元史》卷二百一十《马八儿等国传》，中华书局 1976 年版，第 4669—4670 页。

[3] 周达观著、夏鼐校注，《〈真腊风土记〉校注》，中华书局 1981 年版。

[4] 参见爱宕松男撰、李治安译，《斡脱钱及其背景——十三世纪蒙古元朝白银的动向》，载《蒙古学情报与资料》1983 年第 2 期，第 15—23 页；修晓波，《元代斡脱政策探考》，载《中国社会科学院研究生院学报》1994 年第 3 期，第 25—34 页。

江海盐县澉浦镇）人杨枢所撰墓志铭，提及在忽必烈之孙元成宗帖木儿（Temür Qa'an）朝，杨枢受命以斡脱身份下番时，在西洋（马八儿）遇合赞汗（Qazan）使臣那怀［Noqai，此人出使元朝事迹亦为波斯史家瓦撒夫（Vassaf）提及］，并携其归朝，此后又受命偕其赴伊利汗国。他在大德八年（1304）离大都，十一年（1307）在忽鲁谟斯（Qormuz）登陆。[1] 按元人刘敏中所撰《不阿里神道碑铭》记载，忽必烈与伊利汗国之间的海路联系非常密切。双方的船舶时常停泊于西洋（马八儿）候风，补充给养与淡水。[2]

13 世纪末从中国泉州出发前往波斯的最著名旅行者是马可·波罗。他归国时与伊利汗使臣同行的过程，已故法国学者伯希和（Paul Pelliot）和中国学者杨志玖教授曾分别独立依不同史料做了探求。伯希和依据哈默 – 普尔格施塔勒的《伊利汗史》（Joseph von Hammer–Purgstall, *Geschichte der Ilchane, das ist der Mongolen in Persien*，1842/1843）中有关阔阔真公主到达呼罗珊的时间的论述，推测马可·波罗是 1291 年与伊利汗国使团及阔阔真公主从泉州启程的。[3] 杨志玖教授则在《永乐大典》中发现了与马可·波罗离开泉州相关的汉文记载。[4] 美国学者柯立夫在上述两位学者的基

---

[1] 黄溍，《松江嘉定等处海运千户杨君墓志铭》，见《黄金华集》卷三十五，四部丛刊景元抄本，第 15a—17a 页；关于杨枢，并参见陈高华，《元代的航海世家澉浦杨氏——兼说元代其他航海家族》，载《海交史研究》1995 年第 1 期，第 4—18 页。

[2] 刘敏中，《中庵先生刘文简公文集》卷四，清抄本，北京图书馆古籍珍本丛刊，册 92，第 302 页。书目文献出版社影印本，无出版时间。

[3] 伯希和，《马可·波罗注》，巴黎，1959 年版，第 392—394 页，第 165 条"锡兰"（Paul Pelliot, *Notes on Marco Polo*, pp. 392–394, *Seilan*）。

[4] 杨志玖，《关于马可波罗离华的一段汉文记载》，初载《文史杂志》一卷十二期，1941 年 12 月，重庆；收于杨志玖，《元史三论》，人民出版社 1985 年版，第 89—96 页。

础上，进一步研究了马可·波罗归国航程的若干细节。[1]

元政府所组织的《经世大典》编纂完成于 1331 年，其中引述了许多有关站赤的文献。虽然全书今已不存，但其中有关元代站赤的部分在《永乐大典》的残本中依然可见。在此部分中，引述了一份有关使臣申领下番分例的文献，其中称：

1301 年末至 1302 年初，以塔术丁（Tāj al-Dīn）为首的使团受命携圣旨与虎符前往马合答束［Mogadishu（مقديشو）］番国取狮豹，申领二年份例。这里的"马合答束"就是今东非索马里的首都摩加迪沙，在郑和时代称木骨都束。

在上述同一份文献中，还提及另一个由爱祖丁（按，疑为 'Azīz al-Dīn）率领的三十五人使团前往刁吉儿，需领三年的份例。与前面塔术丁使团需要两年份例相比，爱祖丁的使团所需多了一半，说明前往刁吉儿的航程比到马合答束远得多。这个刁吉儿很可能就是今摩洛哥的丹吉尔（Tanjier）。[2]

这些史料说明，元代使臣航海范围已经囊括后来郑和远航所去之地。

2.3 私人旅行家的来往

穿越印度洋来到中国的最著名旅行家是伊本·拔图塔（Ibn Baṭṭūṭa）。他在泉州所接触的回回教职人员，亦为当地《清净寺记》碑文所

---

[1] Francis Woodman Cleaves, "A Chinese Source Bearing on Marco Polo's Departure from China and a Persian Source on His Arrival in Persia," *Harvard Journal of Asiatic Studies* 36（1976）：181—203.

[2] 此说最初由陈得芝教授提出，见陈得芝，《蒙元史研究丛稿》，人民出版社 2005 年版，第 420 页。

提及。[1]

在上述《不阿里神道碑铭》中提到，不阿里（Abū 'Alī）家族从今阿曼（Oman）的哈剌哈底（Qalqat）移居印度马八儿后，被当地统治家族接受。不阿里成为该国的宰相。他与伊利汗国与元朝均保持良好关系，向忽必烈遣使朝贡，并最终逃到中国，定居于泉州。[2]

元末汪大渊曾两次随海舶下番，其中一次前往"东洋"诸地，另一次前往"西洋"地区。[3]并撰有《岛夷志略》记其海外所见所闻。

赴麦加（Mecca）朝觐是穆斯林的功课之一，完成此功课者被称为"哈只"（Hajj）。华北的回回人朝觐取传统的陆路，而华南的回回人取海道更为省便。根据现存于云南郑和本人所立碑铭，其父亲与祖父均有哈只称号，[4]足见他们元末均曾赴麦加朝觐。取海道朝觐的传统至清末仍为云南的回回人所遵从，根据马德新的《朝觐

---

[1] 参见刘迎胜，《元代摄思廉、益绵、没塔完里及谟阿津等四回回教职考》，载兰州西北民族学院《西北民族文丛》1984年第2期，第176—192页。

[2] 参见陈高华，《印度马八儿王子孛哈里来华新证》，《陈高华文集》，上海辞书出版社2005年版，第361—367页；并见刘迎胜，《从〈不阿里神道碑铭〉看南印度与元朝及波斯湾的交通》，载《历史地理》1990年第7期，第90—95页及Liu Yingsheng, "An Inscription in Memory of Sayyid Bin Abu Ali, A Study of Relations between China and Oman from the Eleventh to the Fifteenth Century," chapter 6 of *The Silk Roads, Highways of Culture and Commerce*, ed. Vadime Elisseeff.（New York: UNESCO Publishing, Berghahn Books, 1999）pp. 122–126；马娟，《马八儿国与元朝之往来及其相关问题》，载《兰州大学学报》2005年第2期，第20—21页。

[3] 刘迎胜，《汪大渊的东洋之行——西洋与东洋概念产生的历史背景之探索》，第30—45页。

[4] 上海大学郑和研究小组，《郑和史迹文物辑录——介绍几块碑刻》，载《上海大学学报》1985年第2期，第100页；马汝云，《马公哈只墓碑记》，载《中国穆斯林》1984年第2期，第23页。

途记》，其路线是从云南赴缅甸，再登船远航，[1] 其路线中的印度洋航段应与郑和相似。

3.伊斯兰地理学的入华

3.1 大地球形说

伊斯兰科学的重要基础之一是古希腊科学，其中之一便是"地圆说"，即大地球形说。亚里士多德对大地球形说做了有力的论证，而希腊学者厄拉多塞内斯（Eratosthenes，前 3 世纪上半叶至前 2 世纪初）利用今埃及阿斯旺与亚历山大两城夏至日正午太阳的仰角差与上述两地之间的距离，推算出地球的周长。[2]

元代入华最著名的回回科学家是不花剌（Bukhārā，今乌兹别克斯坦布哈拉）人札马剌丁（Jamāl al-Dīn），其生平在汉籍中零星地保存在《元秘书监志》、许有壬《至正集》与明初所修之《元史·天文志·西域仪象》《元史·百官志·回回司天监》的文字中。据《元史》记载，札马剌丁于 1267 年为元世祖忽必烈造了七件科学仪器，其中一件称为"苦来亦阿儿子"，《地理志》释其义为"地理志"。"苦来亦阿儿子"当为波斯语 *Kura-yi Arẓ* (كره ارض) 的汉字音译，意为"地球"。《元史》对其描述道："其制以木为圆球，七分为水，其色绿；三分为土地，其色白。画江河湖海，脉络贯串

---

[1] 相关研究见丁蓉，《马德新〈朝觐途记〉研究》，载《中山大学研究生学刊》2008 年第 3 期，第 60—68 页；沈玉萍，《马欢和马德新朝觐比较研究》，载《青海社会科学》2009 年第 2 期，第 108—113 页。

[2] Morgana Longhornand Stephen Hughes, "Modern replication of Eratosthenes' measurement of the circumference of Earth," in *Physics Education,* vol.50, no.2 (2015): 175–178.

于其中，画作小方井，以计幅员之广袤，道里之远近。"[1]元代尚无"地球仪"之称呼，故译为"地理志"。这是史料中首次提及西方的大地球形说被介绍到中国。

3.2 世界舆图

官方舆图

元政府曾于至元二十二年（1285）命秘书监"大集万方之图而一之，以表皇元疆理无外之大"。当时在整个蒙古帝国范围内，地理学最发达的地区为元本土——中原汉地与伊利汗国。秘书监中有许多回回地理学家参加此事，负责人是札剌鲁丁（按，即上文之札马剌丁）。他曾向元世祖忽必烈奏报："在先汉儿田／地些小有来，那里的文字册子四五十册有来。如今日头来处，日头没处，都是咱每的。有的图子也者，那远的他每怎生般理会的？"因此他们要根据回回地图与汉地舆图绘制这幅元帝国总图。秘书监为此专门向福建行省行文，要求福建当局向泛海行航的回回人调查"海道回回文剌那麻"[2]。"剌那麻"按陈得芝教授的考证，即波斯文راه نامه（rāh-nāma）的音译，意为旅行记。[3]汉地传统地理观是天圆地方，而伊斯兰地理学则基于古希腊人的大地球形观，两者差异甚著，将之纳入"一统图"中表现出来非常不易。

虽然札马剌丁的"一统图"今已不存，但两件与之有关的文

---

［1］《元史》卷四十八《天文志》，第999页。参阅马坚，《回历纲要》，中华书局1955年版；并见刘迎胜，《13—18世纪回回世俗文化综考》，载《中国回族研究》1991年第1辑，第93—124页。

［2］王士点、商企翁编，高荣盛点校，《秘书监志》，浙江古籍出版社1992年版，第74页、第76页。

［3］参见陈得芝，《元代海外交通的发展与明初郑和下西洋》，第422页。

献存留至今：一为"经世大典图"[1]。这是一种方格图，其方向较今日地图逆时针旋转了约 135 度，其所绘地理范围东起沙州界和柯模里（Qamul，即今新疆哈密），北至锡尔河下游之毡的（Jand）和伏尔加河中下游之不里阿耳（Bulghar），西北至阿罗思（Russ，即俄罗斯的蒙古语读音 Orus 的音译），西至的迷失吉（Dimašq，即大马士革）和迷思耳（Misr，即埃及），西南至八哈剌因（今波斯湾之巴林），南至天竺（按，今巴基斯坦）。也就是说，此图包括元本土的河西西部及新疆东部和蒙元的三个宗藩之国：察合台汗国（图中称"笃来帖木儿所封地"）[2]、伊利汗国（称为"不赛因所封地，即驸马赛马尔罕之祖"）[3] 和钦察汗国（称为"月祖伯所封地"）[4]。

　　19 世纪后半叶俄国学者布莱特施耐德在其论文中摹绘了该图，并将其中地名译为英语。[5] 多位学者研究过这幅地

[1] 此图最早刊于元至顺二年虞集等人编《经世大典》十二先元字韵下。入明后地图则作为《经世大典》附图编入《永乐大典》。参见林梅村，《元经世大典图考》，载《考古学研究》2000 年第 6 辑，第 552 页。

[2] 笃来帖木儿（Döre Temür），都哇之子。

[3] 不赛因（Abū Saʻīd）即完者都（Öljeitü，合赞汗的继位人，名合儿班答）汗之后的伊利汗，旭烈兀后裔。而帖木儿并非成吉思汗后裔，故不赛因不是帖木儿之祖。其中"即驸马赛马尔罕之祖"，显然系明初编《永乐大典》时抄录元《经世大典》文字时所加，当指明初帖木儿帝国的创始者帖木儿（Temür）或其子沙哈鲁（Šāhrukh）。"赛马尔罕"即今之撒马尔罕（Samarqand），沙哈鲁之子兀鲁伯（Uluq Beg）居于此。

[4] 其下之文字为"即太祖长子术赤之后"。从其中成吉思汗被称为"太祖"可知，原图必为元代所绘。月祖伯又作月即别，13 世纪 30 年代为金帐汗，今乌兹别克得名于此。

[5] Emile V. Bretschneider, *Notice of the Medieval Geography and History of Central and Western Asia: Drawn from Chinese and Mongol Writings, and Compared with the Observations of Western Authors in the Middle Ages*. London: Trübner & Co., 1876; *Medieval Researches from Eastern Asiatic Sources: fragements towards the knowledge of the geography and history of Central Asia and Western Asia from the 13. to the 17. Century*, Trübner's Oriental Series Volume, London: Trübner & Co., 1888。汉译见唐长孺，《元经世大典图释序》（译文），收于唐长孺著，《山居存稿》三编，中华书局 2011 年版，第 465—478 页。

图。[1]有研究者发现，它与存世之波斯穆思脱非（Hamd Allāh Mustawfī al-Qazwīnī）的地图相似。[2]另一资料为《元史·地理志·西北地附录》，当取自于"经世大典图"的文字说明。[3]

至正二十八年（1368）元顺帝放弃大都后，原先收藏于元廷的文献被运至集庆（南京）。明太祖朱元璋于理政之暇，偶然发现其中有数百种西域图书，"字异言殊"，甚为奇特。他于是召集降附于明的回回人马沙亦黑等人，要求他们与汉族文人合作进行翻译。有一部定名为《回回天文书》，其中第一类第十五门《说三合宫分主星》部分提到：

> 但是有人烟、生物之外，亦分作四分。从中道上纬度往北分起，至纬度六十六度处止。经度自东海边至西海边，一百八十度。经、纬度取中处：纬度三十三度，经度九十度。东西南北共分为四分。但是地方纬度三十三度以下、经度九十度以下者，此一分属东南；若纬度三十三度以下、经度九十度之上者，此一分属西南；若纬度三十三度以上、经度九十度以下者，此一分属东北；若纬度三十三度之上，经度九十度之上者，此一分属西北。[4]

---

[1] 清代以来研究过此图的学者及其有关论著，见林梅村，《元经世大典图考》，第554页，脚注（13）、（14）。

[2] Hyunhee Park, *Mapping the Chinese and Islamic Worlds——Cross-Cultural Exchanges in Pre-Modern Asia*.(Cambridge, UK: Cambridge University Press, 2012), 124–161; 并见 Hyunhee Park, "*Cross-Cultural Exchange and Geographic Knowledge of the World in Yuan China,*" in *Eurasian Influences on Yuan China*, ed. Morris Rossabi (Singapore: Institute of Southeast Asian Studies, 2013), 125–158.

[3] 明初宋濂等人编修《元史·地理志》时，抄录了图中文字部分，定名为《西北地附录》，见《元史》，卷六十三，第1563—1575页。

[4] 海答儿、马沙亦黑等，《明译回回天文书》，上册，上海《涵芬楼秘笈》第三集影印本，民国六年（1917）刊本，第22a页。

这里提到的"中道",即赤道。所谓"西海"当指大西洋,而东海则指太平洋。

文字中提到的经、纬度乃汉地传统划分天球的度量单位。元代学者赵友钦曾解说道:

> 天体如圆瓜,古人分为十二次,乃似瓜有十二一也。周天三百六十五度余四之一,均作十二分,则一瓣计三十度四十三分七十五秒。度度皆辐辏于南、北极。如是,则其度敛尖于两端,最广处在于瓜之腰围,名曰赤道。其度在赤道者,正得一度之广。去赤道远者,渐远渐狭,虽有一度之名,寔为无腰围一度之广矣。各度皆以二十八宿之距星记数,谓之经度。古人又谓天体如弹丸,东西南北相距皆然。东西分经,则南北亦当分纬。纬度皆以北极相去远近为数,亦是三百六十五度余四之一。两极相距一百八十二度六十二分五十秒。赤道横分两极,与相远各九十一度三十一分二十五秒。天顶名曰嵩高,北极偏于嵩高而北者五十五度有奇;赤道则斜依在嵩高之南三十六度。盖北极既偏于嵩高之北,南极既偏于地中之南,所以赤道不得不斜依于南也。赤道虽依南于东西两傍,犹在卯酉正位,由是观之,所谓天如弹丸者,得其圆象之似;所谓天如依盖者,但以言其盖顶斜依而辐辏。所谓天如鸡子者,喻其天包地外而已。[1]

可见中国传统按一年 365 又四分之一日划分周天圆径为 365

---

[1] 赵友钦,《革象新书》卷一,第 11a—12a 页,北京图书馆藏清抄本。

度又四分之一[1]，而西洋分圆周为 360 度，故尔汉地传统之"度"略小于西洋之"度"。且汉地"度"与其以下的单位"分"与其下之单位"秒"之间，皆为百进位；而西洋每"度"其下之"分"与"秒"之间皆为 60 进位；故而中国传统之"分"与"秒"也大大小于西洋之"分"与"秒"。不过，既然中国传统以经、纬度纵横交错的方式分割球体的基本理念，与西洋是完全相同的，所以双方体系中的经度聚收于南、北两极，纬线每度最宽处为赤道，愈向两极，纬线每度的长度愈短的结果也是共通的。

因此上述《回回天文书》的明初译本中，虽然利用了中国天球区分的固有的经、纬度概念，内涵却已经是西洋 360 度周圆分割的学说。伊斯兰世界所了解的大地虽然是一个球体，但有人居住的地域只在欧、亚两大陆与非洲大陆赤道以北。具体来说，以赤道为南限、北纬 66 度为北限，自西太平洋之滨至大西洋海岸的涵盖欧亚非三洲的旧大陆分为 180 经度。《回回天文书》取北纬 33 度和经线 90 度为坐标原点（其位置当位于今西藏奇林湖一带），分为东北、东南、西南和西北四片。这部伊斯兰天文地理著作的明初汉译本，向中国学者介绍了希腊地理学及其欧、亚、非旧大陆赤道以北区域的地理划分。

民间舆图

元代入华的回回在地理学方面的知识虽然在官方文献中有所反映，但对当时民间中国社会的影响则需另做探索。

元代私人所绘世界舆图今已无存，但有两幅重要的舆图与之有关：其一为中国的"大明混一图"，其次为朝鲜的"混一疆理历

---

[1] 见尚民杰，《云梦〈日书〉星宿记日探讨》，载《文博》2009 年第 2 期，第 64 页。

代国都之图"。"大明混一图"宽 3.47 米，长 4.53 米，[1] 藏北京第一历史档案馆，若干较为清晰的图片影印于《中国古代地图集》明代分册。[2] 研究者根据图上的两个关键地名"广元县"和"龙州"，推定绘于明洪武二十二年（1389）六月至九月间。[3] 原图中地名标识均为汉文，入清后，清人不知何时在其上粘贴满文音译标签。但因历史久远，有些满文标识脱落而显露出其下的汉文原文。此图东至日本海、日本、朝鲜、琉球，西至大西洋，南至印度次大陆、印度洋与非洲，在人类历史上首次相当准确地绘出欧亚非三大陆的地图。原文未说明绘图的依据，但其绘制时，明尚处立国之初，万事草创，因此它肯定是沿袭元代的地理知识。

朝鲜权近与李荟所制"混一疆理历代国都之图"（简称"疆理图"）与上述"大明混一图"非常相似，但两者在印度次大陆部分有重要区别。"疆理图"上题记明确说明是依据元末吴门李泽民的"声教广［被］图"与天台僧人清浚的"混一疆理图"绘制而成。可见"大明混一图"所依据的应当也是这两幅图。[4]"声教广被图"今已无存。查元人黄镇成所编之《尚书通考》中提到"愚按李氏

---

[1] 此据刘若芳、汪前进，《〈大明混一图〉绘制时间再探讨》，载《明史研究》第 10 辑，黄山书社 2007 年版，第 329 页。另据张文，《了解非洲谁占先》的起首处所记原中国历史档案馆长邢永福语，载《地图》2003 年第 3 期，第 7 页：其图幅为长 3.86 米，宽 4.75 米。

[2] 2002 年此图的一份模绘本被送往南非开普敦参展，并留于彼处。其另一份模本展示在上海海洋博物馆中，但因距离与光线的原因，无法看清。

[3] 曹婉如、郑锡煌、黄盛璋等，《中国古代地图集》（明代），文物出版社 1994 年版，图版说明，第 1 页；并见刘若芳、汪前进，《〈大明混一图〉绘制时间再探讨》，第 329 页。

[4] 张文，《了解非洲谁占先》第 7 页记录邢永福（原第一历史档案馆长）语：此图国内部分依据朱思本的《舆地图》，非洲、欧洲和东南亚部分依据李泽民的《声教广被图》，而印度部分可能依据札马剌丁的地球仪绘成。

'声教图',乌海自三危至吐蕃,南合丽水川,经天竺之东,以入南海,在雍、梁二州之西,必黑水也。"[1]这里提到的"李氏'声教图'",当即李泽民"声教广被图"的简称。可见元末此图已在民间流传。今人在元末明初文人叶盛的《水东日记》卷十七中,查到清浚的"广轮疆理图"。唯此图与"混一疆理图"之前的关系,学界仍有不同意见。[2]

细读"疆理图"中亚洲中西部、非洲与欧洲的地名,可发现其中虽然包括了大量伊斯兰世界的地理知识,但与元代官方资料有着相当大的区别,可见当时江南的普通人与定居于此的回回人之间有着密切的知识交流。

除了官方的收藏之外,元代究竟有多少伊斯兰地理学图籍随回回人华流入中国民间,我们尚不完全清楚。但元亡以后,在汉地定居下来的回回人仍然一直世代传承着祖先携来的科学与文化传统。清康熙年间,金陵(今南京)回族学者刘智在其著作《天方性理》和《天方典礼》中,介绍了好几部当时流传在民间的伊斯兰地理学著作,如他在讨论《天方舆地经》一书时谈道:"地为圆体如球,乃水、土而成。其土之现于水面而为地者,盖球面四分之一也……又自东至西作一直线,距南北极等,为地经中线。"[3]该译文中之"地经中线",即赤道。

刘智所列举的伊斯兰地理书还有《天方性理》所列参考书目

---

[1] 黄镇成,《尚书通考》卷七,元至刻本,第25页(北京图书馆藏)。

[2] 陈佳荣,《清浚"疆图"今安在?》,载《海交史研究》2007年第2期,第49—50、第52—53页;同一作者《现存最详尽、准确的元朝疆里总图——清浚〈广轮疆里图〉略析》,载《海交史研究》2009年第2期,第4—5页。

[3] 刘智,《〈天方典礼〉择要解》卷一,马宝光主编,《中国回族典籍丛书》印本(非正式出版物),1997年,第1册,第32页。

之第二十七种《查密尔·必剌地》[1]，应为阿拉伯文 *Jāmiʻ al-Bilād* 之清代汉语音译，意为"诸国全集"。刘智意译为《天下方域》。其中"查密尔"（Jāmiʻ），意为"集、汇集"；"必剌地"（Bilād），意为"地区、方域"；al– 为阿拉伯语定冠词。

《天方性理》及《天方典礼》两书所列参考书目第二十八、第四十三种《海亚土·额噶林》[2]，应为阿拉伯文书名 *Hay'at Aqālīm* 之清代汉语音译，意为"诸国形象"。其中"海亚土"（Hay'at），此言"形象、形状、天文学"；"额噶林"（Aqālīm）为"国家、地区"（aqlīm）之复数。刘智意译作《七洲形胜》。"七洲"，是以希腊地理学家托勒密为代表的古代西方学者对当时所了解的世界的区划，指东半球从赤道到北极间的地区，也即今非洲埃塞俄比亚以北地区和欧、亚大陆而言，阿拉伯人接受了这一学说。刘智在《天方性理》卷二中，不但具体地引述了阿拉伯人所谓七洲的名称：阿而壁（按，阿拉伯）、法而西（按，波斯）、偶日巴（按，欧罗巴）、赤尼（按，中国）、细尔洋（按，叙利亚）、欣都斯唐（按，印度）和锁当（按苏丹），还在圆形地图上做出标示。[3]

《天方性理》所列参考书目第二十八种《默拿积理·必剌地》[4]，应为阿拉伯文书名 *Manāzil al-Bilād*（诸国站途）之清代汉语音译。其中"默拿积理"（Manāzil），为 Manzil（"站""停留处""路程"）之复数；"必剌地"，意为"地区、方域"。刘智意译为《坤舆

---

[1] 刘智著，《天方性理》卷首《采辑经书目》，马宝光主编，《中国回族典籍丛书》印本（非正式出版物），1997年，第1册，第599页。

[2] 《天方性理》卷首《采辑经书目》，第599页；《〈天方典礼〉择要解》卷首《采辑经书目》，第25页。

[3] 刘智，《天方性理》卷二，第721页。

[4] 刘智，《天方性理》卷首《采辑经书目》，第599页。

考略》[1]。

　　《天方性理》所列参考书目第二十二种《哲罕·打尼识》[2]，应为波斯文书名 *Jahān Dāniš*（世界之知识）之清代汉语音译。其中“哲罕”（Jahān），意为“世界”，明《回回馆杂字·地理门》有“者哈恩”（Jahān），旁译“世”，即此字；[3]“打尼识”（Dāniš），波斯语，此言“知识、学识”。刘智意译为《环宇述解》。这应是一部阿拉伯文著作的波斯文译本。

　　回回人因为宗教信仰的关系，对伊斯兰教起源地的地理特别注意。刘智《天方典礼》所列参考书目第三十八种《克尔白·拿默》[4]，此名应为波斯文书名 *Ka'aba Nāma*（天方志）的清代汉语音译。其中“克尔白”（Ka'aba），意为“天方、四方形建筑物”，又特指天房；“拿默”（Nāma），此言“笔记”“信”“志”，刘智意译为《天房志》。[5]此书与刘智在《天方典礼》中引述的《天方舆地经》是否为同一部书尚有待研究。

　　刘智生活的时代虽然为清初，但他所使用的上述穆斯林地理著作，元、明两代应当已在回回人中流传。刘智在自己的著作中所引述的穆斯林地理学的著述，是古希腊、古罗马以大地球形说为基础的地理学，通过穆斯林的中介传入中国的证据。明成祖选择郑和主持下西洋的事业，除了他是皇帝近侍、祖上曾赴天方朝觐以及与通晓当时亚洲主要国际交际语言波斯语的群体——回回人有密切关

---

[1]　刘智，《天方性理》卷首《采辑经书目》，马宝光主编，《中国回族典籍丛书》印本误作“坡舆考略”。

[2]　刘智，《天方性理》卷首《采辑经书目》，第599页。

[3]　参见刘迎胜，《〈回回馆杂字〉与〈回回馆译语〉研究》，西域历史语言研究丛书，中国人民大学出版社2008年版，第58页，第76词；图片见第57页。

[4]　刘智，《〈天方典礼〉择要解》卷首《采辑经书目》，第24页。

[5]　同上。

系之外，回回人所掌握的西域地理知识也应当是考虑的背景之一。正是由于明代以前中外航海知识交流如此频繁，中国人对于"西洋"海域以至于更广阔的世界地理的认知已经达到了相当高的水平，成为郑和下西洋的重要科学基础之一。

三、郑和船队中的外籍成员——番火长

众所周知，郑和的船队规模极大，人数达两万八千人。在茫茫大海中，面对艰难险阻，所能依靠的只有船队中的航海技术人员的专业知识与经验。宋代以来，人们一直将中国海舶中掌控航向的"船老大"称为"火长"。我们不禁要问，带领郑和下西洋的庞大船队的火长都是中国人吗？船队中有无外国航海家？多年前就有学者注意到郑和船队中的"番火长"。例如宋正海、郭永芳等曾提到，郑和船队的"专业人员，还有负责罗针的'火长'和'番火长'"，并特别注明他们是"外国领航人员"，[1] 这说明郑和下西洋不仅得益于明代之前的中外航海和其他地理天文知识的交流，而且直接得到外来"番火长"的帮助，但这一重要问题尚未得到以前学者的系统研究。

至少自宋代起，中国海舶中就有专职"火长"，负责观测磁罗盘，导引航向。已故黄时鉴教授曾撰《火长》一文，其中提到：

最早的记载见于十二世纪初北宋人朱彧撰写的《萍州可谈》："舟师识地理，夜则观星，昼则观日，阴晦观指南针。"可见，在指南针用于航海的同时，中国海舶上已有"舟师"掌

---

[1]《中国古代海洋学史》，海洋出版社1989年版，第51页。

管"观指南针"。十三世纪中叶,南宋人吴自牧在《梦粱录》中记录了远洋商人叙述的"舶商之船"。关于"舟师",说:"观海洋中日出日入,则知阴阳;验云气,则知风色逆顺,毫发无差。远见浪花,则知风自彼来;见巨涛拍岸,则知次日当起南风;见电光,则云夏风对闪;如此之类,略无少差。相水之清浑便知山之近远……凡测水之时,必视其底,知是何等沙泥,所以知近山有港。"《梦粱录》又说:"风雨晦冥时,惟凭针盘而行,乃火长掌之,毫厘不敢差误,盖一舟人命所系也。"这大约是至今传世的提到航船上"舟师",又称"火长"的最早载录。[1]

宋末赵汝适也提到:"徐闻有递角场,与琼对峙,相去约三百六十余里,顺风半日可济。中流号三合溜,涉此无风涛,则舟人举手相贺。至吉阳,乃海之极,亡复陆涂。外有洲,曰乌里,曰蘇密,曰吉浪,南对占城,西望真腊,东则千里长沙,万里石床,渺茫无际,天水一色,舟舶来往,惟以指南针为则,昼夜守视唯谨,毫厘之差生死系焉。"[2]

值得注意的是,在郑和船队中,除了一般的"火长"之外,还有"番火长",即由外籍人员担任的"火长"。有关"番火长"的史料主要保存在《明实录》三处涉及郑和下西洋的记录中。以下分别介绍:

---

[1] 黄时鉴,《火长》,载《历史研究》1978年第3期,第95页。近年的相关研究,见刘义杰,《"火长"辨正》,载《海交史研究》2013年第1期,第56—78页。

[2] 《〈诸蕃志〉校释》,第216页。

1. 参与剿灭旧港陈祖义之战的番火长

永乐五年（1407），郑和船队归航后，向明成祖报告了当年发生于旧港的剿灭陈祖义海盗集团的战事。《明实录》记：

> 永乐五年九月"壬子，太监郑和使西洋诸国还，械至海贼陈祖义等。初和至旧港遇祖义等，遣人招谕之。祖义等诈降，而潜谋要劫官军。和等觉之，整兵提备，祖义率众来劫，和出兵与战，祖义大败，杀贼党五千余人，烧贼船十艘，获其七艘及伪铜印二颗，生擒祖义等三人。既至京，命悉斩之。"[1]

同月，明政府下达的奖励条款：

> 己卯，赏使西洋官军旧港擒贼有功者。指挥，钞一百锭，彩币四表里；千户，钞八十锭，彩币三表里；百户、所镇抚，钞六十锭，彩币二表里；医士、番火长，钞五十锭，彩币一表里；校尉，钞五十锭，绵布三匹；旗军、通事、军伴以下，钞、布有差。[2]

其中，首次提及"番火长"。根据奖励的等次，番火长在船队中的地位低于百户与所镇抚，与医者同，但高于低级军官"校尉"。足见郑和首次奉使西洋的船队中就有番火长。

---

[1] 张辅，《明太宗文皇帝实录》卷七十一，第1a页。

[2] 《明太宗实录》卷七十一，第6b—7a页。

2. 投入锡兰山之战水师中的番火长

永乐九年（1411）六月，郑和船队返航向朝廷奏报在锡兰山发生的战斗。《明实录》记载：

> 乙巳，内官郑和等使西洋诸番国还，献所俘锡兰山国王亚烈苦奈儿并其家属。和等初使诸番，至锡兰山，亚烈苦奈儿侮慢不敬，欲害和，和觉而去。亚烈苦奈儿又不辑睦邻国，屡邀劫其往来使臣，诸番皆苦之。及和归，复经锡兰山，遂诱和至国中，令其子纳颜索金银宝物。不与，潜发番兵五万余，劫和舟，而伐木拒险，绝和归路，使不得相援。和等觉之，即拥众回船。路已阻绝，和语其下曰："贼大众既出，国中必虚，且谓我客军孤怯，不能有为。出其不意攻之，可以得志。"乃潜令人由他道至船，俾官军尽死力拒之。而躬率所领兵二千余，由间道急攻王城，破之，生擒亚烈苦奈儿并家属、头目。番军复围城，交战数合，大败之，遂以归。群臣请诛之。上悯其愚无知，命姑释之，给与衣食。命礼部议择其属之贤者，立为王，以承国祀。[1]

同年八月，兵部草拟了一份"下西洋官军锡兰山战功升赏例"，即奖励参战官兵的条例，上奏明成祖，其中提到了"番火长"四次。该条例云：

> 奇功，指挥每员，赏钞二百锭，彩币六表里。千户、卫

---

[1]《明太宗实录》卷一一六，第 2a—b 页。

镇抚，钞百六十锭，彩币四表里。百户、所镇抚，钞百二十锭，彩币三表里。御医并番（大）[引者按，应为"火"]长，钞百锭，彩币一表里，绵布二匹。校尉，钞九十锭，绵布五匹。旗甲、军民、通事、火长、小厮、军匠、军行人，钞七十锭，绵布五匹。民医、匠人、厨役、行人、梢水并家人，钞三十锭，绵布二匹。

奇次功等，指挥，钞百六十锭，彩币五表里。千户、卫镇抚，钞百三十锭，彩币三表里，绢三匹。百户、所镇抚，钞百锭，彩币二表里，绢二匹。御医并番火长，钞八十锭，彩币一表里，绵布一匹。校尉，钞七十锭，绵布四匹。旗甲、军民、通事、火长、小厮、军匠、军行人，钞六十锭，绵布四匹。民医、匠人、厨役、行人、梢水并家人，钞四十五锭，绵布三匹。

又曰：

头功次等，指挥，钞百五十锭，彩币四表里，绢三匹。千户、卫镇抚，钞百二十锭，彩币三表里，绢二匹。百户、所镇抚，钞九十锭，彩币二表里，绢一匹。御医并番火长，钞七十锭，彩币一表里，绵布一匹。校尉，钞六十五锭，绵布四匹。旗甲、军民、通事、火长、小厮、军匠、军行人，钞五十二锭，绵布四匹。民医、匠人、厨役、行人、梢水并家人，钞四十锭，绵布三匹。

阵亡者，循前例赏外，（在）[引者按，应为"再"]加赏。指挥，钞六十锭，彩币二表里。千户、卫镇抚，钞五十锭，彩币一表里。百户、所镇抚，钞四十锭，彩币一表里。御

医并番火长，钞三十锭，绵布二匹。校尉，钞二十五锭，绵布二匹……[1]

这段史料，除了再次证实番火长的阶位低于百户、所镇抚以外，还说明与之并列者并非普通"医士"，而是"御医"。在郑和船队中，阶位低于番火长的是校尉，校尉之下是旗甲、军民、通事、火长、小厮、军匠、军行人，而阶位最低者是民医、匠人、厨役、行人、梢水并家人。特别值得注意的是，番火长的阶位较中国火长高二级。

近年来明代档案资料《卫所武职选簿》引起学界的注意，其中有关郑和航海的资料已经辑录发表。[2]笔者从中择取有关参与锡兰山之战的部分，考订了明朝投入锡兰山之战的水师力量，计有：

亲军卫府军前卫中千户所。

亲军指挥使司之亲军卫羽林右卫（后改为长陵卫）左千户所；同卫后千户所。

亲军卫羽林左卫之水军千户。

锦衣卫驯象千户所、锦衣卫镇抚司。

五军都督府之前军都督府中之福建都司，属福州右卫之左千户所；同一福州右卫之后千户所。

这些人员分属亲军诸卫中的府军前卫、羽林左卫、锦衣卫等，及五军都督。足见郑和水师中投入锡兰山之战的基本军事力量是

---

[1]《明太宗实录》卷一一八，第3a—4a页。

[2] 范金民辑录，《〈卫所武职选簿〉中郑和下西洋资料》，载《郑和研究》2010年第1期，第51—62页。

亲军指挥使司所辖亲军诸卫、锦衣卫与五军都督府辖下的军队。[1]
上述圣旨中提到锡兰山之战有功的"番火长",大概就属于上述参
战水师。

3.下番回航途中与倭寇海战水师中的番火长

明初沿海倭寇猖狂,《明实录》记:

> [永乐十四年（1416）五月] 丁巳,直隶金山卫奏："有
> 倭船三十余艘,倭寇约三千余,在海往来。"敕辽东总兵官都
> 督柳江及各都司缘海卫所,令护备及相机剿捕。[2]

下西洋船队回航途经浙东海域时,内官张谦[3] 所率的船队曾与
这股倭寇相遇,发生战事,明水师获胜。据《明实录》记载,永乐
十五年（1417）六月:

> 己亥,遣人赍敕往金乡,劳使西洋诸番内官张谦及指挥、
> 千百户、旗军人等。初谦等奉命使西洋诸番,还至浙江金乡卫
> 海上,猝遇倭寇。时官军在船者才百六十余人,贼可四千,鏖
> 战二十余合,大败贼徒,杀死无算,余众遁去。上闻而嘉之,
> 赐敕奖劳,官军升赏有差。指挥、千百户、卫所镇抚、旗军、
> 校尉人等,俱升一级。指挥赏钞二百锭,彩币五表里。千户、

---

[1] 参见刘迎胜,《郑和船队锡兰山之战史料研究——中国海军的首次大规模远洋登陆
作战》,载《元史及民族与边疆研究集刊》第23辑,上海古籍出版社2011年版,
第78—100页。
[2]《明太宗实录》卷一百七十六,第3b页。
[3] 张谦曾数度奉使浡泥。

卫镇抚，钞百锭。百户、所镇抚，八十锭，彩币俱三表里。御医、番火长，钞六十锭，彩币一表里。校尉，钞六十锭，绵布四匹。旗军、通事、火长、军匠，钞五十锭，绵布三匹。民医、匠人、厨役、梢水，钞四十锭，绵布二匹。伤故者，本赏外加赏：指挥，钞百锭，彩币二表里。千户、卫镇抚，钞八十锭。百户、所镇抚，六十锭，彩币俱一表里。御医、番火长，钞四十锭。校尉三十锭。旗军、通事、火长、军匠，二十锭。民医、匠人、厨役、梢水，十五锭。自御医以下，绵布俱二匹。[1]

此次与倭寇遭遇的下西洋回返船只上，官兵从上到下只有一百六十余人，可见只有一两艘船，但也有番火长在其中。此外，明政府在下令奖励立功人员时，"番火长"的位次与前两则史料相同，与"御医"并列，远高于中国本土火长，足见番火长是被作为具有高级知识的人员来对待的。

上述《明实录》永乐五年、九年与十四年记载，涉及郑和船队的不同部分，如参与锡兰山之战是亲军指挥使司所辖诸卫、锦衣卫与五军都督府。而永乐十五年在浙东沿海与倭寇发生遭遇战的战船史料虽然未注明具体所属水师军队，不过是一两条战船而已，但这条史料说明，不少调入郑和船队的各支水师中，均有"番火长"。所以，整个船队中的"番火长"不会是个别人，而应有相当数量。

那么，番火长在郑和船队中起着什么作用呢？从《郑和航海图》中所反映的明水师在南巫里洋以东主要使用"地文导航"，而以西则主要依靠"过洋牵星图"判断，番火长在船队进入印度洋

---

[1]《明太宗实录》卷一百九十，第2a—2b页。

后，在导航时负有重要责任，他们对郑和下西洋的航海活动做出了直接的贡献。

四、结语——建立在开放的科学与知识体系之上的成就

通过以上的论述，我们可以更深入地了解到郑和下西洋的壮举为什么发生在明朝初年。很显然，明以前中国本身与航海有关的科学与技术已经有了长足的发展，例如有能力建造适于远航的船只，磁罗盘的广泛使用于航海，火药武器已经装备在海船上等。此外，海外贸易在南宋以来较此前有了迅速发展，元代大规模海外军事征服所积累的大型船队海上活动的经验以及元代远航北印度洋的经验也是极为重要的背景。但是，本文特别强调的是，明代初期之前中国人对西洋海域的认识，元代从西域新传入的科学技术知识，以及"番火长"等外来航海技术人员的直接帮助，也是郑和远航成功的重要条件。

因此，郑和航海的成就是建立在一个开放的、包含了中国人自己创造的以及融合其他民族经验的航海科学知识体系基础之上的。

征引文献

中日文献

爱宕松男撰、李治安译，《斡脱钱及其背景——十三世纪蒙古元朝白银的动向》，载《蒙古学情报与资料》1983 年第 2 期，第 15—23 页。

仓石武四郎、折敷濑兴，《岩波日中辞典》，株式会社岩波书店 1986 年版。

曹婉如、郑锡煌、黄盛璋等编，《中国古代地图集》（战国—元），文物出版社 1990 年版。

曹婉如、郑锡煌、黄盛璋等编，《中国古代地图集》（明代），文物出版社 1994 年版。

陈得芝，《蒙元史研究丛稿》，人民出版社 2005 年版。

陈高华，《陈高华文集》，上海辞书出版社 2005 年版。

陈高华，《元代的航海世家澉浦杨氏——兼说元代其他航海家族》，载《海交史研究》1995 年第 1 期，第 4—18 页。

陈佳荣，《帆船时代南海区划东西洋之另一讲究》，载中国中外关系史学会、云南省社会科学院、红河州人民政府编，《中国与周边国家关系研究》，中国书籍出版社 2013 年版，第 15—22 页。

陈佳荣，《清浚"疆图"今安在？》，载《海交史研究》2007 年第 2 期，第 49—62 页。

陈佳荣，《现存最详尽、准确的元朝疆里总图——清浚〈广轮疆里图〉略析》，载《海交史研究》2009 年第 2 期，第 1—24 页。

陈佳荣、谢方、陆峻岭编,《古代南海地名汇释》,中华书局 1986 年版。

丁蓉,《马德新〈朝觐途记〉研究》,载《中山大学研究生学刊》2008 年第 3 期,第 60—68 页。

范金民辑录,《〈卫所武职选簿〉中郑和下西洋资料》,载《郑和研究》2010 年第 1 期,第 51—62 页。

高楠顺次郎、渡边海旭、小野玄妙等编辑校勘,《大正新修大藏经》,昭和九年(1934)大正一切经刊行会出版。

海答儿、马沙亦黑等,《明译回回天文书》,上海《涵芬楼秘笈》第三集影印本,民国六年(1917)刊本。

洪建新,《郑和航海前后东、西洋概念考》,载纪念伟大航海家郑和下西洋 580 周年筹备委员会、中国航海史研究会编,《郑和下西洋论文集》第 1 集,人民交通出版社 1985 年版,第 207—221 页。

胡适,《胡适文集》,人民文学出版社 1998 年版。

黄溍:《黄金华集》四十三卷,四部丛刊景元抄本。

黄时鉴,《火长》,载《历史研究》1978 年第 3 期,第 95—96 页。

黄镇成,《尚书通考》十卷,元至元刻本,北京图书馆藏。

林梅村,《元经世大典图考》,载《考古学研究》2000 年第六辑,第 552—571 页。

刘敏中,《中庵先生刘文简公文集》二十五卷,清抄本,北京图书馆藏,北京图书馆古籍珍本丛刊,册 92,书目文献出版社影印本,无出版时间。

刘铭恕,《郑和航海事迹之再探》,载郑和下西洋六百周年纪念活动筹备小组编,《郑和下西洋研究文选》(1905—2005),海洋出版社 2005 年版,第 180—199 页。

刘若芳、汪前进,《〈大明混一图〉绘制时间再探讨》,载《明史研究》第 10 辑，黄山书社 2007 年版，第 329—355 页。

刘义杰：《"火长"辨正》，载《海交史研究》2013 年第 1 期，第 56—78 页。

刘迎胜，《元代摄思廉、益绵、没塔完里及谟阿津等四回回教职考》，载兰州西北民族学院《西北民族文丛》1984 年第 2 期，第 176—192 页。

刘迎胜，《13—18 世纪回回世俗文化综考》，载《中国回族研究》1991 年第 1 辑，第 93—124 页。

刘迎胜，《从〈不阿里神道碑铭〉看南印度与元朝及波斯湾的交通》，载《历史地理》1990 年第 7 期，第 90—95 页。

刘迎胜，《"东洋"与"西洋"的由来》，载郑和下西洋 600 周年纪念活动筹备领导小组编，《郑和下西洋研究文选》，海洋出版社 2005 年版。

刘迎胜，《〈回回馆杂字〉与〈回回馆译语〉研究》，西域历史语言研究丛书，中国人民大学出版社 2008 年版。

刘迎胜，《蒙元帝国与 13—15 世纪的世界》，生活·读书·新知三联书店 2013 年版。

刘迎胜，《汪大渊的东洋之行——东洋与西洋概念产生的历史背景之探索》，载《南洋学报》2002 年第 56 卷，第 35—36 页。

刘迎胜，《西北民族史与察合台汗国史研究》，南京大学出版社 1994 年版。

刘迎胜，《徙多河考》，载《禅学研究》第 1 辑，江苏古籍出版社 1992 年版，第 176—189 页。

刘迎胜，《旭烈兀时代汉地与波斯使臣往来考略》，载《蒙古史研究》第 2 辑，1986 年，第 21—30 页。

刘迎胜，《郑和船队锡兰山之战史料研究——中国海军的首次大规模远洋登陆作战》,载《元史及民族与边疆研究集刊》第 23 辑,上海古籍出版社 2011 年版,第 78—100 页。

刘智,《〈天方典礼〉择要解》,马宝光主编《中国回族典籍丛书》印本(非正式出版物),1997 年。

刘智,《天方性理》,马宝光主编《中国回族典籍丛书》印本(非正式出版物),1997 年。

吕建福,《佛教世界观对中国古代地理中心观念的影响》,载《陕西师范大学学报》2005 年第 4 期,第 77—80 页。

马坚,《回历纲要》,中华书局 1955 年版。

马建春,《蒙·元时期的波斯与中国》,载《回族研究》2006 年第 1 期,第 103—108 页。

马汝云,《马公哈只墓碑记》,载《中国穆斯林》1984 年第 2 期,第 23 页。

钱谷,《吴都文粹续集》五十六卷,补遗二卷,清文渊阁四库全书补配清文津阁四库全书本。

上海大学郑和研究小组,《郑和史迹文物辑录——介绍几块碑刻》,载《上海大学学报》1985 年第 2 期,第 100—104 页。

尚民杰,《云梦〈日书〉星宿记日探讨》,载《文博》2009 年第 2 期,第 62—68 页。

沈玉萍,《马欢和马德新朝觐比较研究》,载《青海社会科学》2009 年第 2 期,第 108—113 页。

施泳峰,《从伊朗国家博物馆藏元青花看元代与伊利汗国的联系》,载《文物鉴定与鉴赏》2014 年第 10 期,第 66—69 页。

宋濂等,《元史》二百一十卷,中华书局 1976 年版。

宋正海、郭永芳等,《中国古代海洋学史》,海洋出版社 1989 年版。

唐长孺，《元经世大典图释序》（译文），收于唐长孺，《山居存稿》三编，中华书局 2011 年版，第 465—478 页。

汪乃刚辑，《宋人话本八种》，上海东亚图书馆印行，1928—1929 年。

王士点、商企翁编，《秘书监志》，高荣盛点校，浙江古籍出版社 1992 年版。

文天祥，《文山先生全集》二十卷，四部丛刊景明正德刊本。

修晓波，《元代斡脱政策探考》，《中国社会科学院研究生院学报》1994 年第 3 期，第 25—34 页。

许有壬，《至正集》八十一卷，明初复刊元抚州路儒学刊本，元人文集珍本丛刊（七），台湾新文丰出版公司 1985 年版。

杨志玖，《元史三论》，人民出版社 1985 年版。

佚名者，《金陵玄观志》十三卷，明刻本，南京图书馆藏。

张辅，《明太宗实录》二百七十四卷，台北，"中央研究院"历史语言研究所 1962 影印本。

张文，《了解非洲谁占先》，载《地图》2003 年第 3 期，第 7 页。

张燮，《东西洋考》，谢方点校本，中华书局 1981 年版。

赵汝适著、杨博文校释，《〈诸蕃志〉校释》，中华书局 1996 年版。

赵友钦，《革象新书》五卷，北京图书馆藏清钞本。

真德秀，《西山先生真文忠公文集》五十五卷目录二卷，四部丛刊景明正德十五年张文麟、黄巩刻本。

郑鹤声、郑一钧编，《郑和下西洋资料汇编：增编本》（三册），海洋出版社 2005 年版。

郑锡煌，《〈佛祖统纪〉中三幅地图初探》，载《自然科学史研究》1985 年第 3 期，第 229—236 页。

庄为玑,《泉州宋船为蒲家私船考》,见《中国与海上丝绸之路》, 福建人民出版社 1991 年版, 第 270—284 页。

周达观著、夏鼐校注,《〈真腊风土记〉校注》, 中华书局 1981 年版。

西语文献

Bretschneider, Emile V. *Notice of the Medieval Geography and History of Central and Western Asia: Drawn from Chinese and Mongol Writings, and Compared with the Observations of Western Authors in the Middle Ages*, London: Trübner & Co., 1876.

_____.*Medieval Researches from Eastern Asiatic Sources: Fragments towards the Knowledge of the Geography and History of Central Asia and Western Asia from the 13. to the 17. Century*, Trübner's Oriental Series Volume , London: Trübner & Co., 1888.

Cleaves, Francis Woodman. "A Chinese Source Bearing on Marco Polo's Departure from China and a Persian Source on His Arrival in Persia." *Harvard Journal of Asiatic Studies* 36（1976）: 181–203.

Liu, Yingsheng, "An Inscription in Memory of Sayyid Bin Abu Ali, A Study of Relations between China and Oman from the Eleventh to the Fifteenth Century." *The Silk Roads, Highways of Culture and Commerce*, ed. Vadime Elisseeff. New York: UNESCO Publishing, Berghahn Books, 1999, pp.122–126.

Longhorn, Morgana and Stephen Hughes. "Modern Replication of Eratosthenes' Measurement of the Circumference of Earth," in *Physics Education*, vol.50, no.2 (2015): 175–178.

Park, Hyunhee. *Cross-Cultural Exchange and Geographic Knowledge of the World in Yuan China*, in *Eurasian Influences on Yuan China*, ed. Morris Rossabi. Singapore: Institute of Southeast Asian Studies, 2013, pp. 125–158.

_____. *Mapping the Chinese and Islamic Worlds:Cross-Cultural Exchanges in Pre-Modern Asia*. Cambridge, UK: Cambridge University Press, 2012.

Pelliot, Paul, *Notes on Marco Polo*, Paris, 1959.

刘迎胜

历史学博士，现为南京大学教授、博士生导师、元史研究室主任。2009 年起为清华大学国学院特聘教授，学术委员会主席。现为中国元史研究会会长、中国蒙古学会副会长、中国海外交通史学会副会长。1987—2002 年间三次受德国洪堡基金会邀请，在德国哥廷根大学、班贝格大学任外籍科学家。1989—1992 年间三次代表中国参加联合国教科文组织发起的"海上丝绸之路""草原丝绸之路""游牧 / 阿勒泰丝绸之路"国际考察。曾在英国伦敦大学亚非学院、葡萄牙里斯本大学与以色列希伯来大学从事研究，并曾应邀在欧美日等多所高校与研究机关作专题报告。已发表中外文论文约二百篇，出版学术著作十部，其中《丝路文化》草原卷、《丝路文化》海上卷获国家新闻出版署"中国图书奖"；《察合台汗国史研究》获教育部人文社科二等奖及中国社会科学院郭沫若史学研究三等奖。《丝绸之路》被"光明书榜"评为当年最畅销十部优秀图书。

郑和七下"那没黎洋"——印度洋[*]

万明

【摘要】在人类文明发展史上，丝绸之路是中西交往的通道，是流动的文明之路。从张骞"凿空"西域到郑和下西洋，其间经历了一千五百多年，中国人向西的寻求从来没有中断过。郑和时代的西洋观曾有具体所指：在亲历下西洋的马欢笔下，当时明朝人所认识的西洋具体指向是"那没黎洋"，也即后来称为印度洋的海域。由此可以断定"郑和下西洋"所指的那个"西洋"就是印度洋。鉴于迄今大多学者仍以文莱划分东西洋界限，对郑和所下西洋的认识模糊不清，澄清下西洋即下印度洋，这对于下西洋目的与史实的探讨至关重要。更重要的是，15世纪初郑和下西洋，中国人以史无前例的规模走向海洋，促成了著名的古代陆海丝绸之路的全面贯通，而贯通的汇合点即在印度洋。

百年以来，在郑和下西洋研究中，鲜见有将郑和下西洋的主要范围就是印度洋的概念突出出来，把下印度洋作为一个整体来探讨的，以致迄今郑和所下西洋即印度洋的事实常常被遮蔽了，并不

---

* 此文承蒙两位匿名评审人提出了宝贵意见，在此表示衷心感谢。

时出现以郑和出使暹罗、日本、浡泥等国或王景弘出使苏门答剌为八下、九下至十下西洋之论。[1] 事实上，在郑和下西洋时代之初，"西洋"本是有特指的，就是马欢笔下所谓"那没黎洋"，也即今天的印度洋。郑和第一次下西洋，终极目的地是西洋古里，也就是以位于印度洋中部的印度古里为目的地；此后七次下西洋，古里都是必到之地，并在第四次以后由古里延伸到波斯湾、阿拉伯半岛乃至东非。重要的是，这些地区与海域都是在印度洋的范围以内。以往学界从中国与东南亚关系、中国与南亚关系、中国与西亚关系、中国与东非关系出发，已有相当丰硕的研究成果，比较而言，在郑和航海时代，作为一个整体的印度洋却被极大地忽视了。加拿大维多利亚大学在2014年举办的"郑和下西洋（1405—1433）及自古以来中国和印度洋世界的关系"的会议是一个变化的重要标志，给了我们极大的启示，拨开云雾，使印度洋成为有关研究关注的重心，这无疑是举办此次会议的成功之处。探讨郑和时代的印度洋与印度洋世界的中国印记，可以发现郑和下西洋是中国人对于古代印度洋认识的一次历史性总结，并开辟了一个印度洋航海实践和认识的新纪元。

---

[1] 参见志诚，《郑和九下东西洋》（《航海》1983年第5期，第7—8页），将郑和出使暹罗、日本计入；何平立，《郑和究竟几下东西洋》（《航海》1984年第1期，第37页），认为该文没把郑和永乐二十二年（1424）的旧港（今印度尼西亚苏门答腊岛巨港一带）之行统计进去，因此《郑和九下东西洋》实应改为"十下东西洋"；又陈平平，《试举析郑和船队到过浡泥的若干明代史料依据》，载《南京晓庄学院学报》2009年第4期，第89—94页；郑一钧，《郑和下西洋"组群"结构的研究——兼评郑和"十下西洋"之说》（《走向海洋的中国人——郑和下西洋590周年学术研讨会论文集》，海潮出版社1996年版，第178—179页），对于下西洋计入暹罗、日本、旧港之说进行了批评。关于王景弘八下西洋，参见徐晓望，《八次下西洋的王景弘》，载朱明元主编，《王景弘与郑和下西洋》，香港天马图书有限公司2004年版，第93—99页。

一、郑和时代明人笔下的西洋——"那没黎洋"

笔者曾撰写《释"西洋"：郑和下西洋深远影响的探析》一文，专门探讨"西洋"一词的内涵、演化及其意义。对于长期以来学界在东西洋及其分野认识上争议纷纭、莫衷一是的情形有所介绍。西洋，在元代文献中明确出现，东、西洋并称。元初大德年间分西洋为"单马令国管小西洋"十三国、"三佛齐国管小西洋"十八国，从所列国家地区的地理位置来看，前者大致属于马来半岛及沿岸一带，后者大致属于印度尼西亚苏门答腊岛沿岸一带。这一区域在今天分属马来西亚、新加坡、印度尼西亚，属于东南亚的范围。元末，西洋国所指是印度南部西南与东南沿海国度和地区。明初下西洋后，"西洋"一词成了指代海外、外国之意，沿用至今。[1] 郑和

---

[1] 万明，《释"西洋"：郑和下西洋深远影响的探析》，载《南洋问题研究》2004年第4期，第11—20页；此文以《释西洋》为名，载王天有、徐凯、万明编，《郑和远航与世界文明：纪念郑和下西洋600周年论文集》，第97—113页，北京大学出版社2005年版。关于东、西洋，此文注明参考的主要学术论文有：山本达郎，《东西洋とぃり称呼の起源に就いこ》，载《东洋学报》第21卷1号，1933年；宫崎市定，《南洋を东西洋に分つ根据に就いこ》，载《东洋史研究》第7卷4号，1942年；洪建新，《郑和航海前后东、西洋地域概念考》，载《郑和下西洋论文集》第一集，人民交通出版社1985年版；沈福伟，《郑和时代的东西洋考》，《郑和下西洋论文集》第二集，南京大学出版社1985年版；刘迎胜，《"东洋"与"西洋"的由来》，陈佳荣，《郑和航行时期的东西洋》，见《走向海洋的中国人》，海潮出版社1996年版，等等。以上各文讨论重心在东、西洋的分界，但各文涉及西洋，均为《释西洋》一文的重要参考文献，见原文注1。《释西洋》一文旨在全面考释"西洋"一词的缘起及其衍变。

时代的下西洋，自 1405 年起至 1433 年为止，前后七次，所历三十至四十余国，是历史上中国人大规模走向海洋的一桩盛事，在世界航海史上占有重要地位，影响也极为深远。那么西洋究竟指哪里？这是郑和下西洋研究的基本问题。[1]

明初永乐年间郑和开始下西洋，马欢《瀛涯胜览》、费信《星槎胜览》和巩珍《西洋番国志》，是记载下西洋的三部最重要的史籍。这三部著作之所以重要，是因为它们的作者都曾跟随郑和下西洋，是亲历下西洋的明朝当时当事人所撰写的文字。其中，记述翔实、史料价值最高的是马欢《瀛涯胜览》。马欢是通事，懂得"阿拉毕〔伯〕语"，亲历二十国，记载详细，因此《瀛涯胜览》格外重要。巩珍《西洋番国志》中关于各国的记载，也是二十国，主要内容与《瀛涯胜览》大致相同。作者在《自序》中明言："凡所纪各国之事迹，或目及耳闻，或在处询访，汉言番语，悉凭通事转译而得，记录无遗……惟依原纪录者序集成编，存传于后。"[2] 因此，巩书的价值主要是在书前的"敕书"和《自序》。费信《星槎胜览》记载的国家比之《瀛涯胜览》和《西洋番国志》都要多，共四十五处，前集二十二，后集二十三。其中前集称国者十四，后集称国者十六，共三十国。记述内容扩展到了非洲。费信亲历的是前集的二十二处，其他则是出自传闻和抄自前此的文献记载。

---

[1] 冯承钧先生在 20 世纪 50 年代为马欢《瀛涯胜览》作了校注，他在《序》中云："当年所谓之西洋，盖指印度洋也。"见马欢著、冯承钧校注，《〈瀛涯胜览〉校注·序》，中华书局 1955 年版，第 5 页。此言不差。但观其征引马欢《纪行诗》以爪哇为分界，又引《明史》以文莱为分野，知其西洋概念仍不十分清楚。时至今日，大多数学者对于郑和所下西洋的概念，也并不明晰。

[2] 巩珍著、向达校注，《西洋番国志·自序》，中华书局 1961 年版，第 6—7 页。

从当时明朝人的认识来看，郑和七次下西洋，下的就是现代称为印度洋的那没黎洋。那没黎洋的出处，就在马欢所著《瀛涯胜览》中。《瀛涯胜览》中出现"西洋"凡九处，下面结合巩珍《西洋番国志》、费信《星槎胜览》等第一手相关记述，将明朝人关于下西洋之初对于西洋的主要认识分为六点归纳如下：

1. 西洋即那没黎洋，出处在《瀛涯胜览》的"南浡里国"条：

> 国之西北海内有一大平顶峻山，半日可到，名帽山。山之西大海，正是西洋也，番名那没黎洋，西来过洋船只俱投此山为准。[1]

南浡里国是处于今日苏门答腊岛西北的一个古国，其西部正是浩瀚的印度洋，可以参证的是巩珍《西洋番国志·南浡里国》条：

> 国之西北海中有一大平顶高山名帽山，半日可到。山西大海即西洋也，番名那没黎洋。[2]

查费信《星槎胜览》中没有"南浡里国"条，但有两处"南巫里洋"之记载，一见之于"龙涎屿"条：

> 望之独峙南巫里洋之中。离苏门答剌西去一昼夜程。此屿浮滟海面，波激云腾。每至春间，群龙来集于上，交戏而遗

---

[1] 马欢著、万明校注，《明钞本〈瀛涯胜览〉校注》，海洋出版社 2005 年版，第 50 页。
[2] 巩珍著、向达校注，《西洋番国志》，中华书局 1961 年版，第 21 页。

涎沫。[1]

另一见之于"花面国王"条：

其国与苏门答剌邻境，傍南巫里洋。[2]

还有一条"巫里洋"的记载，是在"大葛兰国"条：

若过巫里洋，则罹重险之难矣，并有高头埠沉水罗股石
之危。[3]

从上述史料看来，"南巫里洋"或"巫里洋"显然与那没黎洋
紧密相关，其中前者即为那没黎洋的对音，仍然指印度洋。当然，
明朝当时没有印度洋的概念，印度洋之名在现代才出现。按照马欢
的表述，称为那没黎洋的，即今天的印度洋。之所以记载于南浡里
国条，是因为"那没黎"即"南浡里"，是 Lambri 或 Lamuri 的对
音。南浡里是苏门答腊一古国名。宋代周去非《岭外代答》作蓝
里，赵汝适《诸蕃志》亦作蓝里，元代汪大渊《岛夷志略》作喃
哑哩，《元史》作南巫里、南无力等，皆是马来语 Lambri 或爪哇语

---

[1] 费信，《星槎胜览》卷三《龙涎屿》，见陆楫，《古今说海》说选二十二，巴蜀书社
1988 年版，第 213 页。

[2] 费信，《星槎胜览》卷三《花面国王》，见《古今说海》说选二十二，第 212 页。

[3] 费信，《星槎胜览》卷三《大葛兰国》，见《古今说海》说选二十二，第 215 页。
冯承钧《〈星槎胜览〉校注·大唄喃国》记载略有不同："若风逆，则遇巫里洋险阻
之难矣，及防高郎阜沉水石之危。"高郎阜后加注云："《岛夷志略》作'高浪阜'，
同一地名又在同书'大佛山'条作'高郎步'，今 Colombo 也。"中华书局 1954 年
版，第 16 页。

Lamuri 的对音。其地在今苏门答腊岛西北角亚齐河（Achin River）下游哥打拉夜（Kotaraya）一带。[1]更确切地说，"西洋"是南浡里国西北海中的帽山以西的海洋。

帽山又称南帽山、小帽山，即今苏门答腊岛西北海上的韦岛（Weh Island）。英国学者米尔斯的解释比较清楚，他认为该山位于苏门答腊北部海岸的 Atjeh 地区；帽山，即 Kelembak Mountain, 位于苏门答腊北部 Poulo Weh 岛；那没黎洋，是沿着苏门答腊北部海岸和 Poulo Weh 岛以西延伸的海域。[2]

概观当时印度洋上的海路网络，从帽山出发的有以下航线：[3]

溜山国：在小帽西南，过小帽山投西南行，好风行十日到其国。

锡兰山国：自帽山南放洋，好东风船行三日，见翠蓝山在海中。从锡兰山起程，顺风十昼夜可至古里。自锡兰国马头别罗里开船往西北，好风行六昼夜，到小葛兰国。自小葛兰国开船，沿山投西北，好风行一昼夜，到柯枝国港口泊船。从柯枝国港口开船，往西北行三日可到古里。

榜葛剌国：取帽山翠蓝西北而行，好风二十日至浙地港。

2. 西濒印度洋的苏门答剌国是通向西洋的总路头，见《瀛涯胜览》中的"苏门答剌国"条：

> 苏门答剌国，即古之须文达那国是也，其处乃西洋之总头路。[4]

［1］ 马欢著、万明校注，《明钞本〈瀛涯胜览〉校注》，第 50 页。

［2］ Ma Huan, *Ying-Yai Sheng-Lan: The Overall Survey of the Ocean's Shores,* trans.J. V. G. Mills (Cambridge, UK: Cambridge University Press,1970), 207,209.

［3］ 马欢著、万明校注，《明钞本〈瀛涯胜览〉校注》，第 71、51、86 页。

［4］ 马欢著、万明校注，《明钞本〈瀛涯胜览〉校注》，第 43 页。

《西洋番国志》中的"苏门答剌国"条：

> 苏门答剌国，即古须文达那国也。其国乃西洋总路头。[1]

查《星槎胜览》，其中"苏门答剌国"条没有关于西洋的记载。

苏门答剌国的地理位置在苏门答腊岛，西濒印度洋。马欢的记载说明，明朝人认为苏门答剌的地理方位很重要，是一个从海上通向西洋的总路口。

如上所述，苏门答剌（Sumatra）指印度尼西亚苏门答腊岛西北角的古国，非指苏门答腊全岛。《宋史》称苏勿吒蒲迷（Sumutra-bhumi），《岛夷志略》作须文答剌，《元史》作速木都剌。《爪哇史赞》称为 Samudra，《马来纪年》称 Semudra，可能出自梵文 samudra，意为海，另一说来自马来文 samandra，是大蚁之意。[2]

3. 南临印度洋的爪哇属于东洋范围，见《瀛涯胜览》中的《纪行诗》云：

> 阇婆又往西洋去。[3]

值得注意的是，阇婆即爪哇，这里的方位表明，在爪哇以西是西洋。《星槎胜览》中的"爪哇国"条：

> 古名阇婆，自占城起程，顺风二十昼夜可至。其国地广

---

[1] 巩珍著、向达校注，《西洋番国志》，第18页。
[2] 马欢著、万明校注，《明钞本〈瀛涯胜览〉校注》，第43—44页。
[3] 同上书，第2页。

人稠，甲兵为东洋诸番之雄。[1]

费信更加明确了爪哇属于东洋范围，其西才是西洋。

爪哇（Java），或古阇婆国，在今印度尼西亚爪哇岛，即苏门答腊与巴厘岛之间，南临印度洋。《后汉书》作叶调，唐宋称阇婆，《元史》中爪哇与阇婆并称。7世纪以苏门答腊岛南部巨港为发祥地的室利佛逝王国建立，商业和文化发达，是当时印度以外的佛学中心，同中国、印度、阿拉伯都有经济与文化联系。9—10世纪室利佛逝王国版图扩及印尼西部各岛及马来半岛等地。13世纪末兴起于爪哇的满者伯夷王朝，在东爪哇兴建了密集的水利系统，农业、手工业、交通运输与对外贸易等空前发达，沿海城镇甚为繁荣。国势最盛时领有印尼大部分群岛及马来半岛南部，大体上奠定了现在印度尼西亚版图的基础。阇婆或爪哇古国名是梵名Yavadvipa的略称，在唐代曾为苏门答腊与爪哇二岛的合称，至宋代始为爪哇专称。[2]元代汪大渊《岛夷志略》称爪哇"地广人稠，实甲东洋诸番"。[3]上引费信的"其国地广人稠，甲兵为东洋诸番之雄"，是沿袭《岛夷志略》之文。

4. 作为郑和下西洋目的地的古里国是西洋大国，那里是西洋诸国大码头，见《瀛涯胜览》中的"古里国"条：

> 古里国乃西洋大国也。从柯枝国港口开船，往西北行三日可到。其国边海，出远东有五、七百里，远通坎巴夷国。西

---

[1] 费信，《星槎胜览》卷一，见《古今说海》说选二十，第205页。

[2] 马欢著、万明校注，《明钞本〈瀛涯胜览〉校注》，第16—17页。

[3] 汪大渊著、苏继庼校释，《〈岛夷志略〉校释》，中华书局1981年版，第159页。

临大海，南连柯枝国界，北边相接狠奴儿国地面，西洋大国正此地也。[1]

《西洋番国志》中的"古里国"条：

> 古里国，此西洋大国也。[2]

《星槎胜览》中的"古里国"条：

> 其国当巨海之要屿，与僧加密迩。亦西洋诸国之码头也。[3]

古里（Calicut）在《伊本·巴图塔游记》中作 kalikut，《岛夷志略》作古里佛，《大明一统志》作西洋古里，皆指今印度南部西海岸喀拉拉邦的卡利卡特，又译科泽科德。坎巴夷，《西洋朝贡典录》作坎巴夷替。据伯希和考订此坎巴夷替城即是昔之 Koyampadi，今之 Coimbatore。坎巴夷替似为 Koyampadi 的对音，即今印度泰米尔纳德邦西部之科因巴托尔（Coimbatre）的古称。其地在古里（今卡利卡特）东。向达《西洋番国志》校注古里国条谓当即 Cambay，而坎贝远在西北部，故应以伯希和说为是。狠奴儿，伯希和认为是 Honore 的对音，即今印度马拉巴尔海岸卡利卡特向北一百九十九里的 Honavar，今名霍那瓦。[4] 冯承钧译《马可

---

[1] 马欢著、万明校注，《明钞本〈瀛涯胜览〉校注》，第 63 页。

[2] 巩珍著、向达校注，《西洋番国志》，第 27 页。

[3] 费信，《星槎胜览》卷三，见《古今说海》说选二十三，第 216 页。

[4] 马欢著、万明校注，《明钞本〈瀛涯胜览〉校注》，第 63—64 页。

波罗行记》记坎巴夷替为Cambaet，是一大国，案语作Cambay。[1]

5. 郑和统领宝船往西洋为其船队航海活动的主要范围，见马欢《瀛涯胜览·序》。该序文作于永乐十四年（1416），明确指出上述航海活动的主要范围：

> 永乐十一年，太宗文皇帝敕命正使太监郑和统领宝船，往西洋诸番开读赏赐。[2]

《瀛涯胜览》中的"旧港国"条：

> 永乐五年，朝廷差太监郑和等统领西洋大䑸宝船到此。[3]

6. 其他有关西洋的表述：

关于"下西洋"官军人员曾出现一次；[4]关于"西洋布"也曾出现一次。[5]

以上"西洋"曾出现九次，仅关于古里国的记载中就曾出现两次。在当时人看来，南浡里帽山之西大海，"正是西洋也"，"番名那没黎洋"；苏门答剌"乃西洋之总路"；古里"乃西洋大国"，是自第一次起下西洋之目的地。这里反映的是明初下西洋当事人具体理解的"西洋"本义。

---

[1] 马可·波罗著、冯承钧译，《马可波罗行记》第3卷，上海书店出版社2000年版，第448页。

[2] 马欢著、万明校注，《明钞本〈瀛涯胜览〉校注》，第1页。

[3] 同上书，第28页。

[4] 同上书，第5页。

[5] 同上书，第67页。

陆容《菽园杂记》卷三云："永乐七年，太监郑和、王景弘、侯显等，统率官兵二万七千有奇，驾宝船四十八艘，赍奉诏旨赏赐，历东南诸番以通西洋"。[1] 陆氏的"历东南诸番以通西洋"这句话，是对于明初人西洋认识的最佳注解。

总之，马欢《瀛涯胜览》所述"往西洋诸番"，[2] 费信《星槎胜览》"历览西洋诸番之国"，[3] 而巩珍所著书名《西洋番国志》，顾名思义，实际是将郑和船队所到国家和地区，包括占城、满剌加、爪哇、旧港乃至榜葛剌国、忽鲁谟斯国、天方国，一律列入了西洋诸番国，尽管其中的爪哇等国并不真正属于当时人所严格指称的"西洋"范围之内。换言之，在郑和七次下西洋后，人们开始把下西洋所至诸国都列入了"西洋"界限以内，这无疑极大地扩展了"西洋"范围。此后，约作于正德十五年（1520）的黄省曾《西洋朝贡典录》更进一步，将"朝贡之国甚著者"全都列入了"西洋"的范围。他所列入的二十三国，包括了广阔的区域，其中赫然列有位于东洋的浡泥国、苏禄国、琉球国。[4] 于是"西洋"不仅极大地彰显，而且无疑前所未有地扩大到了包括东西洋乃至海外各国之义了。

郑和下西洋使"西洋"一词凸显，"西洋"一词在此后广泛流行于明代社会。自郑和下西洋以后，"西洋"有了狭义和广义的区别。狭义的"西洋"，是郑和下西洋所到的印度洋，包括孟加拉湾、波斯湾、阿拉伯半岛、西非红海和东非一带。广义的"西洋"，是一个象征整合意义的西洋，具有海外诸国、外国之义。这里值得注意的是，明代后期狭义的"西洋"受到明朝官方海外活动收缩的影

---

[1] 陆容，《菽园杂记》卷三，中华书局 1985 年版，第 23 页。

[2] 马欢著、万明校注，《明钞本〈瀛涯胜览〉校注》，第 1 页。

[3] 费信著、冯承钧校注，《星槎胜览·前集目录》，中华书局 1954 年版，第 2 页。

[4] 参见黄省曾著、谢方校注，《西洋朝贡典录》，中华书局 1982 年版。

响，出现了张燮《东西洋考》以文莱划分东西洋界限，更深刻地影响到后世的认识。这样一来，明朝人在郑和下西洋过程中对于西洋认识的延伸，遂使下西洋的初衷——下印度洋被遮蔽了起来，因此现在我们应走出迷雾，澄清本源。

二、郑和下西洋的前期终极点及其后期中转地——古里

据以下所引郑和亲立碑记，下西洋历次船队的主要航行目的地就是西洋的古里。当时，西洋是有特指的：马欢《瀛涯胜览》记载《南浡里国》帽山以西，称"那没黎洋"，地理方位明确，即今印度洋；"西洋诸番"具体指印度洋国家。马欢《古里国》原文两度强调古里为"西洋大国"，非比寻常，值得在此做更为深入的探讨。

郑和首次下西洋，就是以印度古里为终点，这明确记载在郑和亲立之碑记上。如1431年郑和亲自在长乐南山天妃宫立下《天妃之神灵应记》，总结历次下西洋：

> 自永乐三年奉使西洋，迄今七次，所历番国，由占城国、爪哇国、三佛齐国、暹罗国，直𨽻南天竺、锡兰山国、古里国、柯枝国，抵于西域忽鲁谟斯国、阿丹国、木骨都束国，大小凡三十余国，涉沧溟十万余里。[1]

郑和在下面排列了七次下西洋的经历，排在首次下西洋第一位目的地的是：

---

[1] 钱谷，《吴都文粹续集》卷二八《道观》，《四库全书》珍本。

永乐三年，统领舟师，至古里等国。

这里明确说明了郑和第一次下西洋以古里作为主要目的地。

郑和下西洋属于国家航海行为，七次下西洋，七次必到古里，这绝非偶然，是经过整体规划的明朝海洋政策使然。古里，也就是今天印度喀拉拉邦的卡利卡特，正如卡利卡特大学副校长古如浦在《卡利卡特的札莫林》一书前言所说："[该地]是中世纪印度杰出的港口城市之一，是一个香料和纺织品的国际贸易中心。"[1]这正是郑和航行印度洋期间将之作为第一目的地的原因。郑和在古里曾经受册封并立碑，均见之于记载：

> 永乐五年，朝廷命正使太监郑和赍诏敕赐其国王诰命银
> 印，及升赏各头目品级冠带。宝船到彼，起建碑亭，立石
> 云："去中国十万余里，民物咸若，熙皞同风，刻石于兹，永
> 示万世。"[2]

古里之行在当时郑和使团随员的出使经历中，似乎并没有太多特别之处。然而，古里的作用，又绝非仅为郑和船队主要目的地那么简单。我们应该将其放在整个印度洋范围内加以考量。

我们知道，第四次下西洋发生了重大转折，即郑和船队从古里航行到忽鲁谟斯，此后每次下西洋都必到忽鲁谟斯。从下西洋的角度来说，无论是古里，还是忽鲁谟斯，都是那没黎洋的大国。从

---

[1] K. K. N. Kurup: "Foreword," in K. V. Krishna Ayyar ed., *The Zamorins of Calicit* (Calicut: University of Calicut, 1999), p. 1. 郑和下西洋时期，古里是在札莫林王国统治之下。

[2] 马欢著、万明校注，《明钞本〈瀛涯胜览〉校注》，第 63 页。

以古里为目的地到前往忽鲁谟斯，意义在于下西洋目的地的延伸，是明朝海洋政策在印度洋的一次大的调整。换言之，忽鲁谟斯可以视为郑和下西洋过程中以古里为中心开拓的新航线。

上述讨论已经说明，古里是当时一个西洋大国。到那里的航线是：自帽山南放洋，好东风船行三日，可到锡兰山，从锡兰山起程，顺风十昼夜可至古里。自锡兰国的码头别罗里开船往西北，好风行六昼夜，可到小葛兰国；自小葛兰国开船，沿山投西北，好风行一昼夜，可到柯枝国港口泊船；从柯枝国港口开船，往西北行三日可到古里。古里"远通坎巴夷国。西临大海，南连柯枝国界，北边相接狼奴儿国地面，西洋大国正此地也"。[1] 古里是西洋诸国之码头，但是在郑和第四次下西洋后，郑和船队又转向了一个位于波斯湾的"各处番船并旱番客商都到此处赶集买卖"的西洋诸国之码头——忽鲁谟斯。于是此时的古里成为了中国通往西亚、非洲乃至欧洲的中转站。

马欢《纪行诗》云"柯枝古里连诸番"，所言不虚。到明末时，何乔远《名山藏·王亨记》甚至有"郑和下番自古里始"[2] 的记载。

以下是郑和下西洋以古里为中心的五条航线，有关记载都证明了该地在印度洋航行和贸易的中枢地位。

1.古里至忽鲁谟斯国

马欢记："自古里国开船投西北，好风行二十五日可到。其国边海倚山，各处番船并旱番客商都到此处赶集买卖，所以国人殷富。"[3] 费信记："自古里国十昼夜可至。其国傍海居，聚民为市。"[4]

---

[1] 马欢著、万明校注，《明钞本〈瀛涯胜览〉校注》，第 63 页。

[2] 何乔远，《名山藏·王亨记》第 8 册，江苏广陵古籍刻印社 1993 年版，第 6211 页。

[3] 马欢著、万明校注，《明钞本〈瀛涯胜览〉校注》，第 91—92 页。

[4] 费信，《星槎胜览》卷四《忽鲁谟斯国》，见《古今说海》说选二十三，第 221 页。

此处记载从古里到忽鲁谟斯仅需十昼夜，而非马欢所记二十五日，大约是郑和船队日夜兼程航行之故。

忽鲁谟斯即 Hormuz, Ormuz 的对音，今属伊朗，位于阿曼湾与波斯湾之间霍尔木兹（Hormuz）海峡中格仕姆岛（Qushm）东部的霍尔木兹岛。原旧港为鹤秫城，边海一城，是中古时期波斯湾头一个重要海港。13 世纪城为外族所毁，故迁至附近的哲朗岛（Djeraun），是为新港，仍名忽鲁谟斯。《郑和航海图》作忽鲁谟斯岛。此处"边海倚山"，系指旧港而言。[1]

2. 古里至祖法儿国

马欢记："自古里国开船，好风投西北行十昼夜可到。"[2]费信记："自古里国顺风二十昼夜可至。其国垒石为城，砌罗股石为屋。"[3]按：祖法儿（Zufar），《诸蕃志》大食国条作奴发，《星槎胜览》《郑和航海图》作佐法儿，皆为 Zufar、Dhofar 的对音，即今位于阿拉伯半岛东南端的阿曼佐法尔。[4]

3. 古里至阿丹国

马欢记："自古里国开船，投西北兑位，行一月可到。其国边海山远，国民富饶。"[5]费信记："自古里国顺风二十二昼夜可至。其国傍海而居。"[6]按：阿丹国（Aden）即今阿拉伯半岛也门首

---

[1] 马欢著、万明校注，《明钞本〈瀛涯胜览〉校注》，第 92 页。

[2] 同上书，第 76 页。

[3] 费信，《星槎胜览》卷四《佐法儿国》，见《古今说海》说选二十三，第 221 页。

[4] 马欢著、万明校注，《明钞本〈瀛涯胜览〉校注》，第 76 页。

[5] 同上书，第 80 页。

[6] 费信，《星槎胜览》卷四《阿丹国》，见《古今说海》说选二十三，第 220 页。

都亚丁。此地居于中国、印度与西方之间，一直是阿拉伯半岛通商要地、东西方贸易中心，也是古代西亚宝石、珍珠的集散中心。

4. 古里至剌撒国

费信记："自古里国顺风二十昼夜可至。其国傍海而居，垒石为城。"[1] 按：剌撒国（Lasa），据《郑和航海图》，位于祖法儿以西，阿丹以东。向达先生考订为 Ras Sharwein，陈佳荣等先生认为是阿拉伯半岛南岸，今木卡拉附近的 La'sa。[2]

5. 古里至天方国

马欢记："自古里国开船投西南申位，船行三个月到本国马头，番名秩达，有大头目主守。自秩达往西行一月，可到王居之城，名默加国。"又云："宣德五年（1430），蒙圣廷命差内官太监郑和等往各番国开读赏赐，分䑸到古里国时，内官太监洪保等见本国差人往天方国，就选差通事人等七人，赍带麝香、磁器等物，附本国船只到彼。往回一年，买到各色奇货异宝，麒麟、狮子、驼鸡等物，并画天堂图真本回京。"[3] 费信记："其国自忽鲁谟斯四十昼夜可至。"[4]

近年南京新发掘出土的洪保墓《知监太监洪公寿藏铭》，印证了下西洋的天方之行。[5]

---

[1] 费信，《星槎胜览》卷四《剌撒国》，见《古今说海》说选二十三，第 220 页。

[2] 参见陈佳荣、谢方、陆峻岭，《古代南海地名汇释》，中华书局 1986 年版，第 980 页。

[3] 马欢著、万明校注，《明钞本〈瀛涯胜览〉校注》第 99 页、第 103—104 页。

[4] 费信，《星槎胜览》卷四《天方国》，见《古今说海》说选二十三，第 222 页。

[5] 参见南京市博物馆、江宁区博物馆，《南京市祖堂山明代洪保墓》，载《考古》2012 年第 5 期，第 41—52 页。

按：天方国（Mecca），指位于沙特阿拉伯希贾兹（一译汉志）境内的麦加（Mecca）。后又泛指阿拉伯。麦加是伊斯兰教圣地，伊斯兰教兴起之前，曾是古代多神教的中心。610年穆罕默德声称在城郊希拉山洞受到安拉的启示，在此开始传播伊斯兰教，630年穆罕默德率军队攻克麦加并清除克尔白神殿中的偶像后，遂成为全世界穆斯林朝觐瞻仰的圣地。元代称天房，见刘郁《西使记》。《岛夷志略》作天堂。天房或天堂本指麦加的克尔白（ka'aba）礼拜寺，此寺又名安拉之居（Bayt Allah）。默伽国，《岭外代答》《诸蕃志》作麻嘉，《事林广记》作默伽，皆是Mecca的对音，即今位于红海东岸的麦加城，天方、天堂、天房皆指此城，今属沙特阿拉伯。[1]

　　郑和下西洋还在古里附近有一个重要的延伸，即开辟了横跨印度洋直航东非的航线。郑和第三次下西洋时中国船队和东非的直接通航，[2]是印度洋海上交通的扩张式发展。

---

[1] 马欢著、万明校注，《明钞本〈瀛涯胜览〉校注》，第99—100页。

[2] 陆容《菽园杂记》卷三载："永乐七年太监郑和、王景弘、侯显等，统率官兵二万七千有奇，驾宝船四十八艘，赍奉诏旨赏赐，历东南诸番以通西洋。是岁九月，由太仓刘家港开船出海。所历诸番地面，曰占城国……曰卜剌哇，曰竹步，曰木骨都束……"（中华书局1985年版，第23页）。沈福伟先生据此认为郑和第三次下西洋就到了非洲，并考证了下西洋所至东非各地名，见其《郑和宝船队的东非航程》，载纪念伟大航海家郑和下西洋580周年筹备委员会、中国航海史研究会编，《郑和下西洋论文集》第一集，人民交通出版社1985年版，第166—183页。侯仁之先生曾撰文说："可以设想，横越印度洋直接联系锡兰或南印度与非洲东岸的航路，在15世纪初郑和远航之前，是有可能被发现的。但是在中国图籍里关于这条航路的明确记载，则是从郑和远航时开始的。在郑和航海图和有关记载中可以看出，在锡兰与非洲东岸以及南印度与非洲东岸之间，都是直达航线，可以经过官屿溜（今马累岛），也可以不经过它。"见《所谓"新航路的发现"的真相》一文，载王天有、万明编《郑和研究百年论文选》，北京大学出版社2004年版，第85页；原载《人民日报》1965年8月12日。此前元代的记载仍比较含糊，而从中国人首次大规模远航印度洋史无前例的视角来看，这条航线反映了郑和航海期间航海路线的扩张。

郑和在福建长乐《天妃之神灵应记》碑中明言："[其船队]抵于西域忽鲁谟斯国，阿丹国、木骨都束国。"[1]其中，木骨都束（Magadoxo）位于非洲东岸，即今天索马里的摩加迪沙。

根据费信的记载："自小葛兰顺风二十昼夜可至［木骨都束］。其国滨海，堆石为城，垒石为屋。"[2]他还记有非洲东岸的卜剌哇国（Brawa）：自锡兰山别罗里南去，顺风七昼夜可至溜山国；再延伸航行到卜剌哇国，二十一昼夜可至。其国与木骨都束国相接连。[3]

卜剌哇国即今非洲东岸索马里之布腊瓦，当时异称为"比剌"。与木骨都束山地连接的有竹步国（Jubo）。[4]竹步国即今天非洲东岸索马里之朱巴。从锡兰南端的别罗里（今 Belligame）或从南印度西岸之古里到非洲东岸卜剌哇（今布腊瓦 Brawa）或木骨都束（今摩加迪沙 Magadoxo）之间的直达航路，船队沿非洲东岸南行，航线更延伸到今肯尼亚的马林迪和莫桑比克的索法拉。[5]

《郑和航海图》表明，郑和船队远航到达印度洋孟加拉湾、阿曼湾、阿拉伯半岛南端的亚丁（阿丹），到达非洲东部，也就是印度洋的西部，最远到达非洲肯尼亚的蒙巴萨（慢八撒）。根据向达先生研究，《郑和航海图》所收地名达五百多个，其中本国地名约

---

[1] 萨士武，《考证郑和下西洋年岁之又一史料——长乐"天妃灵应碑"拓片》，载《郑和研究资料选编》，人民交通出版社 1985 年版，第 104 页。原载（天津）《大公报·史地周刊》80 期，1936 年 4 月 10 日。

[2] 费信，《星槎胜览》卷四《木骨都束国》，见《古今说海》说选二十三，第 219 页。

[3] 费信，《星槎胜览》卷四《卜剌哇国》，见《古今说海》说选二十三，第 218 页。

[4] 费信，《星槎胜览》卷四《竹步国》，见《古今说海》说选二十三，第 219 页。

[5] 《明太宗实录》卷一八二，永乐十四年十一月戊子，记当时有古里等国遣使贡方物，其中有"麻林"，经学者考证，即今肯尼亚马林迪；《明太宗实录》卷一三四，永乐十年十一月丙申，记当时遣郑和等赉敕往赐的诸国中有孙剌之名，经学者考证，即今莫桑比克的索法拉。

占两百个，外国地名约占三百个，比汪大渊《岛夷志略》的外国地名多两倍。"15世纪以前，我们记载亚、非两洲的地理图籍，要以这部航海图的内容为最丰富了。"[1]可以补充的是，这部航海图是15世纪西方航海东来以前的中国与印度洋最为丰富的历史图籍，是对印度洋海洋文明做出的重要贡献。

以郑和为首的中国船队，定期前往印度洋各国，在以古里为终极点或中转点的航海活动中，将中国的远洋航海推向了一个前所未有的高度。七下西洋的中国国家远洋航海活动，是15世纪末欧洲人东来以前最大规模的印度洋航海史上的壮举，为活跃中国与印度洋各国的政治、经济往来，做出了卓越贡献，并产生了深远影响。

三、印度洋的整体视野：中西海陆丝绸之路的全面贯通

为了探索郑和时期中国人对印度洋的整体视野，需要从自第四次下西洋开始每次必到的忽鲁谟斯说起。

在郑和亲立的两通著名的碑记中，都记录了忽鲁谟斯，并都在有关第四次下西洋记述中云："统领舟帅，往忽鲁谟斯等国。"[2]

《娄东刘家港天妃宫石刻通番事迹碑》碑记云：

永乐初，奉使诸番，今经七次，每统领官兵数万人，

---

[1] 向达，《整理郑和航海图序言》，见《郑和航海图》，中华书局1961年版，第5页。

[2] 钱谷，《吴都文粹续集》卷二十八《道观》，《四库全书》珍本；萨士武，《考证郑和下西洋年岁之又一史料——长乐"天妃灵应碑"拓片》，见《郑和研究资料选编》，人民交通出版社1985年版，第104页。

海船百余艘，自太仓开洋，由占城国、暹罗国、爪哇国、柯枝国、古里国，抵于西域忽鲁谟斯等三十余国，涉沧溟十万余里。

福建长乐《天妃之神灵应记》碑记云：

> 自永乐三年奉使西洋，迄今七次，所历番国，由占城国、爪哇国、三佛齐国、暹罗国，直𧌒南天竺、锡兰山国、古里国、柯枝国，抵于西域忽鲁谟斯国、阿丹国、木骨都束国。大小凡三十余国，涉沧溟十万余里。

忽鲁谟斯是郑和第四次下西洋才开始访问的国家，此后成为直至第七次下西洋每次必到之地。两碑均于郑和第七次下西洋出发前所立，时间是在宣德六年（1431）。值得注意的是，在两碑中提及忽鲁谟斯的时候，都是以"西域忽鲁谟斯"相称的。

巩珍《西洋番国志》卷前收有《敕书》三道，其中两道涉及"西洋"，也均与忽鲁谟斯相关，现列于下：

永乐十八年十二月初十日《敕书》：

> 敕太监杨敏等往西洋忽鲁谟斯等国公干。[1]

宣德五年五月初四日《敕书》：

> 敕南京守备太监杨庆、罗智、唐观保、大使袁诚。今命

---

[1] 巩珍著、向达校注，《西洋番国志》，第9页。

太监郑和等往西洋忽鲁谟斯等国公干，大小舡六十一只。[1]

"往西洋忽鲁谟斯等国公干"，印证了明朝官方诏敕文书中的忽鲁谟斯，均与"西洋"相联系，在时间上一为"永乐十八年十二月初十日"，一为"宣德五年五月初四日"。永乐十八年，是1420年，为郑和第六次下西洋前；宣德五年，是1430年，为郑和第七次下西洋前。比对郑和等所立碑记，同样一个忽鲁谟斯国，至永乐十八年，也就是郑和初次下西洋十五年后，官方文书中出现了西域和西洋两个地理方位定语，明显是将西域与西洋重合在了一起。进一步说，明朝人对于波斯湾头的忽鲁谟斯，显然已经出现了新的观念：忽鲁谟斯从西域到西洋，标志着西洋与西域的贯通。

忽鲁谟斯的意义非比寻常：郑和七次下西洋在第四次首次访问了忽鲁谟斯，而且还从那里派遣分船队远赴红海和东非。[2]除了那里是东西方贸易的集散地以外，更重要的是那里是中国与西方之间的交往通路——所谓丝绸之路的陆路和海路的交会之地。

在这里，有必要回顾一下明太祖时派遣傅安使团从陆路出使撒马尔罕的历史。明朝初年对外联系是全方位的，中西交通大开，包括西域与西洋，陆上与海上。与郑和自海路七下西洋交相辉映的，是明朝曾派遣傅安六次、陈诚五次从陆路出使西域，海陆并举，堪称中西交通史上的盛事。明初傅安出使帖木儿帝国发生在洪武二十八年（1395）。傅安被帖木儿国王羁留，曾因此借机游历帖木儿帝国："由小安西至讨落思，安又西至乙思不罕，又南至失剌

---

[1] 巩珍著、向达校注，《西洋番国志》，第10页。

[2] 关于忽鲁谟斯，可参考西方学者最新的研究成果：廉亚明、葡萄鬼（普塔克）著，姚继德译，《元明文献中的忽鲁谟斯》，宁夏人民出版社2008年版。

思，还至黑鲁诸城，周行万数千余里。"[1]历时六年之久的游历虽是被迫的，明朝使团却因此远游到达了今天伊朗的大不里士（讨落思）、伊斯法罕（乙思不罕）、设拉子（失剌思）以及今天阿富汗的赫拉特（黑鲁，即哈烈）等地，成为明朝从陆路向西方行程最远的使团。[2]直至永乐五年（1407）六月，傅安被羁留国外，十三年后才回到中国。特别需要说明的是，郑和首次下西洋时，傅安还没有回来。因此，也可以说当时的陆路丝绸之路是不通畅的，所以下西洋的终极目的地是古里，合乎逻辑的规划是从海路通西域。

不仅忽鲁谟斯是东西方陆海丝绸之路的交会之地，就是下西洋首航的主要目的地古里也同样是西域和西洋连接的枢纽城市。在元代汪大渊《岛夷志略》中，称古里为古里佛。汪大渊指出其地是西洋的重要码头："当巨海之要冲，去僧加剌密迩，亦西洋诸番之码头也。"[3]从马欢、费信、巩珍的记载也可知道古里是一个商业贸易聚集地。如果说下西洋去那里只有政治意图，那是无法理解的。费信《古里国》诗曰："古里通西域，山青景色奇。路遗人不拾，家富自无欺。酋长施仁恕，人民重礼仪。将书夷俗事，风化得相宜。"[4]他道出了古里位于西域与西洋的连接点上，地位因此显赫。沈福伟先生认为，"下西洋"指通航印度洋固无疑问，所谓西洋也可指国名，就是南印度马拉巴海岸的科泽科特——古里的又一译

---

［1］　万斯同，《明史纪传》卷五三《傅安传》，清抄本，中国国家图书馆藏。

［2］　关于傅安出使事迹，参见万明，《傅安西使与明初中西陆路交通的畅达》，载《明史研究》第2辑，黄山书社1992年版，第132—140页。

［3］　汪大渊著、苏继庼校释，《〈岛夷志略〉校释》，中华书局1981年版，第325页。

［4］　费信，《星槎胜览》，见邓士龙辑，许大龄、王天有主点校，《国朝典故》卷一〇四，北京大学出版社1993年版，下册，第2083页。

名。[1]此说似嫌极端了些。事实上，古里与忽鲁谟斯完全相同，同为东西方国际商业贸易中心，也同样在西域与西洋的交叉点上。可以认为，正是因为古里的这一特殊方位和特性，才成为郑和下西洋前期的主要目的地。

此外还有天方国。我们注意到，费信关于《天方国》的记载中也提到了西域：

> 其国自忽鲁谟斯四十昼夜可至。其国乃西海之尽也，有言陆路一年可达中国。其地多旷漠，即古筠冲之地，名为西域。[2]

费信《天方国》诗也谈及西域：

> 罕见天方国，遗风礼仪长。存心恭后土，加额感穹苍。玉殿临西域，山城接大荒。珍珠光彩洁，异兽贵驯良。日以安民业，晚来聚市商。景融禾稼盛，物阜草木香。尤念苍生志，承恩览道邦。采诗虽句俗，诚意献君王。[3]

在下西洋的明朝人看来，西洋的尽头，也就是西域之地。由此可见，明朝人对于西洋与西域相连接的认识是相当明确的。因此，下西洋是连通陆上丝绸之路的西域与海上丝绸之路的西洋之举，于此清晰可见。

值得注意的是，永乐十一年（1413），在陆上，陈诚第一次出

---

[1] 沈福伟，《郑和时代的东西洋考》，载纪念伟大航海家郑和下西洋 580 周年筹备委员会编，《郑和下西洋论文集》第二集，南京大学出版社 1985 年版，第 222 页。

[2] 费信，《星槎胜览》卷四《天方国》，见《古今说海》说选二十三，第 222 页。

[3] 费信，《星槎胜览·天方国》，见邓士龙辑，《国朝典故》卷一〇五，下册，第 2103 页。

使西域，主要使命是送哈烈等国使臣回国，归国后上《西域记》，
"西域诸国哈烈、撒马尔罕、火州、土鲁番、失剌思、俺都淮等
处各遣使贡文豹、西马、方物"[1]。显然，出使西域的陈诚并没有
远达忽鲁谟斯和天方国，也就是说，明朝初年要前往"陆路一年
可达中国"的天方国，道路并不通畅，摆在明朝人面前的选择必然
是海路。

永乐十二年（1414），郑和第四次统领舟师下西洋，前往忽鲁
谟斯等国。这里想强调的是，在郑和遗留的两通重要碑刻《娄东刘
家港天妃宫石刻通番事迹碑》和福建长乐《天妃灵应之记碑》中，
是将忽鲁谟斯置于西域的。笔者曾著文考证"西洋"这一名词，注
意到忽鲁谟斯冠以西域之地，而在七下西洋以后也称为西洋的史
实。[2] 有关忽鲁谟斯的记载经历了从西域到西洋的认识过程，这说
明了什么？下西洋时期郑和等明朝人的西域观提示我们，郑和从海
路前往忽鲁谟斯，正是给古代中西丝绸之路画了一个圆圈。丝绸之
路从陆到海，至此得以全面贯通。最重要的是，贯通的交会之地就
是所下的西洋——印度洋。

郑和的远航，不是一个偶然事件，而是长期以来亚非人民泛
海交往、和平贸易的重要发展。由于这次远航是国家航海行为，因
此规模巨大，人员众多，远超前代，影响深远。

马欢《瀛涯胜览》卷首《纪行诗》云：

阇婆又往西洋去，三佛齐过临五屿。苏门答剌峙中流，

---

[1]《明太宗实录》卷一六九，永乐十三年十月癸巳，第 1884 页。

[2] 参见万明，《释"西洋"——郑和下西洋深远影响的探析》，载《南洋问题研究》
2004 年第 4 期，第 18 页。

海舶番商经此聚。自此分艨往锡兰，柯枝、古里连诸番。弱水南滨溜山国，去路茫茫更险艰。欲投西域遥凝目，但见波光接天绿。舟人矫手混西东，惟指星辰定南北。忽鲁谟斯近海傍，大宛、米息通行商。曾闻博望使绝城，如何当代覃恩光。[1]

"曾闻博望使绝城，如何当代覃恩光"两行诗句，说明明初的马欢是将下西洋与张骞凿空西域相提并论的。

让我们回顾一下，此前的忽鲁谟斯，一直是以西域大国见称的。此时由于郑和下西洋，改以西洋大国著称。我们由此看到的是通过郑和下西洋，明朝从海上取得了贯通西域与西洋的结果，也就是全面打通了陆上丝绸之路与海上丝绸之路。就此而言，下西洋也是一个凿空的划时代海上壮举。有人会说早在唐代，中国人已经到达了波斯湾，在元代已有海陆并举。然而，我们不能忘记，张骞通西域之前民间丝绸之路早已存在，却无妨张骞代表国家行为的出使，成为丝绸之路形成的标志。郑和下西洋也是同样的，是代表中国的国家航海行为，集举国之人力、物力和财力，中国人首次大规模远航印度洋是史无前例的。因此马欢《纪行诗》中才出现那样的诗句。

今天我们知道，印度洋是世界第三大洋，面积7491万平方公里，约占世界海洋总面积的五分之一，拥有红海、阿拉伯海、亚丁湾、波斯湾、阿曼湾、孟加拉湾、安达曼海等重要边缘海域和海湾。在古代，印度洋贸易紧紧地将亚、非、欧连接在一起。古代世界大致可划分为三大贸易区域：欧洲，阿拉伯—印度以及东亚贸易区。从地域来看，郑和七下印度洋，每次必到的是印度古里，将东亚贸易区拓展到了阿拉伯—印度贸易区；第三次下西洋期间，郑和

---

[1] 马欢著、万明校注，《明钞本〈瀛涯胜览〉校注》，第2—3页。

船队到达了非洲东部，而从第四次下西洋起直至第七次，他的船队都到达了波斯湾的忽鲁谟斯，因为那里正是与欧洲贸易的交接之处。印度洋是贯通亚洲、非洲和欧洲的交通要道，郑和下西洋的重要意义更在于此。

结　语

总而言之，明初郑和出使海外，官私文书均称"下西洋"，但在明初当时人的观念中，"西洋"是有专指的，名"那没黎洋"，也就是今天的印度洋。因此，郑和七下西洋，主要就是七下印度洋。虽然在郑和下西洋后，影响所及，"西洋"已演变为泛称海外的一般名词，但是我们不能忘记，明初下西洋的初衷是通航印度洋，第一位的目的地是印度古里。明乎于此，我们面对的是重新评价郑和下西洋的历史意义。

郑和七下印度洋促使中西陆海丝绸之路在印度洋上全面贯通，明代中国在与印度洋周边各国建立和平友好关系与追求共同商贸利益的目的驱动下，形成了活跃的印度洋贸易网络，掀起了印度洋国际贸易一个繁盛的高潮期，为印度洋文明乃至世界文明做出了重要贡献。始撰于永乐年间下西洋、成书于16世纪的民间航海指南《顺风相送》，记载了晚明中国往印度洋的针路，目的地包括罗里、榜葛剌、古里、忽鲁谟斯、阿丹、祖法儿，还有郑和下西洋的余脉——南巫里洋。[1]进一步说，15世纪初，中国船队在印度洋长

---

[1] 向达校注，《两种海道针经》，中华书局1961年版，第76页；第77页；第41页、第78页、第79页、第80页、第81页；第21页、第41页；第80页；第80页、第81页；第21页、第39页、第40页。

达二十八年的航海活动，是明代中国的国家航海行为。在马欢等当事人的记载中，所至之地，几乎均以"国"名之，当时中国人对印度洋的认知变得比以往任何时候都更为鲜明和准确。郑和七下印度洋，明代中国的海洋大国走势乃至海洋强国形象，在印度洋上留下了深刻印记，奠定了古代中国在世界航海史上的地位，也为区域史走向全球化做出了重要铺垫。至今郑和下西洋仍被传为世界航海盛事，就是明证。

征引文献

中日文献

陈诚著、周连宽校注,《西域行程记 西域番国志》,中华书局 1994 年版。

陈佳荣,《郑和航行时期的东西洋》,载南京郑和研究会编,《走向海洋的中国人——郑和下西洋 590 周年学术研讨会论文集》,海潮出版社 1996 年版,第 136—147 页。

陈佳荣、谢方、陆峻岭,《古代南海地名汇释》,中华书局 1986 年版。

陈平平,《试举析郑和船队到过浡泥的若干明代史料依据》,载《南京晓庄学院学报》2009 年第 4 期,第 89—94 页。

邓士龙辑,许大龄、王天有主点校,《国朝典故》,北京大学出版社 1993 年版。

费信,《星槎胜览》,见陆楫编,《古今说海》,巴蜀书社 1988 年版。

费信著、冯承钧校注,《〈星槎胜览〉校注》,中华书局 1954 年版。

宫崎市定:《南洋を东西洋に分つ根据に就いこ》,载《东洋史研究》1942 年第 7 卷 4 号。

巩珍著、向达校注,《西洋番国志》,中华书局 1961 年版。

何平立,《郑和究竟几下东西洋》,载《航海》1984 年第 1 期,第 37 页。

何乔远,《名山藏》,江苏广陵古籍刻印社 1993 年版。

侯仁之,《所谓"新航路的发现"的真相》,《人民日报》1965年8月12日。

洪建新,《郑和航海前后东、西洋地域概念考》,载纪念伟大航海家郑和下西洋580周年筹备委员会、中国航海史研究会编,《郑和下西洋论文集》第一集,人民交通出版社1985年版,第207—221页。

黄省曾著、谢方校注,《西洋朝贡典录》,中华书局1982年版。

纪念伟大航海家郑和下西洋580周年筹备委员会、中国航海史研究会编,《郑和下西洋论文集》第一集,人民交通出版社1985年版。

纪念伟大航海家郑和下西洋580周年筹备委员会、中国航海史研究会编,《郑和研究资料选编》,人民交通出版社1985年版。

李贤等纂修,《大明一统志》,三秦出版社影印本1991年版。

廉亚明、葡萄鬼(普塔克)著、姚继德译,《元明文献中的忽鲁谟斯》,宁夏人民出版社2008年版。

刘迎胜,《"东洋"与"西洋"的由来》,载南京郑和研究会编,《走向海洋的中国人——郑和下西洋590周年学术研讨会论文集》,海潮出版社1996年版,第120—135页。

陆容,《菽园杂记》,中华书局1985年版。

马欢著、冯承钧校注,《〈瀛涯胜览〉校注》,中华书局1955年版。

马欢著、万明校注,《明钞本〈瀛涯胜览〉校注》,海洋出版社2005年版。

马可·波罗著、冯承钧译,《马可波罗行记》,上海书店出版社2000年版。

南京市博物馆、江宁区博物馆,《南京市祖堂山明代洪保墓》,载《考古》2012年第5期,第41—52页。

钱谷，《吴都文粹续集》，《四库全书》珍本。

萨士武，《考证郑和下西洋年岁之又一史料——长乐"天妃灵应碑"拓片》，（天津）《大公报·史地周刊》80 期，1936 年 4 月 10 日。

山本达郎，《东西洋といり称呼の起源に就いこ》，载《东洋学报》1933 年第 21 卷 1 号。

沈福伟，《郑和宝船队的东非航程》，载纪念伟大航海家郑和下西洋 580 周年筹备委员会、中国航海史研究会编，《郑和下西洋论文集》第一集，人民交通出版社 1985 年版，第 166—183 页。

沈福伟，《郑和时代的东西洋考》，载纪念伟大航海家郑和下西洋 580 周年筹备委员会编，《郑和下西洋论文集》第二集，南京大学出版社 1985 年版，第 218—235 页。

宋濂等，《元史》，中华书局标点本 1976 年版。

万明，《傅安西使与明初中西陆路交通的畅达》，载《明史研究》第 2 辑，黄山书社 1992 年版，第 132—140 页。

万明，《释"西洋"：郑和下西洋深远影响的探析》，载《南洋问题研究》2004 年第 4 期，第 11—20 页。

万斯同，《明史纪传》，清钞本，中国国家图书馆藏。

汪大渊著、苏继庼校释，《〈岛夷志略〉校释》，中华书局 1981 年版。

王天有、万明编，《郑和研究百年论文选》，北京大学出版社 2004 年版。

王天有、徐凯、万明编，《郑和远航与世界文明：纪念郑和下西洋 600 周年论文集》，北京大学出版社 2005 年版。

向达校注，《两种海道针经》，中华书局 1961 年版。

向达整理，《郑和航海图》，中华书局 1961 年版。

徐晓望，《八次下西洋的王景弘》，见朱明元主编，《王景弘与郑和下西洋》，香港天马图书有限公司 2004 年版。

张辅等，《明太宗实录》，台北，"中央研究院"史语所校印本 1962 年版。

张廷玉等，《明史》，中华书局标点本 1974 年版。

张燮著、谢方点校，《东西洋考》，中华书局 1981 年版。

赵汝适著、韩振华注补，《〈诸蕃志〉注补》，香港大学亚洲研究中心 2000 年版。

郑一钧，《郑和下西洋"组群"结构的研究——兼评郑和"十下西洋"之说》，载南京郑和研究会编，《走向海洋的中国人——郑和下西洋 590 周年学术研讨会论文集》，海潮出版社 1996 年版，第 178—189 页。

志诚，《郑和九下东西洋》，载《航海》1983 年第 5 期，第 7—8 页。

周去非，《岭外代答》，中华书局 1999 年版。

西语文献

Ayyar, K. V. Krishna ed., *The Zamorins of Calicit* . Calicut: University of Calicut, 1999.

Ma, Huan, *Ying-Yai Sheng-Lan: The Overrall Survey of the Ocean's Shores* , trans. J. V. G. Mills. Cambridge, UK:Cambridge University Press, 1970.

万明

北京大学历史学硕士。先后任中国社会科学院历史研究所副研究员、研究员（二级）、明史研究室主任，博士生导师。获国务院政府特殊津贴。1995—1996 年赴葡萄牙里斯本大学进修，后曾至十多个国家进行学术访问交流。现任中外关系史学会执行会长、中国海交史研究会副会长、中国明史学会副会长、中国郑和研究会副会长、国际郑和学会顾问；并任北京大学明清史研究中心兼职研究员、北京师范大学特聘教授、南京大学中国南海研究协同创新中心兼职研究员。学术研究方向为明史、中外关系史。主要著作有：《中国融入世界的步履：明与清前期海外政策比较研究》（获中国社会科学院历史研究所优秀成果奖）《中葡早期关系史》（获中国社会科学院历史研究所优秀成果奖、第一届澳门人文社会科学研究优秀成果二等奖）《明钞本〈瀛涯胜览〉校注》（获中国国家海洋局海洋科技优秀图书奖）《晚明社会变迁：问题与研究》（主编及第一作者，获中国社会科学院历史研究所优秀成果奖，第七届中国社会科学院优秀成果三等奖）《古代中西文化交流》（与何芳川合作）《明代中外关系史论稿》《〈瀛涯胜览〉校注》《明代〈万历会计录〉整理与研究》（与徐英凯合著）；《郑和研究百年论文选》（与王天有合编）《郑和远航与世界文明——纪念郑和下西洋600周年论文集》（与王天有、徐凯合编）《郑和下西洋研究文选（1905—2005）》（合编）。主编《明史研究论丛》（第7—13辑），并在国内外学术刊物发表论文百余篇。

第三部分

史料与史观辨析：
郑和下西洋与新、旧世界的全球化

华人"发现"美洲、郑和下西洋及早期全球化

吴彦、陈忠平

【摘要】本文对于近来中外出版物中有关郑和船队"发现"美洲的说法追根溯源，综合考察了从先秦到明初华人先于哥伦布到达美洲的各种观点，并从正反两面指出有关讨论的演变、得失及其学术意义。这场历时悠久的学术讨论在搜集有关美洲考古、文物、口述等史料，以及发掘相关中文典籍和中外古地图等资料方面取得了一定进展，对于古代中国与美洲文明之间的跨太平洋比较研究具有学术意义。通过鉴定和考证这些中外资料，严谨的历史学家不仅澄清了关于华人"发现"美洲的一些夸张的不实说法，而且避免了其中的华夏中心主义倾向，在郑和下西洋的研究中发现了真正的民族自豪感。本文对有关争论双方的不同观点和证据做了梳理，也对相关文献资料和华人先于哥伦布到达美洲的各种可能性进行了进一步考证或质疑。从全球化的角度来看，即使郑和船队人员或其他华人在哥伦布之前曾经到达美洲，他们有待证实的美洲之行也没有对新、旧大陆之间的联系产生如后者一样巨大的影响。尽管如此，郑和船队在印度洋的七次大规模航行确实在哥伦布首航大西洋之前已经促进了旧大陆内部的海上联系，对全球化的历史做出了和后者同样重要的，而且是更为早期的贡献。

近来，明初郑和船队在 15 世纪早期"发现"美洲的说法突然在一些大众读物和学术论著中盛行，并且受到各种媒体的特别关注。实际上，这种观点只是长期以来关于华人从先秦时期及其之后即先于哥伦布到达美洲的各种说法的最新翻版和进一步发展。虽然美洲被"发现"的说法因无视当地土著居民的长期历史而逐渐为学术界所摒弃，其影响仍然见之于最近关于郑和的通俗出版物或媒体报道之中。本文仅仅直接引用这一原有的传统说法来反映以往的研究，其目的是对郑和船队"发现"美洲的说法追根溯源，考察从先秦到明初华人先于哥伦布到达美洲的各种观点，并从提倡和批评这些观点的正反两面指出有关讨论的演变、得失及其学术意义。此外，本文还从全球化历史的角度出发，对郑和船队人员或其他华人在哥伦布之前可能到达美洲的意义提出了不同于前人的看法。

在探索华人"发现"美洲的学者当中，一位长期被人遗忘的华人先驱是晚清名人康有为。他在 1899 年穿越太平洋到达加拿大西部港市维多利亚，此后遍游北美和欧洲许多城市。康氏在 1905 年曾作一首长诗，其中部分诗句如下：[1]

吾游加拿大，古迹忽有李陵台。好事徐维泾［经］，购得埋地古钱之一枚，传闻古钱埋一瓮，名字皆自中国来。我曾摩

---

[1] 康同璧，《康南海先生年谱续编》，载康有为著、楼宇烈整理，《康南海自编年谱》（外二种），中华书局 1992 年版，第 128 页。

挲墨揭［拓］之，视为异宝藏于怀。米亚拉士加［美阿拉斯加］人，面貌酷似中原胎。新蕾［St. Louis，圣路易斯］我遇水利长，口称新墨西哥稻田开。其地沟洫似中土，定是华人移殖回。墨西文明尤古出，遗殿百级高崔嵬［嵬］。百器制作颇类我，旧民相见情亲哉。吾人呼叔似南越，特留酒食意徘徊。秘鲁文化亦相似，今虽代远存劫灰……总之太平洋岸东米［美］洲五万里，落机［基山］安底斯［山］以西之草苔，皆吾华种之土地，证据确凿无疑猜。科［哥］伦布寻远在后，先者为主后者随。

康有为所述加拿大李陵台不见于任何记载，他当时也尚未进入墨西哥，对当地的"遗殿"和"秘鲁文化"仅得自传闻。所以，他只是凭借在维多利亚华侨徐维经处所见古钱、在北美所见印第安人相貌及与圣路易斯"水利长"的谈话就做出了北美大陆"皆吾华种之土地"的假设及所谓"证据确凿"的结论。[1] 他的长诗反映了晚清华人知识分子因受西方列强称霸全球刺激而产生的民族自豪感，但也暴露了中国士大夫中传统的华夏中心主义倾向。虽然这首长诗并未对此后研究华人发现美洲的学者产生过直接影响，但它比学者通常所注意到的《地学杂志》在 1913 年第 7 期发表的《寻获美洲者非哥伦布》一文更早，[2] 而且在提出假设、证据和推论方面都为此后的许多有关中文论著开启了先河。

---

[1] 康同璧，《康南海先生年谱续编》，第 128—129 页；关于维多利亚华侨购得中国古钱的记载，见李东海著，《加拿大华侨史》，台湾，中华大典编印会 1967 年版，第 28 页、第 189 页。

[2] 贾兰坡，《贾兰坡序》，见连云山著，《谁先到达美洲》，中国社会科学出版社 1992 年版，第 1 页。

实际上，华人学者的早期有关研究既反映了与康有为类似的文化心态，也受到西方学者，甚至是鼓吹欧洲中心论的汉学家影响。[1]陈志良在 1940 年发表的《中国人最先移殖美洲说》一文即从西方学术界盛行的爱斯基摩人和印第安人起源于亚洲蒙古人种说出发，在没有中文文献证据的情况下"推论"商朝为周朝推翻后，殷商遗民曾移居东北，进而渡过白令海峡，到达美洲。他因此在华人学者中首创"殷人航渡美洲说"。[2]

紧接其后，朱谦之于 1941 年出版的《扶桑国考证》一书中，系统介绍了法国汉学家歧尼（J. de Guignes）在 1761 年发表的有关南朝僧人慧深发现美洲扶桑国的观点，并详细评述了此后西方汉学界发表的三十多篇相关论文和著作，"却没有一篇中国人的论著"。朱氏注意到此前章炳麟曾受法文报纸的影响，首创东晋僧人法显从锡兰乘商船归国途中遭遇风暴，流落美洲耶提婆国的说法。但朱氏认为此说"完全出于误解"。他因而坚持歧尼，特别是另一欧洲汉学家文宁（E. P. Vining）在 1885 年出版的《无名的哥伦布》一书中的观点，即公元 499 年前后南朝僧人慧深曾经到达美洲扶桑国。[3]

罗荣渠在 1988 年出版《中国人发现美洲之谜》一书中，列入有关的西文论著四十余篇及相关的中文出版物，特别是论文三十余篇，说明中国学者对这一问题逐渐发生兴趣。该书所收罗氏在 1962 年、1983 年发表的两篇有关论文，对于歧尼（或译为吉涅）

［1］罗荣渠，《中国人发现美洲之谜——中国与美洲历史联系论集》，重庆出版社 1988年版，第 32—36、第 62—69 页。

［2］陈志良，《中国人最先移殖美洲说》，载《说文月刊》1940 年第 1 卷第 4 期，第 66页、第 71—72 页。

［3］朱谦之，《哥伦布前一千年中国僧人发现美洲说》，见黄夏年编，《朱谦之文集》，福建教育出版社 2002 年版，第七卷，第 379—440 页，引文来自第 384 页、第 438页。该文包括朱谦之著《扶桑国考证》一书的不同版本及其后来增补的部分。

以来的汉学家和朱谦之以来的中国学者关于慧深发现美洲扶桑国的观点进行了系统的批评，但他的某些结论仍然值得商榷。[1]

自从 20 世纪 80 年代以来，"殷人航渡美洲说"因受到美洲考古发现的影响，突然在中国学术界受到重视，取代慧深发现美洲扶桑国说，成为学术争论的一个高潮。[2] 在 2002 年英国退役海军军官加文·孟席斯（Gavin Menzies）出版《1421：中国发现世界》英文原著之后，中国大陆、台湾、香港、澳门的专业和业余历史学者都卷入了关于郑和船队是否在哥伦布之前到达美洲的争论，形成了另外一个规模更大的学术讨论高潮，并影响了国际媒体和学术界。[3]

总的说来，近二十多年以来对于华人"发现"美洲的研究已经从先秦时代扩展到明初郑和下西洋时代，有关学术讨论在扩大相关研究队伍、兴趣、视野、资料等方面都有积极影响，但其方法和结论仍有不同程度的问题。罗荣渠等学者对于这些不同说法的批评不仅使得有关研究趋向严谨，而且有助于清除其中的华夏中心主义的影响，并发现中国古代航海活动对于全球化历史的真正意义。

本文将集中于殷商至秦汉、东晋至元代以及明初郑和时期，就华人"发现"美洲的多种说法加以介绍和评述。由于篇幅限制，我们对朱谦之在 1941 年专著中曾经评述过的有关欧美和日本汉学研究仅做背景式介绍，但主要对该书之后的相关中外论著及近来郑和船队发现美洲的不同观点加以概括和讨论。此项研究的目的在于

---

[1] 罗荣渠，《中国人发现美洲之谜》。罗氏的两篇论文题为《论所谓中国人发现美洲的问题》《扶桑国猜想与美洲的发现》，见该书第 1—69 页。

[2] 张箭，《近年来关于"殷人航渡美洲"问题的研究述评》，载《中国史研究动态》1996 年第 2 期，第 16—21 页。

[3] 加文·孟席斯著、师研群译，《1421：中国发现世界》，京华出版社 2005［2002］版。有关该书引起的学术争论，见罗宗真，《试评孟席斯〈1421：中国发现美洲〉》，载《海交史研究》2005 年第 1 期，第 1—17 页。

引起更多学者关注这一中国史和世界史上长期争论的问题，投入精力去从各方面进行更深入的学术研讨。

一、从殷人到秦汉方士航渡美洲说的
由来及有关讨论

商代是中国具有文字记载的可信历史的开端，"殷人航渡美洲说"在最先却是没有任何中文文献依据的假说，秦汉时期方士航渡美洲说也建立在《山海经》等真伪难辨的古籍基础之上。在缺乏确凿可信的中文记载的情况下，有关的中外研究便努力从美洲考古发现或其他海外史料中寻求证据，填补中文文献空白或与疑信参半的中文古籍相印证，做出仍为中外主流学者所质疑的大胆结论。但是，关于这一时期华人航渡美洲的学术争论也有重要的进展，越来越多的资料被发掘出来，证明古代中国与美洲文化之间存在相似性，甚至有相互联系的可能性。

商、周易代之际大批殷人渡海逃亡美洲的说法据称最早由英国在华传教士梅德赫斯特（W. H. Medhurst）于1846年在翻译《尚书》时提出。[1]在中国上古史领域，特别是在甲骨文研究方面的权威学者罗振玉、王国维、董作宾、郭沫若等都曾对这种说法表示过支持。[2]但在1940年陈志良发表上述《中国人最先移殖美洲说》一文之后，仅有少数学者如卫聚贤在他的《中国人发现美洲》一书中使用美洲发现的文字、文物等资料对"殷人航渡美

---

[1] 张箭，《近年来关于"殷人航渡美洲"问题的研究述评》，第16页。

[2] 韶华宝忠双、欧阳如水明（王大有、宋宝忠、王双有、欧阳明），《中华祖先拓荒美洲》，黑龙江人民出版社1992年版，第187页、第199—200页。该书所载欧阳明的自述提及了这些学者在非正式场合的态度和意见。

说"做了内容丰富但粗疏不羁的考证。[1]这一缺乏中文史料根据的观点直到 20 世纪 70 年代以来才因美洲新的考古发现而日益引起学者的注意。

1973 年和 1975 年，在美国加利福尼亚海岸附近海底先后发现了一些人工石器，其中有的是中间穿孔的大而圆的石头。美国加利福尼亚圣地亚哥大学考古学教授莫里亚蒂及其助手皮尔逊在 1980 年发表了《石锚：加利福尼亚海岸的亚洲沉船》一文，认为这些穿孔石头不产自加州本地，"可能是来自中国航海器具"[2]。中国航运史专家房仲甫很快声称这一发现是中国人最先到达美洲的新物证，推论这些"石锚"是三千年前被周人打败的殷人航渡到美洲的遗物。[3]

但是，美国加州大学圣巴巴拉分校的历史教授弗兰克·弗洛斯特在 1982 年的一篇文章中指出，该校地质系在 1980 年的测定表明这些所谓"亚洲石锚"的岩料是加州南部海岸常见的。所以，这些人工石器可能是当地人制造的，而且其数量既多（约二十件），在海底分布亦广（约一英里多），排除了它们是来自亚洲沉船的猜测。[4]国内学者罗荣渠、张虎生、张箭等也在此前后对房仲甫的上

---

[1] 卫聚贤，《中国人发现美洲》，新竹，说文书店 1982 年版，特别见第 72 页、第 749—750 页、第 799—800 页。该书部分内容曾在 1965—1971 年间分五册重复出版，见卫聚贤，《中国人发现美洲初考：文字及花纹》，台北，石室出版社 1975 年版，总汇第 25 页。

[2] Larry J. Pearson and James R. Moriarty, "Stone Anchors: Asiatic Shipwrecks off the California Coast," *Anthropological Journal of Canada*, vol. 18, no. 3 (1980):17–23.

[3] 房仲甫，《中国人最先到达美洲的新物证》，《人民日报》1979 年 8 月 19 日；《扬帆美洲三千年——殷人跨越太平洋初探》，《人民日报》1981 年 12 月 5 日。

[4] Frank J. Frost, "The Palos Verdes Chinese Anchor Mystery," *Archaeology*, vol. 35, no. 1 (1982): 22–28. 中文译文见罗荣渠，《中国人发现美洲之谜》，第 198—204 页。

述结论提出了质疑和批评。[1]

从加州"石锚"的问题开始，提倡与否定殷人航渡美洲的学术讨论在 1980 年前后展开，并在 1992 年哥伦布到达美洲五百周年前后进入高潮。1983 年房仲甫在《世界历史》上发表的《殷人航渡美洲再探》一文，指出墨西哥文明在七个方面具有明显商代文化特征：土墩、雕像、饕餮纹、祖石、虎神崇拜、四合院式的建筑，特别是与甲骨文相同的文字。该文的一些资料曾经为上述陈志良在 1940 年发表的文章及卫聚贤的《中国人发现美洲》一书所使用，其所引用的墨西哥考古发现"不是有组织进行挖掘的，因之失却层位的依据"[2]。在美国学术界，保罗·萧也使用太平洋两岸的考古发现成果，在 1983 年出版《古代美洲文化的起源》一书，通过比较商周与奥尔梅克等美洲文化中相似的文物来强调前者对后者的影响。[3] 基于同样的研究方法，房仲甫等学者以商朝与美洲古代文明在文化、文物，特别是文字上的相似之处来强调殷人东渡美洲的可能性。

房仲甫的观点在 20 世纪 80 年代中期前后曾得到其他学者文章的呼应和支持，但张箭在 1992 年发表的论文却就其史料和方法提出系统的批评。[4] 该文指出房氏所列近似商代文化的七种印第安文明特征都是似是而非的现象。古代印第安人在思想、宗教甚至词

[1] 罗荣渠，《中国人发现美洲之谜》，第 49—53 页、第 204 页；张虎生，《石锚物证与殷人东渡辨析》，载《拉丁美洲丛刊》1982 年第 3 期；张箭，《从石锚辨殷人航渡美洲》，载《文史杂志》1992 年第 6 期。

[2] 房仲甫，《殷人航渡美洲再探》，载《世界历史》1983 年第 3 期，第 47—52 页。

[3] Paul Shao, *The Origin of Ancient American Cultures* (Ames, IA: Iowa State University Press, 1983), esp. 336–37.

[4] 有关这一问题的论著和学术讨论详情，见张箭，《近年来关于"殷人航渡美洲"问题的研究述评》。

语方面的某些特征与古代中国以及古代埃及、印度、希腊等地均有相似之处，而美洲发现的"中国文物"及其所带有的汉字如果没有出土地层证据和科学鉴定，都难以确定为殷人或哥伦布以前的华人带往太平洋彼岸的遗物。印第安人与华人相似的习俗、传说，甚至于体格特征可能远在商代形成之前就由同是蒙古人种的原始人经过白令海峡带入美洲。各民族在其文字发展的早期阶段也可能独立创制相同或相似的原始图画文字或象形文字，美洲发现的某些陶器铭文也可以断定不是中国商代的甲骨文或西周的金文。[1] 因此，以商代与美洲文明的相似来论证"殷人航渡美洲说"的研究具有方法论的错误。

关于殷人航渡美洲的争论还涉及商代航海能力以及殷人航渡美洲的路线等问题。房仲甫提出商代已有稳定性强而载重量大的木板船，行船动力已有风帆，并有掌握航向的舵桨及使用天文星象导航的知识和原始天文仪器等，因此三千多年前殷商遗民渡海逃亡到美洲是可能的。他还推测殷人或者穿过了白令海峡，或者选择了从山东半岛出发东航，借助日本与琉球之间的顺适海流，再沿阿留申群岛之南的太平洋海域到达北美，并最终驶抵墨西哥。[2] 但是，张虎生、张箭等学者通过对商代甲骨文及先秦古文献的研究指出殷人根本不具备跨越太平洋的造船能力、远航设备和航海技术水平。[3] 当然，这并不能完全排除大批殷人逃亡海上，其中少数幸运的船只可能顺海流漂泊到美洲的偶然性。

---

[1] 张箭，《缺乏历史依据的推断——就"殷人航渡美洲"问题与房仲甫先生商榷》，载《拉丁美洲研究》1992 年第 6 期，第 18—24 页。

[2] 房仲甫，《殷人航渡美洲再探》，第 54—57 页。

[3] 张虎生，《石锚物证与殷人东渡辨析》，第 15—17 页；张箭，《商代的造船航海能力与殷人航渡美洲》，载《大自然探索》1993 年第 4 期，第 123—126 页。

在 1992 年哥伦布"发现"美洲五百周年之际，王大有、宋宝忠、王双有和欧阳明在 1992 年以韶华等笔名出版了《中华祖先拓荒美洲》一书。王大有等人仍旧沿用了张箭上述文章曾经批评过的研究方法，以美洲印第安人部落的图腾、徽铭之类文物及文字、传说等资料证明他们是从黄帝到殷商时代华人在美洲的后代。"该书这些传奇般的论述着实令人惊诧……"[1] 但其中关于"殷人航渡美洲"的讨论在内容上有重要发展，并影响了后来的有关出版物。

王大有等在《中华祖先拓荒美洲》中声称 1908 年墨西哥革命时三百一十一名华侨被杀后，清末外交家欧阳庚奉命在 1910 年前往办理索赔专案，但当地受害的殷福布族（Infubu）"殷地安"［印第安］人也自称为三千年前来到此地的殷商后裔，请求保护索赔。据该书作者称，欧阳庚及其子欧阳明后来就此"苦研八十年，将成果传承我等，揭此殷人东渡之谜"，欧阳明并是该书的署名作者之一。此书也主要使用欧阳父子所收集的"殷地安"人传说，建构了三千年前二十五万殷商军民和东夷百姓分作二十五部族，五路同时行动，形成艨艟帆舰队和涕竹舟船队的混合编队，"从安徽［？］、山东两地放粮入海"，分流合进，实现到达美洲的历史传奇。[2]

《中华祖先拓荒美洲》通过使用欧阳明提供的"殷地安"人传说大大丰富了"殷人航渡美洲说"的细节，但是，该书将 1909 年 7 月担任加拿大温哥华第二任领事的欧阳庚误记为在 1884 年就开始任职的首任领事（该地中国领事馆在 1909 年 1 月才设立），将 1911 年墨西哥革命时三百余名华侨被害的时间误记为 1908 年，并

---

[1] 张箭，《近年来关于"殷人航渡美洲"问题的研究述评》，第 20 页。
[2] 韶华等，《中华祖先拓荒美洲》，第 187 页、第 195—196 页、第 209 页。

将欧阳庚为此专案出使墨西哥的时间误记为 1910 年。[1] 如果欧阳明提供了这些关于其父的错误信息，该书的主要口述史料来源便值得怀疑，其作者使用"殷地安"人传说所构建的"殷人航渡美洲"传奇也需要重新验证。这些错误的记载与传奇式历史在后来的出版物中曾被反复传抄，[2] 但只有对上述珍贵的口述资料进行验证和补充才会真正推动有关研究的进步。

《中华祖先拓荒美洲》一书对于"殷人航渡美洲说"的另一重要发展是其作者宣称他们已经在美洲最为古老的奥尔梅克文化遗存中发现了与商代甲骨文类似的文字及其所记载的殷王室历史。奥尔梅克文化是在公元前 1200 年左右或者商朝亡国前后兴起于墨西哥海湾沿岸的美洲古代文明，考古学家在其主要文化遗址之一的拉文塔曾发现十六尊约七八寸高的玉石雕像和六块玉圭。王大有等自称已经释读出其中四块玉圭上近似商代甲骨文的铭文，均为商代王室祖先神主牌位。尽管该书也列举了其他一些印第安文物中发现的单个不成文句的"中国文字"，上述玉圭铭刻的释读应该是"殷人航渡美洲说"的铁证。但是，即使该书作者也承认这些玉圭文字"比殷文和三代金文稍原始"。从作者临摹的四块玉圭铭刻来看，似乎是远比甲骨文落后的原始画符。[3] 如果殷人确曾携带其文明"航渡美洲"，其文字水平不进反退的原因尚需专家做出完满的解释。

---

[1] 韶华等，《中华祖先拓荒美洲》，第 105 页、第 187 页、第 209 页。关于欧阳庚担任温哥华领事的时间，见故宫博物院明清档案部、福建师范大学历史系合编，《清季中外使领年表》，中华书局 1985 年版，第 86 页。关于 1911 年 5 月墨西哥革命时三百零三名华侨被害的记载，见冯秀文，《中墨关系：历史与现实》，社会科学文献出版社 2007 年版，第 135—136 页。

[2] 叶雨蒙，《谁比哥伦布先到达美洲》，昆仑出版社 2003 年版，第 47—48 页；胡远鹏，《中国人发现美洲之谜》，香港，天马出版有限公司 2006 年版，第 148—155 页。

[3] 韶华等，《中华祖先拓荒美洲》，第 204—208 页。

许辉在 2006 年以英文出版的《奥尔梅克文明的起源》一书及其此前用中文发表的有关论文也使用商代文化与奥尔梅克文明在陶器、玉器之类文物和宗教崇拜、文字符号的相似，加上近年来对华人和印第安人遗传基因的测试来支持"殷人航渡美洲说"。不过，其中最为关键的证据仍然是王大有等人对上述玉圭铭刻的释读。[1]许辉的研究也得到了国内古文字专家陈汉平、范毓周及考古学家温玉成等专家的支持。范毓周根据玉圭图符的释读，并对照十六个玉石雕像的排列位置，推测它们可能代表商朝王室的一位始祖、盘庚迁殷后的十二位商王以及殷人航渡美洲后的三代祖先首领。[2]研究奥尔梅克文化的权威美国学者迈克尔·科却认为奥尔梅克文明根本没有文字，拉文塔六片玉圭上的符号实际上构成一个完整图形，不能分开来解读。[3]因此，就王大有、许辉和范毓周对玉圭铭刻释读的进一步验证将是推动"殷人航渡美洲说"研究的另一关键问题。

当然，许辉等人的研究也曾在美洲受到赞许甚至呼应。美国业余历史学家约翰·拉斯坎普在 2013 年自费出版的《亚洲回响》一书中使用了五十三个在美洲各地发现的岩刻象形画符与商代甲骨文字对照，试图证明"殷人航渡美洲说"。[4]但是，该书所列的所谓岩刻文字似乎比上述玉圭铭刻更为粗拙原始。因此，"殷人航渡

---

[1] H. Mike Xu, *Origin of the Olmec Civilization* (Edmonton, OK: University of Central Oklahoma Press, 1996), esp. 17–19；许辉，《商周文化与中美洲文明：试论史前泛太平洋文化的传播》，载《学术季刊》1999 年第 3 期，第 181—90 页。

[2] Charles Fenyvesi, "A Tale of Two Cultures," U.S. News & World Report, November 4, 1996, 46–48；范毓周，《殷人东渡美洲新证》，载《寻根》2011 年第 2 期，第 22—30 页；温玉成，《殷人东渡美洲的甲骨文证据》，载《大众考古》2014 年第 12 期，第 21—22 页。

[3] 戴开元，《殷人东渡中美洲？许辉教授访谈录》，载《世界周刊》2001 年 1 月 7 日。

[4] John A. Ruskamp, Jr., *Asiatic Echoes: The Identification of Ancient Chinese Pictograms in Pre-Columbian North American Rock Writing* (N.p., 2013): esp. vii, 89.

美洲说"的支持者需要说明为何这些殷人及其后代不仅在文字书写水平上退归原始，而且在书写工具方面也不再沿用易于刻写的龟甲和兽骨，反而弃易求难，刻画于岩石，仅仅留下了少量的图画或符号。[1]

"殷人东渡美洲说"作为一种假说，"论据仍然不够充分，尤其缺乏文字方面的确切依据"。[2] 这种情形迫使一些学者转向《山海经》等不尽可靠的古代典籍，并使用同样的研究办法从美洲大陆寻求支持的证据。在前述朱谦之于1941年出版的《扶桑国考证》一书中，他曾批评欧洲汉学家使用先秦《山海经》之类野史传奇及汉代方士假托东方朔所撰《海内十洲记》等"荒诞不经之书"所作的研究。[3] 但他所信服的汉学家文宁在1885年出版的《无名的哥伦布》一书已经使用《山海经》进行研究，并指出其中《东山经》部分的记载可以被证实。[4] 正是受此启发，美国业余历史学者亨莉埃特·默茨（Henriette Mertz）在其研究的基础上于1953年自费出版了《几近褪色的记录》一书。她对比《山海经》的部分记载与北美地理，声称该书内容基本上准确可靠，证明至少公元前2200多

---

[1] 许辉坦白承认"不知如何回答此问题"，并认为墨西哥土质太湿太酸，奥尔梅克文化的大量人骨已经不复存在，见戴开元，《殷人东渡中美洲？许辉教授访谈录》。但是，迈克尔·科的《美洲第一文明》一书载有奥尔梅克文化遗址出土的数具人骨，见 Michael D. Coe, *America's First Civilization* (New York: American Heritage Publishing Co., 1968), 97.

[2] 范毓周，《殷人东渡美洲新证》，第23页。

[3] 朱谦之，《哥伦布前一千年中国僧人发现美洲说》，第400—401页。

[4] Edward P. Vining, *An Inglorious Columbus, or Evidence That Hwui Shan and a Party of Buddhist Monks From Afghanistan Discovered America in the Fifth Century, A.D.* (New York: D. Appleton and Company, 1885), 680.

年前中国人便已到达美洲探险测绘。[1] 在此书影响之下，从 20 世纪 90 年代以来的有关中文出版物便纷纷以《山海经》为信史，用以证明黄帝时代之后华人[2]或至少商周之际殷人已经到达美洲。[3]

但是，直到 21 世纪初年，中国研究《山海经》的专家还在争论该书所涵盖的地理范围是否仅仅包括云南一省或中国全境，还是涵盖亚洲或整个世界，[4]可见其恣肆考张的描写难以用来确指特定的空间范围。美国的一位传教士亨顿·M. 哈里斯于 1972 年在韩国发现一幅名为《天下图》的古地图，他便推测该图源自《山海经》原来所附但已遗失的地图，并可以用来证明华人在公元前 2250 年前后已经到达美洲。[5]当然，使用这幅韩国流传的地图来证明《山海经》中关于美洲记载的前提是专家对于它们之间的真实关系的研究。

鞠德源在 2003 年出版《中国先民海外大探险之谜》一书，进一步搜求海外资料来证明《山海经》《海内十洲记》以及东晋（前秦）时期的志怪小说《拾遗名山记》的记载正确，宣称从战国时代

---

[1] 亨莉埃特·默茨著、崔岩奇等译，《几近褪色的记录：关于中国人到达美洲探险的两份古代文献》，海洋出版社 1993〔1953〕年版，第 8 页、第 93—140 页。

[2] 韶华等，《中华祖先拓荒美洲》，第 31—37 页、第 78 页；徐松石，《华人发现美洲概论》，广东人民出版社 1996 年版，第 106—109 页；胡远鹏，《中国人发现美洲之谜》，第 161—251 页。

[3] 韶华等，《中华祖先拓荒美洲》，第 31—37 页、第 78 页；连云山，《谁先到达美洲》，第 78—82 页；胡远鹏，《中国人发现美洲之谜》，第 148—155 页。

[4] 胡远鹏，《纵观海内外〈山海经〉研究五十年》，载《福建师范大学福清分校学报》2003 年增刊，第 49—50 页。

[5] Hendon M. Harris, Jr., *The Asiatic Fathers of America: Chinese Discovery and Colonization of Ancient America*, edited and abridged by Charlotte Harris Rees（Lynchburg, VA: Warwick House Publishers, 2006）, xi, 21, 31. 亨顿·M. 哈里斯原书于 1975 年在台北出版，其女儿夏洛特·哈里斯 - 瑞斯除在 2006 年将该书摘要再版外，还出版了其他相关的通俗读物。

到秦皇汉武时代的方士集团在哥伦布"一千七百年或一千五百年以前就已经遍访了整个亚洲地域和美洲大陆"。但该书的证据仅仅是用海外的自然地理、风物土产、考古发现等资料来印证上述可疑史料中的只言片语。[1]类似的出版物也声称秦始皇派遣方士"徐福发童男女数千人"于海外,其真正目的并非求取仙药,而是开辟通往新大陆的航线。汉武帝派遣方士在海上寻求仙药的活动也在没有充分史料根据的情况下被解释为航海探险。[2]

实际上,著名史学家梁嘉彬早在1960年的一篇短文中就推测《海内十洲记》中所记"生洲"的方位和物产、土俗似乎表明该地"可能已在北美洲的西海岸了"。他还指出研究"中华民族的海外发展,必须多多求之于道家和阴阳家的著作,不可任意评为无史料价值"。[3]当然,此类史料仍然需要仔细考证,去伪存真,并与更为可靠的资料参照使用。

总之,由于缺乏确凿文献记载,从殷人到秦汉方士航渡美洲的种种说法仍然难以被学术界广泛接受。但有关的研究在运用印第安人口述史料、寻求奥尔梅克文字记载以及探索《山海经》等长期受到忽视的资料方面已经取得了重要进展。参与上述研究的学者从正反两面讨论了从殷商到秦汉时代华人到达美洲的多种可能性,并对古代中国和美洲文明的相似性做出了有益探索。其中部分学者后来也介入并影响了关于秦汉以后,特别是郑和时期华人航海活动的研究。

---

[1] 鞠德源,《中国先民海外大探险之谜》,北京图书馆出版社2003年版,特别是序第1—3页。

[2] 连云山,《谁先到达美洲》,第89—99页。

[3] 梁嘉彬,《关于华人发现美洲的观察》,《中央日报》1960年4月20日。

二、东晋南朝僧人、辽人和元人航渡美洲说及相关证伪研究

东晋、南朝时期的僧人法显与慧深"发现"美洲的问题是以往研究的两个重点，有关的文献记载却混沌不清，曾被学者加以不同解释。关于辽人和元人航渡美洲的说法更是缺乏史料根据的推测，极少受到学者注意。在与上述问题相关的讨论中最为值得注意的进展是对有关史料进行的解释和证伪工作，以及为此目的对于中国与美洲文明进行的比较研究。这种以史料为基础的考证分析不仅保持了历史科学的严谨求实传统，而且也开始注意在有关研究中纠正华夏中心主义的偏向，为后来探索明初郑和船队"发现"美洲问题提供了一个必要的基础。

东晋末年僧人法显"发现"美洲耶婆提国的说法实际源自清末学者章炳麟在法文报纸误导下产生的误解。据朱谦之在1941年出版的《扶桑国考证》一书记载，法国《蒙陀穆跌轮报》（*Le Moude Modeme*）曾首先提出法显等五名僧人在公元458年远航六千五百海里到达墨西哥，并在502年将其旅行记公布于世。章炳麟据此推论法显不仅曾到达与耶婆提发音相似的南美厄瓜多尔，而且完成了环球航行。但朱谦之根据日本学者的研究指出，法文报纸的报道将法显与近百年之后慧深的航海时间混淆，章氏并将实为爪哇的耶婆提误为近代得名的厄瓜多尔。[1]

尽管如此，法显在399—412年从长安出发，穿越中亚，到达南亚，并在当地访求佛教经籍后从印度洋归国的旅行还是不断引起

---

[1] 朱谦之，《哥伦布前一千年中国僧人发现美洲说》，第436—439页。

学者的争议。为了便于以下的讨论，现摘引法显从海上归国的部分自述内容如下：[1]

> [在公元411年从锡兰搭乘商人大船归国，] 东下二日，便值大风。船漏水入……如是大风昼夜十三日，到一岛边。潮退之后，见船漏处，即补塞之。于是复前。海中多有抄贼，遇辄无全。大海弥漫无边，不识东西，唯望日、月、星宿而进。……若值伏石，则无活路。如是九十日许，乃到一国，名耶婆提。其国外道婆罗门兴盛，佛法不足言。停此国五月日，复随他商人大船，上亦二百许人，赍五十日粮，以四月十六日发。法显于船上安居。东北行，趣广州。一月 [二三 (作者注：据另一版本)] 余日，夜鼓二时，遇黑风雨。商人、贾客皆惶怖……诸婆罗门言："坐载此沙门，使我不利，遭此大苦，当下比丘置海岛边……"诸商人踌躇，不敢便下。于时天多连阴，海师偏误，遂经七十余日。粮尽，水浆欲尽，取海咸水作食。分好水，人可得二升，遂便饮尽。商人议言："常行时正可五十日便到广州，而今已过期多日，将无僻耶？"即便西北行求岸，昼夜十二日，[在七月十四日] 到长广郡牢山 [山东崂山] 南岸。

从上述史料看来，法显从锡兰到耶婆提国的航行似乎长达一百零五天，从该国到中国的航行又用了几乎同样长的时间。因此，他在中途所停留五个月的耶婆提国究竟是爪哇、东南亚其他岛国还是美洲就常引起争议。台湾业余历史学者达鉴三经过长期研

---

[1] 法显著、章巽校注，《〈法显传〉校注》，中华书局2008年版，第142—46页。

究，在 1968 年出版《法显首先发现美洲考证》一书，认为法显在公元 411 年从锡兰启程后航行一百一十余日，而且未见任何岛屿，显然是在太平洋深海航行。该书还断定法显在美洲的登陆地点耶婆提即今墨西哥西海岸港市亚加布谷（Acapulco），他并因在当地传播佛教被尊为印第安人传说中的东方神人归萨克（Quetzalcoatl）。此外，该书还汇集了三十多幅有关墨西哥的雕刻、陶器、文字、绘画、建筑等图片，用以证明法显在美洲所遗留的中国文化影响。因此，达鉴三认为法显在公元 412 年已经"发现"美洲，比哥伦布早一千零八十年。[1]

由于达鉴三的书系在台湾自费印行，在中国大陆几乎不为人知，其中的一些观点后来为连云山在 1992 年出版的《谁先到达美洲》再度提出，但后者的面世在新华社、日本《朝日新闻》、美联社、法新社等国内外媒体引起轰动。[2] 连云山专著的副标题为"纪念东晋法显大师到达美洲一千五百八十年兼纪念哥伦布到达美洲五百年"，这也与达鉴三的上述说法相同。但连氏已经认识到"发现美洲"的用法不符合印第安人是该大陆土著居民的历史事实，刻意避免使用这一具有欧洲中心论或华夏中心论倾向的说法来讨论哥伦布或法显首先到达美洲的问题。他虽然认为商周之际的殷人及秦汉时代的方士都已先行到达美洲，但仍强调法显是"第一个到达美洲的中国人，又是乘船从美洲回国的第一个中国人"。[3] 连云山的主要证据如下：

---

[1] 达鉴三，《法显首先发现美洲考证》（修订版），台北，1968 年自费印行，第 2—5 页、第 24—29 页、第 32—34 页。

[2] 胡远鹏，《别了，哥伦布！》，载《福建师范大学福清分校学报》2005 年增刊，第 52 页。

[3] 连云山，《谁先到达美洲》，第 7 页、第 59—63 页、第 89—97 页。

第一，法显从锡兰搭乘的商人大船航行了一百零五天才到达耶婆提，所以该地不会是爪哇或东南亚其他岛国，而是在太平洋彼岸的墨西哥。法显从耶婆提搭乘的另一商人大船，再次回航穿过太平洋，也航行了一百一十天才到达山东。[1]

第二，在法显抵达耶婆提之前的"九十日"和由此归国的一百一十二天连续航行中，他都未曾提及遇到或停靠任何岛屿，可见其航程并非爪哇附近万岛林立的东南亚海域，而是浩瀚的太平洋深海水域。[2]

第三，从公元前3世纪至法显到达耶婆提的公元5世纪，佛教在印尼各岛已经流行七百多年，所以法显所述"婆罗门兴盛，佛法不足言"的情形不应存在于当时的爪哇附近。连云山并称法显用"婆罗门"来指高等种姓人，即墨西哥印第安人部落的酋长，并非在印度和东南亚一度盛行的婆罗门教。[3]

基于上述证据，连云山认为从锡兰搭乘的商人大船在出发两天后就已经漏水的情况下，仍然穿过马六甲海峡，而不急于停靠海峡两岸修补漏船。连氏想象该船已经"很快化险为夷"，在出发的第十五日才停靠菲律宾附近的一个小岛检查补漏。然后修补之后的船只误入太平洋，到达墨西哥西海岸，在与耶婆提读音近似的阿卡普尔科（上述亚加布谷）登陆。[4]这一结论实际与达鉴三在1968年之前就已经提出的说法殊途同归。

针对连云山重新发现的"法显到达美洲说"，张箭曾连续发表批驳文章。首先，他认为法显从锡兰搭乘的船只在到达耶婆提之前

---

[1] 连云山，《谁先到达美洲》，第28—29页、第44页。
[2] 同上书，第29—30页、第39—40页。
[3] 同上书，第30—32页。
[4] 同上书，第33—36页、第38—41页。

漂流"九十日"是一个古文断句错误造成的误解，实际上该句应该是"九、十日许"。也就是说，法显从锡兰到耶婆提的全部航海时间仅为二十五日左右，不可能在此期间内航渡一千二百多年后麦哲伦船队用三个多月横渡的太平洋。与法显在耶婆提乘船出发的商人也熟悉从该地到广州的航向是"东北行"，"正可五十日便到"，更可以证明耶婆提在东南亚，而非远在太平洋彼岸的墨西哥。第二，法显的记载只是表明他的船只在到达和离开耶婆提的前后两段航程中并未停靠任何岛屿，并不能推断他不曾看见任何岛屿，仅在太平洋深海航行。他在驶往耶婆提的航程中提及"海中多有抄贼""伏石"危险，也足以证明其船只航行于东南亚海域，而非远离通商要道的太平洋深海区。[1] 第三，法显所谓耶婆提"婆罗门兴盛"当指该地此种宗教及其信徒，与墨西哥印第安人酋长无关。加里曼丹、爪哇岛从 4 世纪末到 8 世纪初的碑铭以及关于这一时期的印尼史权威著作也都证明当时婆罗门教在当地的兴盛。此外，大多中外学者公认耶婆提是爪哇原名的对音，但阿卡普尔科不仅与耶婆提发音迥异，而且在法显时期尚未被开发。[2]

需要补充的是，张箭和连云山均未注意到法显最终到达山东崂山的准确时间是在东晋义熙八年（412）七月十四日，所以他在当年四月十六日从东南亚的耶婆提回到国内的航程仅为九十天以下，[3] 而不是连云山错误推测的 112 天。由于这段近九十天的航程

---

[1] 张箭，《"法显航渡美洲"说批判》，载《中国历史地理论丛》1996 年第 1 期，第 156—161 页、第 164 页。张箭又称"九十日"也有可能从"十九日许"错误传抄而来，但此说不见于《法显传》任何版本。

[2] 张箭，《论所谓"法显航渡美洲"说》，载《世界历史》1997 年第 2 期，第 102—106 页；《"法显航渡美洲"说批判》，第 165—68 页。

[3] 法显著、章巽校注，《〈法显传〉校注》，第 145 页、第 147 页。

超出原来预期五十天内到达广州的时间，法显及其同船乘客曾遭遇粮食与淡水俱绝的危机。但根据连云山的说法，他在到达耶婆提之前同样也在预期时间之外航行了"九十日许"，但并未提及这种危机，足见张箭所推测的"九、十日许"的航程更为准确。[1] 叶雨蒙同样指出法显从耶婆提出发后的航程中几乎被弃"置海岛边"，可见其航程也并非是不见岛屿的太平洋深水区。[2] 此外，明代后期学者祝允明曾根据明初题本等原始资料，记载了郑和船队在1430—1433年间第七次下西洋期间的航程。[3] 郑和主船队在1433年的回航途中从锡兰附近的古里航行至满剌加（马六甲），费时二十五日左右（扣除沿途停靠时间，以下同此），与张箭所推定的法显从锡兰到达满剌加附近的耶婆提时间相近。郑和船队从满剌加回到中国的航行时间为五十余日，也和法显时代从耶婆提到达广州的正常航行时间相近。所以，从章炳麟到连云山的"法显发现美洲说"可以确定为对于原始资料的误解。

但是，连云山的"法显发现美洲说"在此后的某些出版物中仍然被辗转抄录，张箭等学者的批评意见却被这些转抄者忽视。同样，这些近来的出版物也继续沿袭南朝僧人"慧深发现美洲说"，但并未对罗荣渠就此说法的系统批判提出有力反驳。[4] 为了重新检查罗荣渠对于"慧深发现美洲说"批判的可靠性，现仍将唐代姚思

---

[1] 梁朝的一则史料亦称法显所乘商船在锡兰出发后"值暴风水入……经十余日，达耶婆提国"。见慧皎著、汤用彤校注、汤一玄整理，《高僧传》，中华书局1992年版，第89页。

[2] 叶雨蒙，《谁比哥伦布先到达美洲》，第99页。

[3] 祝允明，《前闻记》，中华书局1985年影印本，第74—75页。

[4] 胡远鹏，《中国人发现美洲之谜》，第78—112页；徐松石，《华人发现美洲概论》，第110—114页。

廉所撰《梁书·东夷传》中的有关原始资料摘引综述如下：[1]

> 扶桑国，在昔未闻也。普通（520—527）中有道人称自
> 彼而至，其言元本尤悉，故并录焉……扶桑国者，齐永元元
> 年（499），其国有沙门慧深来至荆州，说云："扶桑在大汉国
> 东二万余里，地在中国之东，其土多扶桑木，故以为名。扶桑
> 叶似桐，而初生如笋，国人食之，实如梨而赤，绩其皮为布为
> 衣，亦以为绵……其俗旧无佛法，宋大明二年（458），罽宾
> 国尝有比丘五人游行至其国，流通佛法、经像，教令出家，风
> 俗遂改。"

此外，慧深并描述了该国具有"板屋""文字""马车""无铁
有铜、不贵金银"等现状及其所实行的刑罚、政治、婚丧制度。他
的报告也包括关于邻近的"女国"等异闻。

从《梁书》的上述记载出发，朱谦之在1941年出版的《扶桑
国考证》及其此后发表的相关论文综合了歧尼、文宁等西方学者的
观点，并利用中文文献及美洲方面的考古发现等史料，系统发展了
慧深"发现"美洲说。朱氏接受文宁的说法，主张扶桑木即为墨西
哥的植物龙舌兰，是提供当地人饮料、食物、衣服的材料。据称慧
深将佛教从中国传入墨西哥，从而成为当地传说从海外而来的伟大
人物 Wixipecocha。但是，《梁书》关于他来自扶桑而非中国的记载
未能得到圆满解释。[2] 在1961年9月，《北京晚报》发表了邓拓的
三篇有关短文，指出慧深的法名显示他是中国僧人，并考证他是梁

---

[1] 姚思廉，《梁书·东夷传》卷五十四，中华书局1973年版，第801页、第808—809页。
[2] 朱谦之，《哥伦布前一千年中国僧人发现美洲说》，第387—389页。

朝慧皎撰《高僧传》中所载南朝高僧慧基的著名弟子。慧深是最早发现美洲的华人，但他可能在该地游历四十多年后回到荆州，被误认为扶桑国人。[1]朱谦之在次年发表的慧深年谱进而考证他在公元452年带领已在北魏的罽宾国五名僧人远游美洲扶桑。慧深在公元499年归国后，又前往北魏担任沙门统。[2]

朱谦之又继文宁等汉学家之后，较为全面地提供了慧深所游历的扶桑即为墨西哥的证据。他指出，先秦以来可疑野史记载先后使用"扶桑"来指代一种神木、日出之所或神仙居所或日本。但是，正史《梁书》的可信记录则表示扶桑国"在昔未闻也"，显然是指与日本附近地区不同的墨西哥。通过罗列歧尼、文宁的观点并批判另一汉学家希格勒（Gustave Schlegel）提出的扶桑为桦太（库页岛）和扶桑木即楮树的说法，朱氏从地理位置、文字使用、刑罚制度、贵族称号、物产风俗、佛教信仰、文物传说等方面系统考证了《梁书》记载的扶桑国即墨西哥。他并称慧深所述"女国"是亚马逊河附近之马尔的尼加岛（Martinique）。[3]

在《几近褪色的记录》一书中，美国业余历史学者亨莉埃特·默茨进而声称慧深登陆的地方是在洛杉矶以北怀尼米小角地附近的一个古老印第安部落聚居地，并且用美国和墨西哥当地的考古发现及民间传说证明慧深所述女人国、佛教信仰等情况的真实性。该书在加利福尼亚和亚利桑那州以及墨西哥和危地马拉找到发音近

---

[1] 邓拓（马南邨），《谁最早发现美洲》《"扶桑"小考》《由慧深的国籍说起》，三文先后登载于《北京晚报》1961年9月17、21、24日，后收录于《燕山夜话》，北京十月文艺出版社2010年版，第107—116页。

[2] 朱谦之，《哥伦布前一千年中国僧人发现美洲说·附录一：纪元五世纪中国僧人慧深年谱》，第441—442页。

[3] 朱谦之，《哥伦布前一千年中国僧人发现美洲说》，第387—436页。

似慧深、比丘和释迦的数十个地名，以此推测慧深在这些地区传播佛教的长期影响，并用这些地名勾画出他云游美洲的两千五百英里里程。此书声称源自墨西哥的玉米不仅是当地人的主要食物来源，而且其秸秆类似竹子、穗轴像梨并可能为红色，应该就是慧深所见的扶桑。[1]

朱谦之、默茨的慧深"发现"美洲说曾得到相当一些学者的支持和呼应。张志在 1979 年发表专文，介绍默茨关于扶桑木即为墨西哥玉米和法显确曾到达美洲的观点，并以此来反驳对于朱谦之以上论著的批评者。景振国在 1981 年发表的有关论文同样支持扶桑国为墨西哥的说法，但他提出扶桑木应该是美洲的棉花。棉花叶似桐，实如梨，可以为布为衣，炒熟的棉籽和榨出的棉籽油可食，秋后僵桃也是紫红色的。[2]

与此相反，罗荣渠在 1983 年发表的《扶桑国猜想与美洲的发现》以慧深和扶桑国为焦点，综合表述了他及其他学者对此前各种华人"发现"美洲说法的批评意见。首先，罗氏引用中国佛教史著名学者汤用彤对朱谦之所撰慧深年谱的质疑，认为后者将《梁书》所载荆州慧深与《高僧传》中曾任江东僧正的同名僧人以及《魏书·释老志》中曾任北魏沙门统的另一同名僧人混淆，使得从扶桑来华的胡僧慧深摇身一变成为中国人，编造了一份假履历表。其次，罗氏认为从文宁、朱谦之、默茨到景振国所提出的龙舌兰、玉米和棉花都在形状或功用上与《梁书》所记载的扶桑木不同，墨西哥古代印第安人的宗教也与佛教相异，华人在当时更没有航渡美洲

---

[1] 亨莉埃特·默茨著、崔岩奇等译，《几近褪色的记录》，第 25—78 页，特别是第 49—51 页、第 69—77 页。

[2] 张志，《慧深和扶桑问题》，载《世界历史》1979 年第 3 期，第 63—64 页；景振国，《扶桑新释》，载《拉丁美洲丛刊》1981 年第 4 期，第 71 页。

的技术能力和探险动机。此外，罗氏断定《梁书》关于扶桑国的记载"是一个难以找到旁证的孤证材料"，对于该国的方位和里程都未提供细致可信的资料。该书所描述的扶桑国具有"文字""板屋""马车"等现状都与古代墨西哥社会不相符合，而其中所记载的社会组织、风俗习惯，特别是佛教传播等情形却与当时的中国及其周边国家相似。因此，罗荣渠认为扶桑国或者为外来游僧编造的海外奇闻，或者是在中国以东不太远的一个国家。[1]

罗荣渠还指出歧尼不仅首先提出慧深"发现"美洲，而且鼓吹中国文化源于古代埃及。所以，他认为西方学者所宣扬的古代世界文明出自一个中心的褊狭观点以及欧洲中心论所包含的种族主义和民族主义因素也影响了华人"发现"美洲的种种说法。罗氏承认古代华人可能越过太平洋并将中国文化影响带入美洲，但他强调古代美洲文明只能是土生土长的印第安人辛勤劳动和独立创造的结果。[2]这一观点实际上对于华人"发现"美洲说中可能包含的华夏中心主义倾向提出了批评。

尽管罗荣渠对于以慧深为主的华人"发现"美洲说提出了最为系统和严厉的批评，但他的某些结论仍然需要重新验证。罗氏对慧深的研究忽视了邓拓以其法名证明他是中国僧人的观点，而梁代慧皎所撰《高僧传》中列举的外国来华僧人也确实大多保留和使用了其音译原名。其中十余位外国僧人来华后另有中文僧名，但该书基本仍使用其音译原名记载他们的事迹。[3]因此，叶雨蒙在 2003

---

[1] 罗荣渠，《中国人发现美洲之谜》，第 39—48 页、第 54—61 页，特别是第 54 页。

[2] 同上书，第 8 页、第 63—68 页。

[3] 慧皎著、汤用彤校注、汤一玄整理，《高僧传》，第 12 页、第 33 页、第 37 页、第 41 页、第 45—46 页、第 61—62 页、第 96—97 页、第 120 页、第 138 页。关于该书使用中文法名来记载外来僧人的极少例证，见第 23 页、第 69 页。

年出版的《谁比哥伦布先到达美洲》一书使用了与邓拓类似的逻辑，证明慧深是从扶桑国长期游历归来的中国僧人。[1]

更为重要的是，《梁书》所载慧深关于扶桑的见闻并非罗荣渠所谓没有"旁证的孤证材料"。该书记载梁朝"普通年间有道人称自彼而至，其言元本尤悉，故并录焉"，显然其原稿包括来自扶桑国的更为详细的旁证资料，但后来被删去。此外，佛教自东汉传入中国后，其基本的戒律或"五戒"即包括去"妄言"。[2]如果佛门信徒慧深违背其宗教信仰来"编造"关于扶桑国的"海外奇闻"，他必然具有强烈的个人动机。但如罗荣渠所承认，《梁书》所载慧深的自述"都平实近情，没有荒诞的传奇色彩"，而且他将扶桑国佛教传播的成就归功于罽宾国五名僧人，并非自己。实际上，罗氏并没有完全否定《梁书》所载慧深关于扶桑国的陈述，只是他认为该地可能在西域或东北亚，而不是美洲。[3]

罗荣渠的批评性意见也并未阻止其他学者沿袭和发展慧深及其他华人发现美洲的各种说法。曾经长期从事民族史研究的徐松石围绕这一主题在1981—1985年连续出版三册论文集，并在1996年发表《华人发现美洲概论》一书。该书不仅强调大禹直到慧深时期的华人都曾到达太平洋彼岸，而且宣称辽国在公元916年建立于东北后，其契丹贵族领袖萧都统带领其部族进入美洲，导致墨西哥玛雅文明的高度发展。但徐氏的主要证据仅仅是辽代曾有萧姓权

---

[1] 叶雨蒙，《谁比哥伦布先到达美洲》，第80页。

[2] 魏收，《魏书》，中华书局1974年版，卷一一四《释老志》，第3026页。并见高楠顺次郎、渡边海旭、小野玄妙等编辑校勘，《大正新修大藏经》，东京，大正一切经刊行会昭和九年（1934）版，第24册《梵网经》卷上，第1484页；第40册《梵网经菩萨戒本疏》，第1813页。

[3] 罗荣渠，《中国人发现美洲之谜》，第54页、第58—61页，并见该书《自序》第2页。

势贵族，而在墨西哥的玛雅人传说中也有一英雄人物在公元987年左右从西而来，他的头衔（Tutul Xiu）可以译为萧都统，他的名字（Ah Suytak）带有类似辽人"阿"字前缀，其部族名称（Itzas）近似辽代萧姓宗族"乙室已"的发音。使用同样的对音比附法，徐氏推论隋唐时的东北靺鞨部族也在辽代到达北美，成为五大湖地区的"Mohowk"印第安人；爱斯基摩人自称"Inuit"，即是魏晋时期中国东北"挹娄"部族移民后裔，而后者又源于东南沿海称为"夷獠"的土著居民。[1]

在辽代之后的元人曾经航渡美洲的说法则更缺乏证据。汉学家郎金（John Rankin）早在1827年就出版专著，推测蒙元舰队在1281年远征日本失败，其部分船只漂泊至秘鲁、墨西哥及其他南美地区，曾给当地输入东方文化。[2]加拿大历史学家麦克威尔甚至声称蒙元舰队中已经汉化的犹太人分队随船只漂越太平洋，在英属哥伦比亚省的夏洛特王后岛附近登陆。[3]显然，所谓辽人和元人到达美洲说与慧深"发现"美洲扶桑国一样，都属于罗荣渠曾严厉批评过的"猜想"。

但是，类似的说法也出现于李约瑟等在1971年出版的《中国科学技术史》土木工程和航海技术分册。该书同意此前学者对于慧深"发现"美洲扶桑国说的批评，但指出公元7—16世纪之间有无数证据显示亚洲人曾在哥伦布之前访问过美洲。李约瑟以其个人在

---

[1] 徐松石，《华人发现美洲考》（上、中、下册），香港东南亚研究所1981、1983、1985年版；《华人发现美洲概论》，第106—116页、第148—155页、第179—182页、第187—195页、第224—225页。

[2] John Rankin, *Historical Researches on the Conquest of Peru, Mexico, Bogota, Natchez, and Talomeco in the Fifteenth Century by the Mongols* (London, UK, 1827).

[3] B. A. McKelvie, *Pageant of B.C.: Glimpses into the Romantic Development of Canada's Far Western Province* (Toronto: Thomas Nelson & Sons［Canada］Limited, 1957), 3.

墨西哥的所见所闻，并从其他学者论著中列举大量证据，显示古代中国和美洲文明多方面的相似之处。但他谨慎地指出这种文化的相似性只能显示小批的华人和其他亚洲人曾偶尔渡海到达美洲，带入了更高的文明影响，但不能以此否定当地印第安文明的独创性。[1]这种说法实际上与罗荣渠对于慧深及其他华人"发现"美洲的批评性观点有相通之处。

总之，对于慧深"发现"美洲"扶桑国"的研究是从先秦到明初各种华人"发现"美洲说的起点。推崇此说的朱谦之等以《梁书》中关于扶桑国的记载作为史料，结合语言、地理、生物、考古等方面的考察而自成体系，比先秦至汉代的华人发现美洲说显示出一定进步。他们所提出的证据仍受到强力质疑，无法确立哥伦布和麦哲伦之前的跨太平洋联系，但他们对于"扶桑"和印第安文化的比较研究进一步揭示了中国和墨西哥古代文明的许多相似之处。罗荣渠等学者对慧深"发现"美洲"扶桑国"说的批评直接影响了对于法显"发现"美洲说的证伪工作，也给其中华夏中心主义的倾向敲响了警钟。但是，他们的批评性意见并未能够阻止此后关于慧深或其之后华人到达美洲的猜测。相反，支持和否定华人"发现"美洲说的争论在郑和研究中达到了高潮。

三、围绕明初郑和船队"发现"美洲说的
争论及其影响

明朝航海家郑和在 1405 年到 1433 年间七下西洋的壮举是

---

[1] 李约瑟著、王铃、鲁桂珍协助，《中国科学技术史》第四卷第三分册《土木工程与航海技术》，科学出版社、上海古籍出版社 2008［1971］年版，第 590—595 页。

有官方和民间记录的重大历史事件，但其船队"发现"美洲的观点与殷人航渡美洲说相同，是缺乏中文文献为依据的猜想或是以美洲及西方资料为基础的假设。这一观点比慧深抵达美洲扶桑国的说法遭到更多中外学者的严厉批评，其影响却遍及海内外大众媒体和学术界，超过此前所有关于"华人"发现美洲的讨论。因此，这场争论在吸引历史专业内外人士参与郑和研究、加强有关资料的收集、证伪以及探讨华人在世界航海史上地位等方面仍然有其学术意义。

关于郑和船队完成首次环球航行并"发现"美洲的说法也起源于西方人士，但其始作俑者加文·孟席斯并非一位汉学家，而是一位不懂中文的英国皇家海军退役军官。[1] 如下所述，继他之后在西方和中文世界发表类似论著支持这一说法的也基本都是业余历史学家。这些非历史专业人士使用了一些历史学家长期忽视或轻视的资料。他们在这些资料的基础上大胆假设、大胆求证并大胆立论，得出不同凡响但又不无疑义的结论。迄今，严肃的学者对于郑和船队"发现"美洲的说法已经进行了多方面的批评，但他们还未能从正反两个方面对于这场争论的学术意义进行综合评价。

孟席斯在 2002 年出版的英文著作《1421：中国发现世界》罗列了二十四页证据，但其中数量极少的中文原始资料实际并无任何郑和船队到达美洲的直接记载。该书的其他证据包括欧洲和亚洲的古地图、结论不明确的沉船等考古发现、所谓哥伦布之前新旧大陆之间交流的动植物以及美洲印第安人基因分析等资料。尽管如此，孟席斯用来假设、论证和详细描述郑和船队到达美洲并完成环球航行的主要证据实际是一批中古欧洲的地图和一幅古代的朝

---

[1]　加文·孟席斯著、师研群译，《1421：中国发现世界》，第 6 页。

鲜地图。[1]

孟席斯在该书的开始就已经将其基本的研究方法公之于世：
上述历史地图显示在哥伦布等欧洲航海家"发现"美洲大陆及其他
部分新世界之前，已经有先行的探险者完成环球航行，精确测绘
了几乎整个世界。他于是推论只有郑和所率领的庞大明帝国船队才
有充足的人力、物力、设备及科学技术水平当此重任，在1421—
1423年间的所谓"最后一次，也是最为重要的一次"出航中完成
了全球航行、测绘及制图使命。但是，孟席斯并未明确交代他所使
用的更为关键的循环假设、推论法：既然这些世界地图可以假设和
推论为郑和船队测绘的结果，其中的地理内容也可以反过来用以假
定、推断和"表示"该船队的全球航行路线。[2]

孟席斯特别声称1459年绘制的弗拉·毛罗（Fra Mauro）地图
已经标出的迪亚卜角（Cap de Diab）即为好望角，早于葡萄牙航海
家迪亚士（Bartolomeu Dias）发现这一非洲南端三十多年。据称该
图包括"一幅中国帆船图"，其题记表明一艘中国帆船曾绕过好望
角，进入大西洋西行40天后返回该地。他又称朝鲜在1403年曾呈
献给明朝《混一疆里历代国都之图》，并在1420年后作了修订，绘
制了欧亚及非洲大陆。主要根据这两幅古地图，孟席斯宣称郑和船
队曾在1421年8月从印度洋越过好望角，沿非洲西海岸北上抵达
佛得角群岛（Cape Verde）。[3]

在孟席斯一书中被反复引用的主要证据还包括以皮里·雷斯
（Piri Reis）、让·罗兹（John Rotz）、马丁·瓦尔德塞米勒（Martin

---

[1] 加文·孟席斯著、师研群译，《1421：中国发现世界》，第263—288页，特别是第
269页、第274页、第278页。

[2] 同上书，《引言》第1—7页。

[3] 同上书，第51—62页。

Waldlseemüller）、阿尔贝托·坎提诺（Alberto Cantino）等人命名的中古欧洲地图。孟席斯假定这些地图的母本都来自郑和船队，并用它们的地理内容推论该船队曾从佛得角群岛乘风穿越大西洋，在加勒比海附近随洋流分取南北两道。其中洪保和周满带领的两支分船队驶向南美洲，但洪保从后来命名的麦哲伦海峡西行进入太平洋后，驶向南极测绘，又穿越大西洋和印度洋南部，到达澳大利亚西海岸，最终在1423年秋从东南亚归国。同时，周满分船队沿南美洲西海岸北上勘测后，穿越太平洋到达澳大利亚东海岸附近航行后，再度东向穿越太平洋，在北美洲的西海岸建立了殖民地，最后与洪保同时归国。从加勒比海北行的第三支分船队在周闻指挥下先行"发现"哥伦布后来登陆的附近岛屿，并在北美东海岸建立殖民地。周闻带领其船队继续向北航行，到达格陵兰岛，穿过北冰洋，从白令海峡回到中国。坎提诺地图也被用以证明杨庆指挥的第四支分船队完成了在印度洋的测绘使命。[1]

关于中外媒体和学者对于孟席斯《1421：中国发现世界》一书的反应，罗宗真在2005发表的一篇文章已经进行了详细介绍。为避免重复，现以罗氏的综述为主，简介如下：在孟席斯英文原书于2002年出版前后，英国、中国大陆、香港、台湾的一些报刊曾先后加以报道，该书作者还受邀参加当年在南京和昆明的学术会议，发表演讲。但孟席斯在西方学术界备受怀疑和冷遇，其书甚至被讥为"一个假设的基础上建立的另一个假设"所构成的"假设之塔"。在该书中文版尚未在中国大陆出版之前，《郑和研究》期刊在2003年曾发行专刊，汇集中文世界学者对于孟席斯一书的评

---

[1] 加文·孟席斯著、师研群译，《1421：中国发现世界》，第63—200页，特别是第63—65页、第93—96页、第126页、第163页、第196页、第202页。

价。其中来自大陆、香港和台湾的业余历史学家大多对于孟席斯的观点加以肯定，但长期研究郑和下西洋的朱鉴秋等学者或者采取谨慎态度，或者断然否定，而且朱氏在阅读该书中文版后即连续发表批评文章。[1]此外，孟席斯的英文原书改名《1421：中国发现美洲》在美国出版后，他曾受邀参加国会图书馆在 2005 年 5 月举行的纪念郑和下西洋六百周年会议，但该会因此受到西方一些学者的批评。[2]但至 2005 年，欧、亚、美洲各地共二十六家电台、电视台已经播出对他的访问，英、美、加拿大等国主要英文报刊也作了显著报道，世界各地华人报纸也纷纷转载，掀起一股全球性郑和热及学术争议。[3]

中国学者对于孟席斯一书的批评特别着重于他对中文文献史料的缺乏了解和明显误解。孟席斯所述洪保、周满和周闻船队在 1421—1423 年的远航不仅毫无史料根据，而且现存的有关洪保、周闻的史料都证明他们不可能在此时间内领导环球航行。孟席斯对郑和在江苏太仓和福建长乐所立的两则碑文既有曲解之处，又将它们所在地互相混淆。特别重要的是，郑和的第六次航行竟然被误为其七下西洋的最后一次，而且其起点被孟席斯从明初首都南京错误地指向北京。[4]

---

[1] 罗宗真，《试评孟席斯〈1421：中国发现美洲〉》，载《郑和研究》2003 年《英国学者加文·孟席斯新说学术交流专刊》，第 2 页、第 5—12 页。

[2] "News from the Library of Congress" (http://www.loc.gov/today/pr/2005/05-105. html); "The '1421' Myth Exposed" (http://www.1421exposed.com/html/library_of_ congress.html). 2015 年 10 月 23 日查阅。

[3] 马颖生，《孟席斯"郑和首先环球航行"新说的影响和学术之争》，载《回族研究》2005 年第 4 期，第 28 页。

[4] 罗宗真，《试评孟席斯〈1421：中国发现美洲〉》，第 6—12 页；范金民，《郑和第六次下西洋发现美洲了吗？》，载《南洋问题研究》2004 年第 3 期，第 70—71 页。

由于孟席斯以一批中古欧洲和一幅古代朝鲜地图作为主要证据，就这些地图所进行的争论不仅更为切中他书中的关键问题，而且也导致中外学者注意这些长期被忽视的可贵历史资料，有积极的学术意义。香港业余历史学者林贻典引用《明史》和《马可·波罗游记》的记载作为非直接的旁证，声称毛罗地图中所绘的帆船从航行时间、设备等方面看都可能是郑和的船只，其船队确曾越过好望角并完成环球航行。[1] 但是，金国平等学者指出毛罗地图中关于"中国式桅船"的题记抄自《马可·波罗游记》中关于中国船只的描写，但这一题记又注明该船使用牵星板而不是指南针航行，所以不是郑和船队的船只。毛罗地图中的帆船图所描绘的也是古代欧洲而不是中国帆船的结构和式样。此外，该地图标示的迪亚卜角（或译为迪布角）并非好望角，而是马达加斯加岛。[2] 古地图专家朱鉴秋、龚缨晏等学者对于毛罗地图表示了类似的意见，朱氏还强调来自朝鲜的《混一疆里历代国都之图》及皮里·雷斯（或译为皮里·莱斯）地图都不可能包括郑和航海资料或被用来证明其环球航行活动。龚缨晏等则认为毛罗地图题记的资料主要来自阿拉伯地图。[3]

尽管如此，朱鉴秋仍然承认孟席斯的研究可以证明在葡萄牙航海家达·伽马之前，"早已有人航经好望角并绘制了地图"[4]。既然

---

[1] 林贻典，《再论美洲由郑和船队发现的见解》，载《郑和研究》2003 年专刊，第 38—39 页。

[2] 金国平、吴志良，《郑和下西洋葡萄牙史料之分析》，载《史学理论研究》2003 年第 3 期，第 52—56 页。

[3] 朱鉴秋，《考析孟席斯"郑和环球航行说"举证的关键地图》，载《海交史研究》2003 年第 2 期，第 2—5 页；张施娟、龚缨晏，《〈毛罗地图〉与郑和船队》，载《史学理论研究》2003 年第 3 期，第 148—151 页。

[4] 朱鉴秋，《考析孟席斯"郑和环球航行说"举证的关键地图》，第 6 页。

毛罗地图中关于1420年"中国式桅船"的题记抄自《马可·波罗游记》中关于中国船只的记录，这种记录甚或欧洲船形被该图用来描绘当时郑和宝船的可能性就不能完全排除，该船在波涛汹涌的深海中使用星象而非指南针导航也是可能的现象。即使迪亚卜角确实是马达加斯加岛而非好望角，从该岛向西航行四十日的"中国式桅船"也应该已经越过好望角，进入了大西洋。由于朝鲜的《混一疆里历代国都之图》实际源自元末和明初的中国地图并且描绘了非洲大陆的正确形状，李约瑟等学者很早就据此推测郑和时代的中国海船已经航越好望角。[1]孟席斯虽然仅仅沿袭了李约瑟等人的说法，但他的畅销书确实帮助了更多学者以致普通读者注意到上述古地图的史料价值以及郑和航海活动的广阔范围。作为朝鲜《混一疆里历代国都之图》母本之一的《大明混一图》在明初建文四年（1402）绘成，其史料价值也在2002年孟席斯英文原著出版后受到中、日、韩及南非专家的更加高度的重视。[2]

据孟席斯在2005年中文版《1421：中国发现世界》一书中自称，该书在当年已经翻译成为多种文字，在六十五个国家发行，[3]在国际媒体和大众社会中产生了李约瑟等学者的学术著作所难以达到的影响。在孟席斯的影响之下，相当一批中西业余历史学者加入对于郑和船队航行的研究，他们先后发表的多种出版物包括更为细

---

［1］李约瑟著，王铃、鲁桂珍协助，《中国科学技术史》第四卷第三分册《土木工程与航海技术》，第549—554页。

［2］刘迎胜、杨晓春主编，《〈大明混一图〉与〈混一疆里图研究〉》，南京凤凰出版社2010年版。

［3］加文·孟席斯著、师研群译，《1421：中国发现世界·致中国读者》，第1页。

致的中外古地图分析、[1]非专业的考古调查、[2]私人文物的自我鉴定和解读等内容。[3]这些出版物所依据的某些资料已经受到质疑，其中一些武断的结论也与孟席斯的观点相似，[4]但其学术价值仍然有待严肃的学者进行严格评估。

在西方学术界，孟席斯及其支持者的出版物在资料分析和研究方法等方面都备受批评，他们关于郑和船队发现美洲的主张被视为从欧洲中心论走向中国中心论的另一片面看法。[5]但在中国历史学界，孟席斯一书引起的学术讨论对于推动郑和下西洋研究及重新认识古地图等相关史料仍有积极意义。更为重要的是，绝大多数严肃的中国学者通过批驳《1421：中国发现世界》及类似出版物，超越了曾长期困扰康有为以及中国知识精英的华夏中心主义心态。即使曾经主张殷人及其他早期华人发现美洲说的学者也拒绝了孟席斯廉价奉送的皇帝的新衣，对于郑和船队穿越印度洋和好望角的远航路线做出了与上述李约瑟相似的推论。[6]当然，这一说法仍然需要

[1] Andro Anatole, *The 1421 Heresy: An Investigation into the Ming Chinese Maritime Survey of the World* (Bloomington, IN: AuthorHouse, 2005)；刘钢，《古地图密码：中国发现世界的谜团玄机》，广西师范大学出版社 2009 年版；李兆良，《坤舆万国全图解密：明代测绘世界》，台北，联经出版事业股份有限公司 2012 年版。

[2] Paul Chiasson, *The Island of Seven Cities: Where the Chinese Settled When They Discovered North America* (Toronto: Random House Canada, 2006).

[3] 李兆良，《宣德金牌启示录：明代开拓美洲》，台北，联经出版事业股份有限公司 2013 年版。

[4] 对于孟席斯及其追随者较为集中的批评，见 "The '1421' Myth Exposed" (http://www.1421exposed.com/index.html)，2015 年 10 月 29 日查阅。

[5] Ronald H. Fritze, *Invented Knowledge: False History, Fake Science and Pseudo-Religions* (London, UK: 2009), 96–103; Roxann Prazniak, "Discussion: Menzies and the New Chinoiserie: Is Sinocentrism the Answer to Eurocentrism in Studies of Modernity?" *The Medieval History Journal*, vol. 13, no. 1 (2010): 115–30.

[6] 房仲甫、姚鬬，《哥伦布之前的中国航海》，海洋出版社 2008 年版，第 127 页。

在将来通过更为严格的研究加以论证。

结论：从全球化角度比较华人"发现"美洲和
郑和下西洋的意义

关于殷商之后华人"发现"美洲的讨论曾长期影响西方汉学界和中国史学界，并在近年来围绕郑和船队环球航行的争论中达到高潮。虽然这场历时悠久的讨论可以直接追溯到法国汉学家歧尼在 18 世纪中期开始倡导的南朝僧人慧深到达扶桑国的说法，实际上葡萄牙殖民官员和历史学家安东尼奥·加尔旺（António Galvão）在 1555 年就最早推测美洲西印度群岛的土著可能源于华人。类似的说法在 16 世纪后期及 17 世纪前期的欧洲学者中时有所闻，荷兰法学家雨果·格劳提斯在 1642 年发表的一篇论文中还用当时西班牙人在美洲海岸发现的中国沉船遗物对于这种说法加以证明。[1] 在此前后，关于美洲印第安人起源于犹太人，或者非洲人、阿拉伯人、古埃及人、日本人、朝鲜人、印度人，特别是北欧维京人在哥伦布之前到达美洲的说法纷纷出现。[2] 但是，从全球化历史的角度来看，研究华人或其他民族在哥伦布之前到达美洲的意义并不在于争夺这一新大陆的"发现"权，而是在于他们对发展新、旧世界长期联系方面所做的贡献。

---

[1] Antonie Galvano (António Galvão), *The Discoveries of the World*, trans. Richard Hakluyt (Amsterdam: Theatrum Orbis Terrarum Ltd., 1969 [1555;1601]), 2; Fritze, *Invented Knowledge*, 95–96 ; Hugo Grotius, *On the Origin of the Native Races of America: A Dissertation by Hugo Grotius,* trans. Edmund Goldsmid (Edinburgh, 1884 [1642]), 18–19.

[2] 罗荣渠，《中国人发现美洲之谜》，第 70—86 页。

近数十年来，主张殷人及其他先秦时期华人到达美洲的学者在利用美洲考古发现、收集印第安人口述史料和发掘中文典籍方面都有重要进展，但其结论还远远难以令人信服。另一方面，即使罗荣渠、朱鉴秋等学者批驳了南朝僧人慧深抵达美洲扶桑国或郑和船队航渡美洲说，他们也没有完全否定先秦以来少数华人或郑和舰队的个别船只可能因为海上风暴或其他原因随船漂流到美洲大陆的可能性。[1] 所以，这场学术讨论虽然在有关史料的收集、考证与证伪等方面取得了一定成果，但争论的双方仅仅就少数华人在哥伦布之前到达美洲的可能性方面达到有限的共识。当然，这种有待证明的早期华人美洲之行即使确实发生过，他们对于新、旧世界之间的联系也不可能产生与哥伦布航行同样的长期影响。此外，数十年来对于这一问题的研究也发现了古代中国和印第安文明的许多相似性，这种发现对于跨太平洋文化比较研究具有学术意义，但双方文化的相似性并不能证明其相关性或者它们之间的跨太平洋联系。

尽管现有史料不能证明郑和及其之前的华人在哥伦布之前已经"发现"美洲，他们对于世界早期全球化的贡献却不应被贬低和忽视。至少从东晋僧人法显到明初郑和时代，华人就通过在印度洋世界的航海、游历、通商、外交等活动逐渐建立了从东亚直到东非的海上联系。郑和通过七下西洋的壮举在明代中国和印度洋地区之间建立了更加正常和稳定的朝贡外交和海上贸易网络。因此，郑和已经在哥伦布、达·伽马、麦哲伦航海之前推动了中国和整个印度洋世界之间的联系和整合。郑和船队在印度洋世界的活动比华人"发现"美洲的各种说法都有更为确凿无疑的历史记载，对于人

---

[1] 罗荣渠，《中国人发现美洲之谜》，第 8 页；朱鉴秋，《郑和航海最远到哪里？》，载《郑和研究》2003 专刊，第 35—37 页。

类早期全球化也做出了与哥伦布等欧洲航海家相同并且是更早的贡献。从缺乏根据的郑和船队"发现"美洲猜想转向实事求是的郑和下西洋研究不仅可以进一步摆脱传统的华夏中心主义影响，而且可以发现中华民族的真正民族自豪感，并帮助改写从 15 世纪早期以来的全球史。

（本文的梗概来自陈忠平于 2013 年 6 月在加拿大历史学会上所宣读的论文第二部分，后经吴彦收集资料，扩充写成初稿，并经陈忠平进一步补充资料，改写全文。）

征引文献

中日文献

陈志良,《中国人最先移殖美洲说》,载《说文月刊》1940年第1卷第4期,第65—78页。

达鉴三,《法显首先发现美洲考证》(修订版),台北,1968年自费印行。

戴开元,《殷人东渡中美洲? 许辉教授访谈录》,载《世界周刊》2001年1月7日。

邓拓(马南邨),《谁最早发现美洲》,原载《北京晚报》1961年9月17日,收录于邓拓,《燕山夜话》,第107—109页。

_____,《"扶桑"小考》,原载《北京晚报》1961年9月21日,收录于邓拓,《燕山夜话》,第110—113页。

_____,《由慧深的国籍说起》,原载《北京晚报》1961年9月24日,收录于邓拓,《燕山夜话》,第114—116页。

邓拓,《燕山夜话》,北京十月文艺出版社2010年版。

法显著、章巽校注,《〈法显传〉校注》,中华书局2008年版。

范金民,《郑和第六次下西洋发现美洲了吗?》,载《南洋问题研究》2004年第3期,第66—74页。

范毓周,《殷人东渡美洲新证》,载《寻根》2011年第2期,第22—30页。

房仲甫、姚澜,《哥伦布之前的中国航海》,海洋出版社2008年版。

房仲甫,《扬帆美洲三千年——殷人跨越太平洋初探》,载《人民日报》1981 年 12 月 5 日。

_____,《殷人航渡美洲再探》,载《世界历史》1983 年第 3 期,第 47—57 页。

_____,《中国人最先到达美洲的新物证》,载《人民日报》1979 年 8 月 19 日。

冯秀文,《中墨关系:历史与现实》,社会科学文献出版社 2007 年版。

高楠顺次郎、渡边海旭、小野玄妙等编辑校勘,《大正新修大藏经》,东京,大正一切经刊行会昭和九年(1934)版。

故宫博物院明清档案部、福建师范大学历史系合编,《清季中外使领年表》,中华书局 1985 年版。

亨莉埃特·默茨著、崔岩奇等译,《几近褪色的记录:关于中国人到达美洲探险的两份古代文献》,海洋出版社 1993〔1953〕年版。

胡远鹏,《别了,哥伦布!》,载《福建师范大学福清分校学报》2005 年增刊,总第 68 期,第 46—54 页。

_____,《纵观海内外〈山海经〉研究五十年》,载《福建师范大学福清分校学报》2003 年增刊,第 45—52 页。

_____,《中国人发现美洲之谜》,香港天马出版有限公司 2006 年版。

慧皎著、汤用彤校注、汤一玄整理,《高僧传》,中华书局 1992 年版。

加文·孟席斯著、师研群译,《1421:中国发现世界》,京华出版社 2005〔2002〕年版。

贾兰坡,《贾兰坡序》,连云山,《谁先到达美洲》,第 1—3 页。

金国平、吴志良,《郑和下西洋葡萄牙史料之分析》,载《史学理论研究》2003年第3期，第47—60页。

景振国，《扶桑新释》，载《拉丁美洲丛刊》1981年第4期，第69—79页。

鞠德源，《中国先民海外大探险之谜》，北京图书馆出版社2003年版。

康同璧，《康南海先生年谱续编》，康有为著、楼宇烈整理，《康南海自编年谱》（外二种），中华书局1992年版，第69—236页。

李东海，《加拿大华侨史》，台湾，中华大典编印会1967年版。

李约瑟著，王铃、鲁桂珍协助，《中国科学技术史》第四卷第三分册《土木工程与航海技术》，科学出版社、上海古籍出版社2008［1971］年版。

李兆良，《坤舆万国全图解密：明代测绘世界》，台北，联经出版事业股份有限公司2012年版。

李兆良，《宣德金牌启示录：明代开拓美洲》，台北，联经出版事业股份有限公司2013年版。

连云山，《谁先到达美洲：纪念东晋法显大师到达美洲1580年，兼纪念哥伦布到达美洲500年》，中国社会科学出版社1992年版。

梁嘉彬，《关于华人发现美洲的观察》，载《中央日报》第3版，1960年4月20日。

林贻典，《再论美洲由郑和船队发现的见解》，《郑和研究》2003年专刊，总第50期，第38—47页。

刘钢著，《古地图密码：中国发现世界的谜团玄机》，广西师范大学出版社2009年版。

刘迎胜、杨晓春主编，《〈大明混一图〉与〈混一疆里图研究〉》，凤凰出版社2010年版。

罗荣渠，《论所谓中国人发现美洲的问题》，罗荣渠，《中国人发现美洲之谜》，第1—36页。

_____，《扶桑国猜想与美洲的发现》，《中国人发现美洲之谜》，第37—69页。

_____，《中国人发现美洲之谜：中国与美洲历史联系论集》，重庆出版社1988年版。

罗宗真，《试评孟席斯〈1421：中国发现美洲〉》，载《海交史研究》2005年第1期，第1—17页。

马颖生，《孟席斯"郑和首先环球航行"新说的影响和学术之争》，载《回族研究》2005年第4期，第28—30页。

韶华宝忠双、欧阳如水明（王大有、宋宝忠、王双有、欧阳明），《中华祖先拓荒美洲》，黑龙江人民出版社1992年版。

卫聚贤，《中国人发现美洲》，新竹，说文书店1982年版。

_____，《中国人发现美洲初考：文字及花纹》，台北，石室出版社1975年版。

魏收，《魏书》，中华书局1974年版。

温玉成，《殷人东渡美洲的甲骨文证据》，载《大众考古》2014年第12期，第21—22页。

许辉，《商周文化与中美洲文明：试论史前泛太平洋文化的传播》，载《学术季刊》1999年第3期，第181—190页。

徐松石，《华人发现美洲概论》，广东人民出版社1996年版。

_____，《华人发现美洲考》（上、中、下册），香港东南亚研究所1981、1983、1985年版。

姚思廉，《梁书》，中华书局1973年版。

叶雨蒙，《谁比哥伦布先到达美洲》，昆仑出版社2003年版。

张虎生，《石锚物证与殷人东渡辨析》，载《拉丁美洲丛刊》

1982 年第 3 期，第 11—17 页。

张箭，《从石锚辨殷人航渡美洲》，载《文史杂志》1992 年第 6 期，第 41—42 页。

_____，《"法显航渡美洲"说批判》，载《中国历史地理论丛》1996 年第 1 期，第 155—168 页。

_____，《近年来关于"殷人航渡美洲"问题的研究述评》，载《中国史研究动态》1996 年第 2 期，第 16—21 页。

_____，《论所谓"法显航渡美洲"说》，载《世界历史》1997 年第 2 期，第 98—106 页。

_____，《缺乏历史依据的推断：就"殷人航渡美洲"问题与房仲甫先生商榷》，载《拉丁美洲研究》1992 年第 6 期，第 18—25 页。

_____，《商代的造船航海能力与殷人航渡美洲》，载《大自然探索》1993 年第 4 期，第 123—126 页。

张施娟、龚缨晏，《〈毛罗地图〉与郑和船队》，载《史学理论研究》2003 年第 3 期，第 148—151 页。

张志，《慧深和扶桑问题》，载《世界历史》1979 年第 3 期，第 63—69 页。

朱鉴秋，《考析孟席斯"郑和环球航行说"举证的关键地图》，载《海交史研究》2003 年第 2 期，第 1—6 页。

_____，《郑和航海最远到哪里？兼评"郑和发现美洲"说》，载《郑和研究》2003 专刊，总第 50 期，第 33—37 页。

朱谦之，《扶桑国考证》，香港，商务印书馆 1941 年版。

朱谦之，《哥伦布前一千年中国僧人发现美洲说》，载黄夏年编，《朱谦之文集》第七卷，福建教育出版社 2002 版，第 379—440 页。

祝允明，《前闻记》，中华书局 1985 年影印本。

西语文献

Anatole, Andro. *The 1421 Heresy: An Investigation into the Ming Chinese Maritime Survey of the World.*Bloomington, IN: AuthorHouse, 2005.

Chiasson, Paul. *The Island of Seven Cities: Where the Chinese Settled When They Discovered North America.* Toronto: Random House Canada, 2006.

Coe, Michael D. *America's First Civilization.* New York: American Heritage Publishing Co., 1968.

Fenyvesi, Charles. "A Tale of Two Cultures." *U.S. News & World Report*, November 4, 1996: 46–48.

Fritze, Ronald H. *Invented Knowledge: False History, Fake Science and Pseudo-Religions.* London, UK: Reaktion Books, 2009.

Frost, Frank J. "The Palos Verdes Chinese Anchor Mystery." *Archaeology*, vol. 35, no. 1 (1982): 22–28.

Galvano, Antonie (António Galvão). *The Discoveries of the World*, trans. Richard Hakluyt. Amsterdam: Theatrum Orbis Terrarum Ltd., 1969［1555;1601］.

Grotius, Hugo. *On the Origin of the Native Races of America: A Dissertation by Hugo Grotius*, trans. Edmund Goldsmid. Edinburgh, 1884［1642］.

Harris, Hendon M. Jr. *The Asiatic Fathers of America: Chinese Discovery and Colonization of Ancient America*, edited and abridged by Charlotte Harris Rees.Lynchburg, VA: Warwick House Publishers, 2006.

McKelvie, B.A., *Pageant of B.C.: Glimpses into the Romantic Development of Canada's Far Western Province*. Toronto: Thomas Nelson & Sons (Canada) Limited, 1957.

Pearson, Larry J., and James R. Moriarty. "Stone Anchors: Asiatic Shipwrecks off the California Coast." *Anthropological Journal of Canada*, vol. 18, no. 3 (1980): 17–23.

Prazniak, Roxann. "Discussion: Menzies and the New Chinoiserie: Is Sinocentrism the Answer to Eurocentrism in Studies of Modernity?" *The Medieval History Journal,* Vol. 13, No. 1 (2010): 115–30.

Rankin, John. *Historical Researches on the Conquest of Peru, Mexico, Bogota, Natchez, and Talomeco in the Fifteenth Century by the Mongols*. London, UK, 1827.

Ruskamp, John A. Jr., *Asiatic Echoes: The Identification of Ancient Chinese Pictograms in Pre–Columbian North American Rock Writing,* N.p., 2013.

Shao, Paul. *The Origin of Ancient American Cultures*. Ames, IA: Iowa State University Press, 1983.

Vining, Edward P. *An Inglorious Columbus, or Evidence That Hwui Shan and a Party of Buddhist Monks From Afghanistan Discovered America in the Fifth Century, A.D*. New York: D. Appleton and Company, 1885.

Xu, H. Mike, *Origin of the Olmec Civilization*, Edmonton, OK: University of Central Oklahoma Press, 1996.

网络资料

"News from the Library of Congress", http://www.loc.gov/today/pr/2005/05–105.html, 2015.10.23.

"The '1421' Myth Exposed", http://www.1421exposed.com/html/library_of_congress.html, 2015. 10. 23.

吴彦

历史学博士，现任浙江大学人文学院历史系副教授和硕士生导师，主要研究领域为中东史、伊斯兰教史和伊斯兰史学史。兼任中国中东学会理事、南开大学世界近现代史研究中心兼职研究员。曾为北京大学历史系、日本神户大学国际文化学部和加拿大维多利亚大学人文学院历史系访问学者。现担任国家社科基金青年项目"沙特阿拉伯伊斯兰主义运动研究"、国家社科基金重大项目"中东部落社会通史研究"之子项目"阿拉伯半岛部落社会通史研究"、教育部人文社会科学研究青年基金项目"石油时代海湾君主国政治现代化进程研究"和浙江省哲学社会科学规划课题"浙江省伊斯兰教的历史和现状研究"的负责人。已出版专著《沙特阿拉伯政治现代化进程研究》，并在《世界历史（英文版）》《史学理论研究》《世界宗教研究》《国际论坛》和《西亚非洲》等期刊上发表论文十余篇。

郑和船队远航非洲的壮举
及其在印度洋世界的影响

郭晏光、陈忠平

【摘要】中外史学界一般认为明初郑和下西洋的船队在1405—1433 年间从中国南海出发，七次远航印度洋，并曾到达非洲东岸。但是，这一说法在郑和首航六百周年前夕曾遭到台湾一些学者的强烈质疑及岛内个别学者对质疑者的有限批评，却未得到中外史学界的足够注意和回应。本文使用原始史料、季风资料及考古证据对郑和船队远航非洲的历史事实进行了系统考证，就上述质疑者提出的疑点逐一加以辨析和澄清。在此史料考证的基础之上，本文也对世界史、特别是印度洋史领域忽视和误解郑和下西洋的论著提出了批评，强调郑和船队这一航海壮举对印度洋地区历史发展的广泛和长期的影响。

明代中国的伟大航海家郑和在 1405—1433 年七下西洋，访问印度洋沿岸的三十多个国家与地区，远达非洲东部。关于郑和船队远航非洲的记载不仅见于明朝初年的原始史料，而且也为明中期以来的许多学者和近代中外研究郑和的绝大多数专家一致认可，几乎已经成为中国史学界的共识和常识。但是，在郑和首航六百周年前夕，台湾一些学者却对上述中国史学界的定论提出强烈质疑，引起岛内其他个别学者的有限批评。迄今，这场学术讨论并未得到中外史学界的足够注意和回应。本文的目的在于系统辨析和澄清上述质疑者提出的疑点，确证郑和船队远航非洲的壮举，并对世界史特别是印度洋史领域中忽视和误解郑和下西洋的学术论著提出了批评，强调郑和船队这一航海壮举对印度洋地区历史发展的广泛和长期的影响。

一、关于郑和下西洋所留原始资料的误读与正解

中外学者关于郑和船队在七下西洋期间曾经到达非洲东岸的论断是以原始资料为依据的，而台湾一些学者对这一论断的质疑也从这些原始资料的重新解读开始。因此，本文将首先就这些质疑者对有关原始资料的误解进行辨析，以便正本清源。此外，本文还将综合以往学者对于这些质疑者某些个别观点的批评，更为系统地考察多种历史文献和文物等资料，对郑和船队访问非洲的问题做出结论。

在 1999 年，台湾成功大学历史系教授陈信雄先生首先发表了一篇通俗文章《郑和舰队曾经到过非洲？》（以下简称"陈信雄1999 年"），对这一中国历史学界的定论提出疑问。该文注意到从最早研究郑和的西方学者梅辉立（W. F. Mayers）在 1875 年发表的《15 世纪中国人在印度洋的探险》到 1905 年梁启超发表的第一篇中文论文——《祖国大航海家郑和传》，直到伯希和、冯承钧、郑鹤声及近来中外权威学者所发表的各种论著，都对郑和船队到达非洲的记载持肯定态度或没有提出异议。但是，陈氏在这篇文章仍然试图重新"解读原始资料"，全盘推翻这一中国史学界数百年来的定论。[1]

此后，陈信雄与其成功大学历史系同事陈玉女主编的《郑和下西洋国际学术研讨会论文集》在 2003 年出版，在其中他又发表了《郑和船队究竟到过那［哪］些地方？》一文（以下简称"陈信雄 2003 年"）。该论文进一步扩充陈信雄 1999 年发表的通俗文章，罗列明代初年的有关原始资料及此后出现的有关中文史料和东非出土的考古文物等资料，否定其中有关郑和船队曾经访问非洲的任何证据。陈氏的观点直接影响了他的研究生王御风、余璦与林孟欣在该论文集中发表的《郑和下西洋航线的政经意义》一文及其另一研究生卢泰康在同一论文集中发表的《海外遗留的明初陶瓷与郑和下西洋之关系》一文。该论文集也收录了安焕然《评卢泰康〈海外遗留的明初陶瓷与郑和下西洋之关系〉》和张彬村

---

[1] 陈信雄，《郑和舰队曾经到过非洲？》，载台湾《历史月刊》1999 年 10 月号，第24 页。该文将梅辉立文章发表的时间误记为 1874 年。梅辉立系列文章发表的实际时间见：W. F. Mayers, "Chinese Explorations of the Indian Ocean during the Fifteenth Century." *China Review* 3, no.4 (1875): 219–25; 3, no.6 (1875): 321–31; 4, no.2 (1875): 61–67; 4, no.3 (1875): 173–190。

第三部分 史料与史观辨析：郑和下西洋与新、旧世界的全球化 **203**

《评陈信雄〈郑和船队究竟到过那［哪］些地方〉》的短评，但这两位学者仅表示了一些不同意见，并未对上述文章中的错误进行深入批评。[1]

同时，陈信雄自 2001 年 10 月起与成功大学客座教授苏明阳先生合作主编《郑和研究与活动简讯》期刊，于该刊上发表其本人及其同人和学生的多篇文章，否定郑和船队曾经到达非洲。[2] 陈信雄于 2002 年 6 月退出该刊编辑工作，苏明阳独自主持编务。在此前后，苏氏又于该刊及其他刊物发表数篇文章，反驳陈氏及其支持者，并在后来将这些文章收入他在 2004 年自费发行的论文集。[3] 在 2004 年 3 月，陈信雄及其成功大学历史系的同人接替苏氏，再次主编《郑和研究与活动简讯》，并继续在该刊发表文章质疑郑和船队曾经访问非洲的历史事实及有关史料，直至 2005 年 12 月停刊为止。[4] 虽然这场争论仅在陈信雄和苏明阳所分别主编和出版的刊

[1] 关于该论文集中陈信雄的文章及其对于王御风、余璱和林孟欣以及卢泰康文章的影响之处，见陈信雄、陈玉女主编，《郑和下西洋国际学术研讨会论文集》，台北，稻乡出版社 2003 年版，第 203—206 页、第 241—246 页、第 259—294 页。安焕然对卢泰康文章的评论及张彬村对陈信雄文章的评论，见该论文集第 388 页、第 397—398 页。

[2] 成功大学郑和研究站（http://conf.ncku.edu.tw/~chengho/，2015 年 6 月 20 日查阅）。该刊早期发表的有关质疑郑和船队访问非洲及有关史料的文章，见该网站所载《郑和研究与活动简讯》2001 年第 2 期，陈信雄，《郑和出使海外的前代先例》，第 7—8 页；《郑和研究与活动简讯》2002 年第 3 期，陈信雄，《元代海外贸易的兴盛与衰落》，第 7—10 页；王御风，《郑和随员三人所作游记的异同与评价》，第 11—12 页。

[3] 苏明阳，《郑和所立三碑可靠性之分析》，载《郑和研究》2002 年第 1 期，第 27—34 页；《再论〈郑和船队到达非洲〉文献依据》和《浅论〈宋元航海与郑和下西洋比较〉》，均载《郑和研究与活动简讯》2002 年第 8 期，第 21—25 页。上述三篇文章皆收入苏明阳，《郑和下西洋及明初海外史地研究及评论集》（初编），基隆，2004 年版，第 1—8 页、第 217—221 页。

[4] 成功大学郑和研究站（http://conf.ncku.edu.tw/~chengho/）。《郑和研究与活动简讯》2005 年第 23 期曾发表陈信雄，《六百年来郑和形象的演变》，第 14—27 页。

物和论文集上进行，它却涉及郑和研究、印度洋地区历史以至于全球史的关键问题，所以需要从原始资料开始，对此问题做出系统的研究和分析。

郑和下西洋的主要参加者在当时或事后所留下的记载是最有价值的原始资料，但为数不多，其中关于他的船队访问非洲的原始记载更为珍贵和稀少。因此，以下的讨论将逐一排列此类原始资料，摘抄其中有关记载，指出陈信雄等质疑者的误解，并阐明不同史料之间的关联及其从不同角度证明郑和船队远航非洲的历史事实。

1. 郑和所留碑文中关于其船队到达非洲的记载

陈信雄 1999 年和 2003 年的两篇主要文章均承认郑和于宣德六年（1431）在江苏太仓所立的《通番事迹碑》与同年在福建长乐所立的《天妃灵应之记［纪］碑》最为详细地记载了他的船队航行所及之地，并提及非洲国家木骨都束（今索马里首都摩加迪沙）和卜剌哇（今索马里港市巴拉韦），但质疑该记载的真实性及以往学者对这两则碑文的解读。[1]

实际上，所谓《通番事迹碑》的较为完整的标题为《娄东刘家港天妃宫石刻通番事迹碑》，该碑并非郑和一人所立，而是他在宣德六年（1431）初第七次下西洋之前与另一正使太监"王景弘，副使太监朱良、周满、洪保、杨真、左少监张达等立"。其中关于上述非洲国家的记载如下：[2]

---

[1] 陈信雄，《郑和舰队曾经到过非洲？》，第 25—26 页；载《郑和船队究竟到过那［哪］些地方？》，第 263—264、272—275 页。

[2] 郑和等，《娄东刘家港天妃宫石刻通番事迹碑》，载郑鹤声、郑一钧编，《郑和下西洋资料汇编：增编本》，海洋出版社 2005 年版，上册，第 17—18 页。

……［郑］和等自永乐初，奉使诸番，今经七次，每统领官兵数万人，海船百余艘，自太仓开洋，由占城国、暹罗国、爪哇国、柯枝国、古里国，抵于西域忽鲁谟斯等三十余国，涉沧溟十万余里。……永乐十五年，统领舟师往西域，其忽鲁谟斯国进狮子、金钱豹、西马。阿丹国进麒麟，番名祖剌法，并长角马哈兽。木骨都束国进花福鹿并狮子。卜剌哇国进千里骆驼并驼鸡。爪哇国、古里国进糜里羔兽。

《天妃灵应之纪碑》又被称为《天妃之神灵应记》，在宣德六年冬立于福建长乐，但立碑人数更多，包括"正使太监郑和、王景弘，副使太监李兴、朱良、周满、洪保、杨真、张达、吴忠，都指挥朱真、王衡等"高级军官，并由"正一主持杨一初稽首请立石"。该碑铭中关于郑和船队到达上述非洲国家的记载也更为肯定和明确：[1]

……［郑］和等统率官校旗军数万人，乘巨舶百余艘……自永乐三年奉使西洋，迄今七次，所历番国，由占城国、爪哇国、三佛齐国、暹罗国，直谕南天竺、锡兰山国、古里国、柯枝国，抵于西域忽鲁谟斯国、阿丹国、木骨都束国，大小凡三十余国，涉沧溟十万余里。……永乐十五年，统领舟师往西域，其忽鲁谟斯国进狮子、金钱豹、大西马。阿丹国进麒麟，番名祖剌法，并长角马哈兽。木骨都束国进花福禄并狮子。卜剌哇国进千里骆驼并驼鸡。爪哇、古里国进糜里羔兽。

---

[1] 郑和等，《天妃之神灵应记》，载郑鹤声、郑一钧编，《郑和下西洋资料汇编：增编本》上册，第18—19页。

在陈信雄 2003 年的论文中，他肯定上述关于郑和下西洋的两件碑刻是"当事人直接的记载与物证……提供了最近距离的观察报道，有很高的正面价值"。但是，他又认为它们"以郑和之名而铭刻……其中可能存在的主观或混淆"需要加以注意。因此，陈氏就上述"第一手史料"提出三项疑点：1）两件碑刻皆谓郑和出使三十多国，但其中仅列十四国名称，不及碑文本身所称总数一半，而且所述非洲国家卜剌哇等进贡，意义不明，不可以理解为郑和船队曾经到达该国；2）两件碑刻号称郑和船队到达三十多国，但参与下西洋的马欢所著《瀛涯胜览》、费信所著《星槎胜览》与巩珍所著《西洋番国志》仅仅记载了二十九个所到国家，而且其中只有十一国名称与两件碑刻所载一致，并未包括木骨都束、卜剌哇等非洲国家名称；3）明宣宗在宣德元年和宣德三年曾降旨斥责郑和奉命兴建南京大报恩寺期间虚费粮赏，妄请赏赐，不守礼法。故而陈信雄即以此为据强调郑和夸大虚报的行事风格，质疑他在碑文中关于到达三十余国特别是非洲国家的说法。[1]

值得一提的是，在陈信雄 1999 年的通俗文章中，他尚且注意到《天妃灵应之记碑》明确记载了郑和船队"所历番国"包括非洲国家木骨都束。但该文将《通番事迹碑》中的有关记载曲解为木骨都束曾在第三国向明朝进贡，并推测因郑和夸大虚报，才将这一非洲国家加入后来所立的《天妃灵应之记碑》中所载船队到访国名单，以便凑足上述"三十余国"总数。[2] 但在陈信雄 2003 年的更为重要的学术论文中，他对于《天妃灵应之记碑》曾明确记载郑和船队到达木骨都束这一关键问题却完全忽略不提。

［1］ 陈信雄，《郑和船队究竟到过那［哪］些地方？》，第 272—275 页。
［2］ 陈信雄，《郑和舰队曾经到过非洲？》，第 26 页。

对于陈信雄的上述研究，苏明阳曾予以反驳。根据苏氏的分析，从《通番事迹碑》和《天妃灵应之记碑》上下文来看，有关郑和在永乐十五年（1417）统领舟师往西域期间，忽鲁谟斯、阿丹、木骨都束、卜剌哇、爪哇、古里等国进贡的记载都应理解为郑和船队曾经到访各国。其中非洲的两个国家木骨都束和卜剌哇在《通番事迹碑》已经出现，陈氏所谓郑和为了夸大而在《天妃灵应之记碑》中加入木骨都束为到访国的说法并不成立。此外，马欢、费信和巩珍各人仅随郑和航海一到三次，三人总共仅参加了第二、三、四和第七次下西洋，并且都没有参与郑和船队前往非洲的分腙，所以，他们所记载的实际到访国家仅有二十九国。但将这一数目加上非洲的木骨都束和卜剌哇，郑和船队到访的总数已经符合"三十余国"的说法，两件碑文对此记载并无夸大虚报之处。[1]更值得注意的是，苏明阳认为即使郑和可能在建大报恩寺时对朝廷有所妄请，但他刻立《天妃灵应之记碑》是为申谢和祈祷天妃保佑所立，情况完全不同。作为天妃的信徒，他绝无可能夸大虚报自己的功业，捏造其船队到达非洲国家木骨都束和卜剌哇的事实。[2]

实际上，陈信雄和苏明阳都未注意到《通番事迹碑》和《天妃灵应之记碑》的立碑人除了郑和，还包括正使太监王景弘以及多名副使太监，其中后一碑铭的立碑人更包括高级军官和一位寺庙主持。其中的王景弘等人曾参与七下西洋的活动，应该对船队到访木骨都束和卜剌哇的情况了如指掌。因此，他们绝不可能如陈氏所想象，全部附和所谓郑和夸大虚报的行事风格，在向天妃虔诚祈祷时集体撒谎。

---

［1］ 苏明阳，《郑和所立三碑可靠性之分析》，第28—30页。

［2］ 苏明阳，《再论〈郑和船队到过非洲东岸〉文献依据》，第23—24页。

更重要的是，陈信雄仅仅注意到明宣宗在宣德元年和宣德三年曾降旨斥责郑和夸大虚报等事，却完全忽视了前者在宣德六年（1431）《赐太监郑和诗》中对后者在永乐、洪熙和宣德三朝长期行事风格的高度评价：[1]

> 皇祖［永乐帝］嘉尔秉忠直，亦时骈蕃有龙锡……
> 仁孝［明仁宗］出震承天历，付尔南京之管龠。
> 式克恭慎谐静莫，朕［明宣宗］嗣大统日兢惕。

因此，陈信雄仅以明宣宗在宣德元年和宣德三年斥责郑和的诏书来判断后者的一贯行事风格已是武断的结论。根据这两则与上述宣德六年史料相反的记载，陈氏进而推测郑和与多名太监使者和高级将领在祈求天妃保佑时集体谎报其船队访问非洲国家，这一主观臆测更是错上加错。

2.《明实录》中关于郑和船队访问非洲的记载

《明实录》根据记载明朝历代皇帝言行事迹的皇室档案及其他官方文件编纂而成，是历史学家公认的最为可靠的原始资料之一。陈信雄2003年的论文指出《明实录》在永乐三年（1405）记载了永乐帝对郑和第一次下西洋的使命，但未载其船队所到之处。该书在永乐六年至宣德五年之间确实记录了皇帝指定前往的共二十八国地名，包括上述非洲的木骨都束和卜剌哇等国，但陈氏认为《明实录》仅仅记录了明朝皇帝命令郑和前往的国家或仅是"郑和的航行

---

[1] 朱瞻基，《宣庙御制总集》，见郑鹤声、郑一钧编，《郑和下西洋资料汇编》上册，第533页。

计划"，而非其船队实际抵达的地方。所以，他将这些原始资料摒弃不顾。[1] 即使他的批评者苏明阳也认为《明实录》没有记载郑和船队"全部所历番国名……实在太简陋了"，未曾给予特别重视。[2]

实际上，《明实录》在永乐和宣德两朝部分包括关于郑和船队到达非洲的明确记录和其他有关珍贵史料，现仅从其中摘录三则史料如下：

> ［永乐十四年（1416）十二月］丁卯，古里、爪哇、满剌加、占城、锡兰山、木骨都束、溜山、喃渤利、不剌哇、阿丹、苏门答剌、麻林、剌撒、忽鲁谟斯、柯枝、南巫里、沙里湾泥、彭亨诸国及旧港宣慰司使臣辞还，悉赐文绮袭衣，遣中官郑和等赍敕及锦绮、纱罗、彩绢等物偕往赐各国王。[3]

> ［永乐十九年（1421）正月戊子，］忽鲁谟斯、阿丹、祖法儿、剌撒、不剌哇、木骨都束、古里、柯枝、加异勒、锡兰山、溜山、喃渤利、苏门答剌、阿鲁、满剌加、甘巴里十六国遣使贡名马方物，命礼部宴劳之……癸巳忽鲁谟斯等十六国使臣还国，赐钞币表里，复遣太监郑和等赍敕及锦绮、纱罗、绫绢等物赐诸国，就与使臣偕行。[4]

> ［宣德五年（1430）六月］戊寅，遣太监郑和等赍诏往谕

---

［1］陈信雄，《郑和船队究竟到过那［哪］些地方？》，第264页、第275—276页。

［2］苏明阳，《郑和所立三碑可靠性之分析》，第28页。

［3］《明太宗实录》，台北，"中央研究院"历史语言研究所1962［1430］年影印本卷一八三，第1a—b页。

［4］《明太宗实录》卷二三三，第5a—b页。

诸番国……凡所历忽鲁谟斯、锡兰山、古里、满剌加、柯枝、卜剌哇、木骨都束、喃渤利、苏门答剌、剌撒、溜山、阿鲁、甘巴里、阿丹、佐法儿、竹步、加异勒等二十国及旧港宣慰司，其君长皆赐彩币有差。[1]

　　以上的第一段引文证明陈信雄关于木骨都束等非洲国家仅在第三国向郑和船队进贡的推论完全错误。相反，沈福伟先生根据明中期人陆容《菽园杂记》记载，认为郑和船队在永乐七年至九年（1409—1411）第三次下西洋时即已首航非洲，此后直到宣德六年至八年（1431—1433）第七次下西洋时连续五次访问非洲。但《菽园杂记》的资料来自费信的《星槎胜览·后集》，陈信雄认为并不可靠。[2]此外，戴文达认为郑和船队仅在永乐十五年至十七年间（1417—1419）第五次航海及永乐十九年至二十年间（1421—1422）第六次下西洋期间到达非洲，并推测非洲麻林地国（Melinda，今马林迪？）的使臣是在1415年首先经过榜葛剌（今孟加拉国及印度西部孟加拉邦地区）来到中国的，但他并未说明上述《明实录》第一段引文提及的木骨都束、不剌哇等其他非洲国家使臣是如何到达明朝首都的。[3]无论如何，上述来自《明实录》的第一和第二段引文显示木骨都束等非洲国家的使臣在永乐十四年（1416）郑和第五次下西洋之前及永乐十九年第六次下西洋前夕均

---

[1] 《明宣宗实录》卷六七，第 3b—4a 页。

[2] 沈福伟，《郑和宝船队的东非航程》，载纪念伟大航海家郑和下西洋 580 周年筹备委员会、中国航海史研究会编，《郑和下西洋论文集》第一集，人民交通出版社 1985 年版，第 168—171 页；陈信雄，《郑和船队究竟到过那［哪］些地方？》，第 276 页。

[3] J. J. L. Duyvendak, *China's Discovery of Africa* (London, UK: Arthur Probsthain, 1949), 30, 32.

曾来到明廷朝贡，所以永乐皇帝命令郑和船队护送这些使臣还国，并同时"赍敕"及携带赏物赐予各朝贡国国王。

在这两则引文中的皇帝诏令也绝非陈信雄所认为的"郑和的航行计划"。按照明朝法令，违反诏令的官员会受严重的刑罚。根据《大明律》中"制书有违"条及其纂注：[1]

> 凡奉制书、有所施行而违者，杖一百。违皇太子令旨者，同罪，违亲王令旨者，杖九十。失错旨意者各减三等。其稽缓制书及皇太子令旨者，一日笞五十，每一日加一等，罪止杖一百。

该条纂注进一步解释：

> 天子之言曰制，而书则载其言者如诏敕札谕之类。违不遵其言也，失错谓失解其意，行之误也。稽缓谓稽留迟缓不即奉行也。此条所犯凡三项：曰违，曰失错，曰迟缓。

上述明律明确规定违背皇帝的命令、误解旨意而出错或者延误执行皇帝的意旨，都会受到杖责的惩罚。郑和身为太监，其荣宠全系于皇帝一人。他以太监身份受命为正使七下西洋，受到永乐帝和宣德帝的特殊信任。如果他公然违反旨意、受命而不贯彻诏令派员前往卜剌哇、木骨都束等非洲国家宣读敕书、发放赏物，完全不可思议，也必定会为众多副使太监等随从向朝廷告发。

---

[1]《大明律集解附例》卷三（http://www.guoxue123.com/shibu/0401/01dmljj/005.htm，2015 年 6 月 20 日查阅）。

最为关键的问题是，陈信雄和他的批评者苏明阳都忽视了以上引用的《明实录》宣德五年的记载已经明确指出郑和船队"所历"或访问过的二十余国包括了卜剌哇、木骨都束等非洲国家。这一记载与前述《通番事迹碑》和《天妃灵应之记碑》一致，其主要的消息来源是郑和船队在宣德六年至八年第七次下西洋之后提交的报告。如果郑和及多名太监等随从不可能在祈祷天妃保佑的碑文中捏造其船队到达非洲国家的事实，他们更不可能斗胆在向明朝皇帝提交的报告中集体撒谎。

根据《大明律》中"对制上书诈不以实"条及其纂注：[1]

> 凡对制及奏事上书诈不以实者，杖一百，徒三年。非密而妄言有密者加一等。

该条纂注进一步指出：

> 承君问而对之曰对制，陈奏衙门公事者曰奏事，建言献策之类曰上书。人臣事君在于勿欺，若三者一有诈妄不实则欺君矣，故杖一百，徒三年。非有机密事情而妄言有密，此又诈不以实之最重者，故加一等杖一百，流二千里。

由于郑和在宣德六年至八年第七次下西洋途中已经去世，他的随员在归国之后向皇帝的报告中，更无必要按照陈信雄的想象，触犯欺君重罪，为夸大郑和功绩而在"所历"地方的名单上加上卜剌哇、木骨都束等非洲国家。来自《明实录》宣德五年的记载也说

---

[1]《大明律集解附例》卷二十四（http://www.guoxue123.com/shibu/0401/01dmljj/026.htm）。

明戴文达的上述推测有错误之处，郑和船队至少在第五、第六和第七次下西洋期间曾经抵达非洲。

3.郑和随员的记录中关于其船队访问非洲的记载

郑和下西洋随行人员所写的见闻记录，即前述马欢的《瀛涯胜览》、巩珍的《西洋番国志》和费信的《星槎胜览·前集》部分是陈信雄最为信赖的原始资料。陈氏认为《瀛涯胜览》是马欢对其亲自访问的二十个国家的"忠实之游历见闻……《西洋番国志》所载郑和所到之地与《瀛涯胜览》完全相同……可以作为《瀛涯胜览》的有力旁证"。但是，"《星槎胜览》记述作者'亲监目识'之地于其《前集》，也载'采辑传译'之地于其《后集》"，所以他认为仅《星槎胜览·前集》可信，其《后集》所记载的亚洲和非洲国家仅是费信"听来，抄来，或译自外国著作。再查马欢和巩珍的著作，也不曾到过这些地方"。陈信雄甚至宣称"郑和船队航行所及之地，其确切可信者，只有［上述］原始的两本半的旅行纪实"。由于这所谓的"两本半"书所记录的二十九个国家并不包括任何非洲国家，陈氏便断言郑和船队从未到达非洲。[1]

陈氏的学生王御风也认为马欢的《瀛涯胜览》记载体例与内容方面或有参考元人王大渊《岛夷志略》之处，但原创性高，可信度与史料价值亦高。巩珍的记述援用马欢的记载，但修补了马欢记载的脱漏处，也有一定史料价值。费信的《星槎胜览》则不仅在其《后集》大量沿用《岛夷志略》的内容，其写作模式、内容及用词亦多处抄录自《岛夷志略》，有严重误导之嫌。[2]苏明阳对陈信

---

[1] 陈信雄，《郑和船队究竟到过那［哪］些地方？》，第270—272页、第284页。

[2] 王御风，《郑和随员三人所作游记的异同与评价》第11—12页。

雄等提出的反驳仅指出马欢、巩珍和费信并未参加郑和七下西洋的全部活动，不能以他们亲自到访国家的记录来否定郑和船队分舟宗远航非洲的可能。但他基本同意陈信雄、王御风对上述三本著作的分析，尤其是他们对费信的《星槎胜览·后集》的批评。[1]

实际上，马欢的《瀛涯胜览》尽管是研究郑和下西洋的最为重要的原始资料之一，但因作者仅记述"目击而身履"[2]之国家，不提及他可能听闻的关于郑和船队访问非洲国家的事实，反而成为本书最大的缺点，对于研究陈信雄所提出的问题并无帮助。巩珍的《西洋番国志》与马欢的《瀛涯胜览》雷同，具有同样的局限性。而费信的《星槎胜览》除了在其《前集》中记载了作者亲身到访之处，也在其《后集》中记录了通过郑和船队的"传译"得到的关于非洲等国家的情况，是研究这一问题的最有价值的原始资料之一。

与陈信雄上述粗疏武断的结论相反，费信的《星槎胜览·后集》中所记载的阿丹国（今也门港市亚丁）、佐［祖］法儿国（今阿拉伯半岛南端的阿曼佐法儿）和天方国（今位于沙特阿拉伯境内的麦加）等都出现于马欢的《瀛涯胜览》和巩珍的《西洋番国志》二书之中，无疑为郑和船队或人员航行所及之地。[3]《记录汇编》本《星槎胜览·后集》中关于非洲国家木骨都束条目下并注

---

[1] 苏明阳，《郑和所立三碑可靠性之分析》，第30页、第32页。

[2] 马欢著、万明校注，《明钞本〈瀛涯胜览〉校注》，海洋出版社2005年版，第1页所载马欢《〈瀛涯胜览〉序》。

[3] 费信，《星槎胜览》，中华书局1952年版，《后集》第17—19页、第25—27页。关于阿丹、佐（祖）法儿和天方国的记载，亦见于马欢著、万明校注，《瀛涯胜览》，第76—85页、第99—104页；巩珍著、向达校注，《西洋番国志》，载向达校注，《西洋番国志、郑和航海图、两种海道针经》，中华书局2000年版，第33—37页、第44—46页及该书第58—60页附录3：《星槎胜览》《瀛涯胜览》《西洋番国志》三书篇目对照表。

明："自小葛兰顺风二十昼夜可至。"在另一非洲国家卜剌哇国的条目下也注明："自锡兰山由别罗南去二十一昼夜可至。"[1] 这些信息显然是费信通过"传译"得到的关于郑和船队分舶远航非洲国家的事实，可以佐证上述《通番事迹碑》《天妃灵应之记碑》和《明实录》的有关记载。当然，《星槎胜览·后集》也记载了一些费信从以往著作中"采辑"的资料，列举了一些郑和船队明显未曾到访的国家。所以，全书所记载的国家总数超过郑和碑文所自述的三十余国，而且并未注明其中的非洲国家是费信在永乐七年、永乐十三年或宣德六年前后跟随郑和航海时听闻其船队访问该地的信息。[2] 因此，上述明中期人陆容《菽园杂记》根据此书所做的记载，特别是近来学者沈福伟根据后者所作的郑和船队自永乐七年即访问非洲的推论可能也有失实之处，应该重新检视。

二、关于郑和船队访问非洲的
其他史料之质疑和辨析

除了上述郑和下西洋直接遗留的原始资料之外，明代中后期及清代早期的学者也摘录或利用明初的官府档案等原始材料，在他们各自的著作中保存了一些关于郑和船队远航非洲国家的记载。近年来的东非考古发现和印度洋的季风资料也为研究这一问题提供了新的证据。陈信雄 1999 年和 2003 年的两篇文章对上述部分史料逐条做了点评，但他对其中可以证明郑和船队访问非洲的资料极力加以质疑或曲解。因此，这些间接史料中关于郑和船队访问非洲的证

---

[1] 费信，《星槎胜览》，《后集》，第 21—22 页、第 24—25 页。
[2] 费信，《星槎胜览》，《前集目录》第 1—3 页，《后集目录》第 1—3 页。

据仍然需要仔细辨析。

1. 祝允明《前闻记》与郑和船队利用季风远航非洲的问题

明中期学者祝允明的《前闻记》从明初官府"题本"等档案资料中抄录了郑和船队的人员数目和组成、船只名称和种类，特别是其国内和海外里程，是极为珍贵的史料。[1]但陈信雄认为该书仅载海外地名八处，对马欢《瀛涯胜览》等书所载郑和船队所到地点无所增加。[2]但是，《前闻记》所载郑和船队到达这些地点的详细航程可以用来反驳陈氏否认该船队的分綜可以在其航行日程内利用季风到达非洲的推论。

陈信雄1999年的文章认为郑和船队需要利用季风航行，从中国到达波斯湾的往返行程需一年半左右。若该船队远行非洲则需利用冬季的东北季风前往，留在非洲等待夏季的西南季风回航，需要再增加一年的航行时间。但是，郑和每次航行多在一年半左右，他的船队当然无法到达非洲。[3]实际上，陈氏的结论基于一个关于利用印度洋季风航行的常识性错误。徐胜一指出："所谓季风，是因海陆热力差异随季节变化而产生的环流……东亚地区夏季因大陆受热为低气压所控制，而太平洋则为高压所笼罩，产生偏南风，是为夏季季风；冬季气压系统与夏季刚好相反，产生偏北风，是为冬季季风。"[4]由于太平洋和印度洋的季风十分相似，每半年就会转换到相反的方向，而前引《星槎胜览》指出从锡兰山到东非之间单程航行仅需二十一昼夜，在这两地之间利用反向逆转的季风往返航行最

---

[1] 祝允明，《前闻记》，中华书局1985年影印本，第72—75页。

[1] 祝允明，《前闻记》，中华书局1985年影印本，第72—75页。
[2] 陈信雄，《郑和船队究竟到过那［哪］些地方？》，第276页。
[3] 陈信雄，《郑和舰队曾经到过非洲？》，第26页、第31页。
[4] 徐胜一，《航海与季风》，载《科学月刊》2004年第35卷第2期，第121页。

多只需要大半年时间，而非一年。

实际上，在第七次下西洋期间，郑和主船队的分艅可能用了短于半年的时间就完成了从北印度洋和非洲东岸之间的往返航行及其在非洲的活动。根据《前闻记·下西洋》条目的记载和季风气象资料，郑和的主船队在宣德六年十二月九日（1432 年 1 月 12 日）乘东北方向吹来的季风离开福建五虎门，经南海驶向东南亚，并在宣德七年十一月六日（1432 年 11 月 28 日）到达印度次大陆南端附近的锡兰山。此时在印度洋地区从东北方向吹来的季风再度逐渐增强，该主船队继续向西北航行，在同年十二月二十六日（1433 年 1 月 17 日）到达忽鲁谟斯。在该地停留至宣德八年二月十八日（1433 年 3 月 9 日），印度洋季风开始转为从西向东吹，主船队也开船向东返航，在三月十一日（1433 年 3 月 31 日）回到锡兰山附近的古里。[1] 从 1432 年的 11 月 28 日至 1433 年的 3 月 31 日之间，该主船队的分艅完全可以首先利用东北方向吹来的季风从锡兰山驶向东非海岸，在当地各朝贡国活动后，在 1433 年 3 月再利用刚刚转为从西向东吹的季风从东非海岸驶回印度次大陆南端，加入在古里附近的主船队回航中国。

2.《郑和航海图》中的非洲国家资料

《郑和航海图》的全称是《自宝船厂开船从龙江关出水直抵外国诸番图》，原载于明末茅元仪所编定的《武备志》一书卷二四〇。该图所绘的航程以南京为起点，止于非洲东岸的慢八撒（今蒙巴

---

[1] 祝允明，《前闻记》，第 72—75 页。关于以上不同季节季风在中国南海和印度洋方向变动的气象资料，见苏明阳，《郑和船队航行利用季风及洋流》，载《郑和研究与活动简讯》2002 年第 7 期，第 9 页。

萨），并包括木骨都束、卜剌哇等共十四个非洲地名。[1]茅元仪在该地图序中称："明起于东，故文皇帝［永乐帝］航海之使不知其几十万里……当是时，臣为内竖郑和，亦不辱命焉。其图列道里国土，详而不诬，载以昭来世，志武功也。"[2]可见该海图与郑和下西洋直接相关。由于明朝在永乐末已经迁都北京，其使臣在此后不可能再从南京起程，而郑和下西洋之后明代使臣的航海活动极少到达西亚，更不及东非，所以该图几乎肯定反映了郑和船队下西洋的活动，包括其远航非洲的壮举。

陈信雄1999年通俗文章曾承认"此图有很大的成分可能是郑和下西洋所用的航海图，但可能也纳入一部分郑和以前或郑和以后的地名和航线"，因此不能贸然断言此图是纯粹依照郑和航行路线所绘制的海图，也不能根据图上绘记的东非地名及航线就断定郑和船队到过非洲。陈氏并举菲力普斯（George Phillips）、伯希和（Paul Pellio）、戴温达、范文涛等以往学者的看法，认为《郑和航海图》有些资料可能源自外国或元朝。[3]陈信雄2003年的学术论文坚持同样观点。[4]

陈信雄认为此图可能使用了前人留下的海图等资料绘制，这与上述中外学者的说法并无太大差异。但他以此来否定郑和船队曾经远航非洲，则既无前人的研究作为根据，也无任何新的可靠证据。与此相反，该地图中所绘郑和船队远航木骨都束、卜剌哇等非

---

［1］ 向达校注，《郑和航海图》，载向达校注，《西洋番国志、郑和航海图、两种海道针经·整理〈郑和航海图〉序言》，第4—6页；周运中，《郑和下西洋新考》，中国社会科学出版社2013年版，第283页。

［2］ 向达校注，《郑和航海图》，见《武备志》卷二百四十，第22页。

［3］ 陈信雄，《郑和舰队曾经到过非洲？》，第26—27页。

［4］ 陈信雄，《郑和船队究竟到过那［哪］些地方？》，第279—280页。

洲国家的航线则与《通番事迹碑》《天妃灵应之记碑》《明实录》及费信的《星槎胜览》等原始资料的有关记载完全一致，可以作为郑和船队抵达非洲的佐证之一。

3.东非考古资料与郑和船队到达非洲的问题

迄今，在东非通过考古发现的明初文物中尚无题款或其他确切的标志将它们与郑和或其船队直接联系。所以，此类史料只能作为郑和船队可能曾经到达东非海岸的间接佐证，不能与上述原始资料相提并论。但是，陈信雄长期从事中国古代文物的研究，他以东非出土的中国古代瓷器否定郑和船队曾经到达该地的说法仍然值得仔细检查。

陈信雄 1999 年通俗文章认为马文宽与孟凡人 1987 年出版的《中国古瓷在非洲的发现》一书是"对于东非出土的明初瓷器，说得最清楚、最完整的"[1]。但是，他对该书以这些文物作为郑和船队到达非洲物证的说法提出几点质疑。

首先，陈信雄完全忽略了《中国古瓷在非洲的发现》一书中关于在北非、东非和南非海岸国家发现大量明初或 15 世纪前后中国瓷器的报告，[2] 仅仅聚焦于其中九件断代为永乐和宣德时期的瓷器图片。他声称"这九件标本，没有款式，质地不佳，纹饰草率……于中央政府外交官员应当携带的'赏赉品'也有距离。当然，如果是一般民间贸易，可以是这种品质，但是民间贸易并非郑和舰队的任务和性质"。[3] 这一说法忽视了郑和船队确实曾在祖法

---

[1] 陈信雄，《郑和舰队曾经到过非洲？》，第 26 页。

[2] 马文宽、孟凡人，《中国瓷器在非洲的发现》，紫禁城出版社 1987 年版，第 5—6 页、第 8—9 页、第 12—14 页、第 17—20 页、第 26 页、第 28 页、第 32 页、第 35 页。

[3] 陈信雄，《郑和舰队曾经到过非洲？》，第 28 页。

220　　走向多元文化的全球史：郑和下西洋（1405—1433）及中国与印度洋世界的关系

儿等地用"磁〔瓷〕器等物"与当地民众进行大规模民间贸易的事实，[1]并因此错误推断上述瓷器不可能来自郑和派遣至非洲的船队。

其次，马文宽与孟凡人《中国古瓷在非洲的发现》一书将上述九件标本断代为永乐和宣德时期的瓷器，陈信雄也对此提出质疑。但是，陈氏引用的两份在1958年和1974年发表的英文原始出土报告将其中一件瓷器年代定为1500年左右，另八件定为1435—1487年（仅在郑和航海结束一年之后的时代！）或16世纪，甚至更晚的时代。此外，陈氏根据纹饰特征，对照另外五本陶器著作所载纹饰特征近似的瓷器及说明，认为上述九件标本之中的三件瓷器或作于正统年间（1436—1449）、成化年间（1465—1487），或为15世纪中期或更早时期的产品。至于其余六件标本，陈信雄1999年的通俗文章将其全部断代为成化时期或更晚时期。[2]但是，陈信雄2003年的学术论文又认为这六件标本之中的三件瓷器"接近郑和时期"，并承认"明初瓷器的断代，直到现在乃〔仍？〕甚含糊"。[3]也就是说，陈氏和他依赖的资料对这些明代瓷器的断代误差达到数十年或上百年，这种"含糊"不清的断代当然并不能确切排除上述九件东非出土瓷器是郑和船队带来的可能性。

实际上，除了东非出土的瓷器确实有永、宣时期的产品，近年在肯尼亚也发现了永乐钱币。2013年3月美国芝加哥菲尔德博物馆与芝加哥伊利诺斯大学的合作研究团队在肯尼亚的曼达（Manda）岛上，挖掘出了一枚"永乐通宝"钱币。根据菲尔德博物馆网站所载文章表示，在220年到1430年之间，曼达岛曾经

---

[1] 马欢著、万明校注，《瀛涯胜览》，第77页。

[2] 陈信雄，《郑和舰队曾经到过非洲？》，第28—29页；《郑和船队究竟到过那〔哪〕些地方？》，第280—281页。

[3] 陈信雄，《郑和船队究竟到过那〔哪〕些地方？》，第281页。

有过先进的文明，贸易在该岛的发展中扮演过重要的角色，但自1430年以后，曼达岛即被荒弃不再有人居住。[1] 因此，这枚永乐通宝钱币不可能在郑和时代之后被携带到非洲，极有可能是他的船队访问此地的结果。

应该指出，陈信雄质疑郑和船队曾经远航非洲的想法最初来自于他在1987年和1988年间在东非肯尼亚、坦桑尼亚等地考察出土陶瓷的个人经验。因为他在《郑和航海图》标注的东非各地曾见过宋元与明末时期瓷器，却极少见到永乐、宣德时期的瓷器，他便在上述两篇文章中对马文宽与孟凡人的著作中有关论述采用了攻其一点、不及其余的手法，否认明初瓷器在非洲的广泛存在。[2] 遗憾的是，陈氏不仅以这种个人经验和片面推论来质疑郑和船队曾经到达非洲的历史事实，而且进而试图贬低郑和下西洋在印度洋地区历史上的重要性。

三、郑和下西洋在印度洋地区历史上的影响问题

关于郑和船队是否到过非洲的争论实际涉及对于郑和下西洋在印度洋地区乃至于全球史上地位和作用的评价问题。陈信雄等人以否定郑和船队到达非洲的错误结论来贬低郑和下西洋成就的观点仅仅代表了华人学者当中极为少数的意见，所以至今还没有引起主流学者的注意和批判。但是，对于郑和下西洋的历史事实和成就采

---

[1] "Ancient Chinese Coin Found on Kenyan Island by Field Museum Expedition," http://www.fieldmuseum.org/about/ancient-chinese-coin-found-kenyan-island-field-museum-expedition (accessed 12 January 2014).

[2] 陈信雄，《郑和舰队曾经到过非洲？》，第29—30页；《郑和船队究竟到过那［哪］些地方？》，第281页。

取忽视、漠视、误解及恣意贬低的态度是全球史，包括印度洋地区历史论著之中司空见惯的现象。因此，对于陈氏的观点以及与其看法类似的论著进行批评可以正确了解郑和下西洋在中国史、印度洋地区历史乃至于全球史中的广泛和长期的影响。

陈信雄 2003 年的学术论文认为在 1127 年和 1368 年之间的"南宋到元代乃中国海外交通之黄金时代"。他并宣称："郑和下西洋比元代官员之出使海外国家，确有超越，但超越有限，并且看不到明确成果。"元人汪大渊以私人身份"两次航行，费时八年，而所到国家有九十九国……汪氏所到地区远比郑和广袤，所至国家数目是郑和所至国家的三倍以上"。因此，陈氏断言郑和船队可以进行浩大规模航海的主要原因之一是"宋元航海的遗产尚能利用"。但是，"郑和下西洋的性质、活力、所至地域乃至成果，都不如宋元甚远"[1]，不过是华人在印度洋地区航海、贸易等方面影响每况愈下的历史注脚而已。为了强调郑和下西洋低于此前华人在印度洋活动的成就，陈氏便自然需要有意或无意误读和曲解文献及考古等资料，否定郑和船队曾经到达非洲的历史事实。

在本论文集，陈忠平的长篇论文从郑和下西洋推动明清中国和印度洋地区朝贡—贸易关系的角度系统地讨论了他在中国史上取得的空前未有成就及其对印度洋地区乃至整个世界全球化的长期贡献。[2] 苏明阳也曾发表一篇短文反驳陈信雄的上述观点。苏氏指出宋元航海事业确实曾影响郑和下西洋，但这"在理论上（逻辑上）不能说前代胜于后代"。元代派往海外使者的船队和人员规模比郑和船队至少"要小十倍以上"，而元人汪大渊"以一人之身，随私

---

[1] 陈信雄，《郑和船队究竟到过那［哪］些地方？》，第 288 页、第 291—292 页。

[2] 陈忠平，《走向全球性网络革命：郑和下西洋及中国与印度洋世界的朝贡—贸易关系》。

有中国船或外国船”出游海外，“要访十国或百国只是随缘，随性所至”，与郑和船队的航海在规模和技术难度方面更是无法比较。[1]

本文进而通过对明初原始史料、东非考古文物和印度洋季风等资料的分析确认了郑和船队远航非洲的壮举，逐条反驳了陈信雄及其支持者对这一历史事实的质疑及对有关史料的误解，并以此证明陈氏用这种没有根据的质疑来贬低郑和下西洋成就的推论是错上加错。但值得注意的是，陈信雄贬低郑和下西洋的观点与印度洋地区史乃至全球史著作当中的某些流行看法具有相似之处。直到20世纪后期的全球史领域中，除了受到欧洲中心论或西方中心论影响的一些西文论著对郑和下西洋不赞一词之外，即使希望对这一学术倾向有所矫正的西文论著也对这一重大历史性事件也不无偏见和误解。

珍尼特·阿布－卢格霍德的《欧洲霸权之前：1250—1350年间的世界体系》在1989年出版，在全球史中影响较大。该书的主要目的和贡献在于补正此前世界体系理论中以15世纪中期为起点，并以近代欧洲为中心的理论偏颇和史实空白。作者指出在以西方为核心的近代世界体系形成之前，亚、非、欧旧大陆各地传统社会已经通过长途国际贸易、蒙古帝国的扩张等方式形成多个贸易网络和更大的贸易圈，组成世界经济体系。它与西方支配下的近代资本主义世界体系不同，其中各个贸易网络和贸易圈之间的经济关系平等，相互依存，并不存在等级从属关系。[2]但是，阿布－卢格霍德对于这一传统世界体系内中国部分的论述与陈信雄对于宋元到郑和

---

[1] 苏明阳，《浅论〈宋元航海与郑和下西洋比较〉》，载《郑和研究与活动简讯》2002年第8期，第24—25页。

[2] Janet L. Abu-Lughod, *Before European Hegemony: The World System A.D. 1250–1350* (Oxford, UK: Oxford University Press, 1989), 8–9, 33–36, 364–65.

时代华人在印度洋活动的观点颇有类似之处。

《欧洲霸权之前》一书指出从 13 世纪中叶到 14 世纪中叶的世界贸易体系涵盖了欧亚大陆大部分区域与非洲部分地区，主要由八个相互连接的亚体系或贸易圈组成，并可以分为西欧、中东与远东三个较大的贸易圈。这个世界体系存续约一个世纪，其中以中国为主的蒙元帝国通过促进陆路和海上的交通和贸易，起了关键性的连接和整合作用。[1] 所以，该书声称元朝是中国在近代以前取得最高成就的时期。但是，到了 14 世纪后半期，因为黑死病的流行与蒙古帝国的崩溃，这个世界体系迅速解体，并在后来为近代西方主导的世界体系所取代。由于郑和在 1405—1433 年的下西洋活动发生在这一所谓前现代的世界体系解体之后，他领导的航海和贸易活动只是作为明初帝国试图重新称霸这一世界体系的短暂努力及从其中全盘退出之前的最后举动而受到极为有限的注意。所以，该书用近两章来论述蒙古帝国的航海和贸易等方面的活动，但对郑和下西洋的零星分散讨论仅占两页左右。[2]

实际上，在黑死病爆发与蒙古帝国崩溃之后，郑和在印度洋地区进行的大规模下西洋活动表明当时的明朝仍然在这一地区的远洋航海、朝贡外交和国际贸易活动中发挥了连接和整合的领导作用。他的船队活动空前扩展了从中国直到东非的朝贡和贸易关系，联结了阿布－卢格霍德所说的世界体系的两个较大的贸易圈，即所谓中东与远东贸易圈。这种以明帝国与印度洋地区之间朝贡—贸

---

[1] Abu-Lughod, *Before European Hegemony*, 33–36，153–83. 关于该书内容的更详细讨论，见江华，《十三世纪世界体系论述评》，载《历史教学问题》2004 年第 5 期，第 64—67 页。江华将此八个亚体系称为西欧圈、地中海圈、欧亚大草原圈、埃及红海圈、中东波斯湾圈、阿拉伯海西印度洋圈、东印度洋南亚圈以及中国南洋圈。

[2] Abu-Lughod, *Before European Hegemony*, 153–83，316–51, esp. 316，341–48.

易关系构成的区域性联系实际在阿布－卢格霍德所谓的世界贸易体系解体之后并未消失，反而因为郑和下西洋的影响而得到空前的发展和扩张，并在此后长期延续，成为该地区早期全球化趋势的一个主要表现。[1]

当然，郑和下西洋在 1433 年的结束确实导致了此后华人在印度洋世界活动的减少和影响力的下降。据此，陈信雄 2003 年的论文得出如下结论："郑和之后，欧人东来，中国人逐渐退出海上活动。历史情势的发展，若大江东流，非任何人所能扭转。"[2]这种简单直观的陈述忽视了历史上不同人类集团之间活动的前后联系，却在许多关于印度洋历史或全球史的西文著作中不断出现，并被错误地用来表明郑和船队的数十年大规模航海活动本身缺乏长期持续的历史影响。

在早期的有关西文论著中，奥古斯特·杜桑的《印度洋史》于 1961 年在法国出版，并在 1966 年被翻译成英文发行。该书对郑和七次下西洋的船队和人员规模以及远达非洲的航海活动都予以简要论述，但它声称其最重要的成果仅为编纂少数学者知晓的《武备志》一书，而后者在印度洋史文献中的重要性还不如中国佛教徒到印度朝圣之旅后留下的记载。所以，最后是从另一方向进入印度洋的欧洲人用中国人发明的指南针和火药等武器装备实现了郑和未能成就的事业。[3]

在近来有关的权威西文论著中，克迪·乔杜瑞在 1985 年出版

---

[1] 参见陈忠平：《走向全球性网络革命：郑和下西洋及中国与印度洋世界的朝贡—贸易关系》。

[2] 陈信雄，《郑和船队究竟到过那［哪］些地方？》，第 292 页。

[3] Auguste Toussaint, *History of the Indian Ocean*, trans. June Guicharnaud (London, UK: Routledge and Kegan Paul Ltd., 1966), 78–80.

的《印度洋的贸易和文明：从伊斯兰教的兴起到 1750 年的经济史》和 1990 年出版的《欧洲之前的亚洲：从伊斯兰教的兴起到 1750 年的印度洋经济和文明》广受学者称赞。但前一书将郑和下西洋的时间误为 1404—1433 年，并仅将这一重大历史事件作为明初统治者对海外贸易采取前后矛盾政策的一个例证进行了简要讨论。后一专著仅在使用马欢的《瀛涯胜览》记载时顺便提及郑和的航海活动。[1] 同样，肯尼思·麦克弗森的《印度洋：人与海的历史》在 1993 年出版并在 2004 年再版，但该书也将郑和下西洋的时间误记为 1404—1433 年，并仅用两行文字来讨论这一事件所反映的明朝政府从赞助到停止海外远航及转向闭关锁国的政策。[2] 迈克尔·皮尔逊在 2003 年出版的《印度洋》一书更将郑和七下西洋错误记载为 1403—1433 年之间的六次航海，对他船队规模的夸大描述进行了批评性讨论，并宣称他和其他中国商人在印度洋的航行只是起了微小和短暂的作用。[3]

　　近来全球史领域内的西方学者论著开始对郑和下西洋给予越来越多的关注，但对其在全球化历史方面的长期影响仍然认识不足。如米勒·克尼在 2004 年发表的《世界史中的印度洋》一书较为详细地讨论了郑和下西洋的活动及其对印度洋地区华人航海、移民和通商等方面的影响。但该书认为明帝国因为不堪财政负担的原因最后退出这一地区，将推进近代贸易和历史进步的领导地位拱

[1] K. N. Chaudhuri, *Trade and Civilisation in the Indian Ocean: An Economic History from the Rise of Islam to 1750* (New York: Cambridge University Press, 1985), 60–61, 99, 154; *Asia Before Europe: Economy and Civilisation of the Indian Ocean from the Rise of Islam to 1750* (New York: Cambridge University Press, 1985), 118–19, 125.

[2] Kenneth McPherson, *The Indian Ocean: A History of People and the Sea,* in *Maritime India* (New Delhi: Oxford University Press, 2004 [1993]), 112.

[3] Michael Pearson, *The Indian Ocean* (New York: Routledge, 2003), 90–91.

手让给了欧洲人。[1]理查德·史密斯在 2009 年出版的《全球史中的前现代贸易》中主要探讨近代以前欧亚非大陆借由长距离贸易所连接而成的世界体系。史密斯强调当时的世界体系内的原动力来自中国，宋元时期的中国私人海外贸易兴盛，在明代初期却转向官方控制的朝贡—贸易体系。郑和曾率领庞大舰队远赴印度洋地区进行航海和贸易，但其目的是换取当地各国对中国的服从和朝贡，并未带来任何经济利益。他并错误地认为郑和船队未能建立任何长期的贸易基地和网络，以至于他的巨大宝船队像"幽灵"一样来去，过后便无踪影。[2]

可喜的是，上述无视或轻视郑和下西洋及其长期影响的学术倾向在最新的有关论著中已经得到某种程度的纠正。皮尤斯·马雷坎达塞在 2010 年发表的《海国印度：印度洋世界的贸易、宗教和政治》一书不仅以更多篇幅讨论郑和下西洋，还将他的航海活动与葡萄牙人从好望角东航的特征和模式进行比较，以检验后者是否从前者汲取到相关经验而进一步发展，最终得以建立其在印度洋区域的海上霸权。该书指出，郑和下西洋跨越印度洋区内五个区域；1）中国南海和东南亚区，马六甲为其船队贸易中心；2）孟加拉湾区，孟加拉（Bengal）、奥里萨（Orissa）与科罗曼德尔（Coromandel）等港口的城邦为中心；3）印度洋西海岸区，以古里（Calicut）、柯枝（Cochin）和小葛兰（Quilon）胡椒贸易的港口城邦为中心；4）波斯湾阿拉伯海区，以忽鲁谟斯（Hoermuz）、亚丁（Aden）等港口城邦为重要交易中心；以及 5）东非地区：木骨都束（Mogadishu）与麻林迪（Melinde）为区域中心。后来葡萄牙人

[1] Milo Kearney, *The Indian Ocean in World History* (New York: Routledge, 2004), 94–96.

[2] Richard L. Smith, *Premodern Trade in World History* (New York: Routledge, 2009), 139–40.

东航，其活动也集中在印度洋区域这些郑和下西洋时重复到访的贸易中心，并于当地建立其要塞以维持其海上贸易霸权。同时，葡萄牙人极力企图控制南亚与东亚之间交通要道马六甲、波斯湾地区的重要贸易枢纽忽鲁谟斯，以及亚丁等红海口和附近东非沿岸贸易的要地，而这三处也都是郑和船队一再到访的地方。[1]

从这一意义上说来，郑和下西洋对后来印度洋地区的历史、后来的葡萄牙人和其他欧洲人在该地区的活动以及相关的全球化历史都有长期的影响。为了深入全面了解这种历史影响，郑和船队远航非洲的壮举值得更仔细与深入的研究。对于陈信雄等少数学者否认郑和船队访问非洲的错误观点所进行的上述批驳和纠正仅仅是这项研究的第一步。

[本文的梗概来自陈忠平于 2013 年 6 月在加拿大历史学会上所宣读的论文第一部分，后经郭晏光扩充，在 2014 年 8 月维多利亚大学举办的"郑和下西洋（1405-1433）及自古以来中国和印度洋世界的关系"国际学术会议上宣读。该会议论文经陈忠平进一步补充资料，改写全文。]

---

[1] Pius Malekandathil, *Maritime India: Trade, Religion and Polity in the Indian Ocean* (New Delhi: Primus Books, 2010), 62–81, esp. 67–69.

征引文献

中文文献

安焕然,《评卢泰康〈海外遗留的明初陶瓷与郑和下西洋之关系〉》,载陈信雄、陈玉女主编,《郑和下西洋国际学术研讨会论文集》,第 387—389 页。

陈信雄,《六百年来郑和形象的演变》,载《郑和研究与活动简讯》2005 年第 23 期,第 14—27 页。

——,《元代海外贸易的兴盛与衰落》,载《郑和研究与活动简讯》2002 年第 3 期,第 7—10 页。

——,《郑和船队究竟到过那〔哪〕些地方?》,载陈信雄、陈玉女主编,《郑和下西洋国际学术研讨会论文集》,第 259—294 页。

——,《郑和出使海外的前代先例》,载《郑和研究与活动简讯》2001 年第 2 期,第 7—8 页。

——,《郑和舰队曾经到过非洲?》,台湾,《历史月刊》1999 年 10 月号,第 22—33 页。

——,陈玉女主编,《郑和下西洋国际学术研讨会论文集》,台北,稻乡出版社 2003 年版。

陈忠平,《走向全球性网络革命:郑和下西洋及中国与印度洋世界的朝贡—贸易关系》。

《大明律集解附例》(http://www.guoxue123.com/shibu/0401/01dmljj/index.htm, 2015 年 6 月 20 日查阅),30 卷。

费信,《星槎胜览》,中华书局 1952 年版。

巩珍著、向达校注，《西洋番国志》，见向达校注，《西洋番国志、郑和航海图、两种海道针经》。

国立成功大学郑和研究站（http://conf.ncku.edu.tw/~chengho/，2015 年 6 月 20 日查阅）。

江华，《十三世纪世界体系论述评》，载《历史教学问题》2004 年第 5 期，第 64—67 页。

卢泰康，《海外遗留的明初陶瓷与郑和下西洋之关系》，载陈信雄、陈玉女主编，《郑和下西洋国际学术研讨会论文集》，第 219—257 页。

马欢著、万明校注，《明钞本〈瀛涯胜览〉校注》，海洋出版社 2005 年版。

马文宽、孟凡人，《中国瓷器在非洲的发现》，紫禁城出版社 1987 年版。

《明太宗实录》卷二七四，台北，"中央研究院"历史语言研究所 1962［1430］年影印本。

《明宣宗实录》卷一一五，台北，"中央研究院"历史语言研究所 1962［1438］年影印本。

沈福伟，《郑和宝船队的东非航程》，载纪念伟大航海家郑和下西洋 580 周年筹备委员会、中国航海史研究会编，《郑和下西洋论文集》第一集，人民交通出版社 1985 年版，第 166—183 页。

苏明阳，《浅论〈宋元航海与郑和下西洋比较〉》，载《郑和研究与活动简讯》2002 年第 8 期，第 24—25 页。

——，《再论〈郑和船队到达非洲〉文献依据》，载《郑和研究与活动简讯》2002 年第 8 期，第 21—24 页。

——，《郑和船队航行利用季风及洋流》，载《郑和研究与活动简讯》2002 年第 7 期，第 7—10 页。

　　_____,《郑和所立三碑可靠性之分析》,载《郑和研究》2002年第 1 期,第 27—34 页。

　　_____,《郑和下西洋及明初海外史地研究及评论集》(初编),基隆,2004 年版。

　　王御风、余瑷、林孟欣,《郑和下西洋航线的政经意义》,载陈信雄、陈玉女主编,《郑和下西洋国际学术研讨会论文集》,第 201—218 页。

　　王御风,《郑和随员三人所作游记的异同与评价》,载《郑和研究与活动简讯》2002 年第 3 期,第 11—12 页。

　　向达校注,《西洋番国志、郑和航海图、两种海道针经》,中华书局 2000 年版。

　　向达整理,《郑和航海图》,见向达校注,《西洋番国志、郑和航海图、两种海道针经》。

　　徐胜一,《航海与季风》,载《科学月刊》2004 年第 35 卷第 2 期,第 120—126 页。

　　张彬村,《评陈信雄〈郑和船队究竟到过那［哪］些地方〉》,载陈信雄、陈玉女主编,《郑和下西洋国际学术研讨会论文集》,第 387—398 页。

　　郑和等,《娄东刘家港天妃宫石刻通番事迹碑》,载郑鹤声、郑一钧编,《郑和下西洋资料汇编：增编本》上册,第 17—18 页。

　　_____,《天妃之神灵应记》,载郑鹤声、郑一钧编,《郑和下西洋资料汇编：增编本》上册,第 18—19 页。

　　郑鹤声、郑一钧编,《郑和下西洋资料汇编：增编本》(三册),海洋出版社 2005 年版。

　　周运中,《郑和下西洋新考》,中国社会科学出版社 2013 年版。

　　祝允明,《前闻记》,中华书局 1985 年影印本。

朱瞻基，《赐太监郑和诗》，原载朱瞻基，《宣庙御制总集》，转载于郑鹤声、郑一钧编，《郑和下西洋资料汇编》上册，第533页。

西语文献

Abu-Lughod，Janet L. *Before European Hegemony: The World System A.D. 1250-1350*. Oxford, UK: Oxford University Press, 1989.

"Ancient Chinese Coin Found on Kenyan Island by Field Museum Expedition." http://www.fieldmuseum.org/about/ancient-chinese-coin-found-kenyan-island-field-museum-expedition (accessed 12 January 2014).

Auguste Toussaint, *History of the Indian Ocean*, trans. June Guicharnaud. London, UK: Routledge and Kegan Paul Ltd., 1966.

Chaudhuri , K. N. *Asia Before Europe: Economy and Civilisation of the Indian Ocean from the Rise of Islam to 1750* . New York: Cambridge University Press, 1985.

_____, *Trade and Civilisation in the Indian Ocean: An Economic History from the Rise of Islam to 1750* . New York: Cambridge University Press, 1985.

Duyvendak，J. J. L. *China's Discovery of Africa* . London, UK: Arthur Probsthain, 1949.

Kearney, Milo, *The Indian Ocean in World History*. New York: Routledge, 2004.

Malekandathil, Pius. *Maritime India: Trade, Religion and Polity in the Indian Ocean*. New Delhi: Primus Books, 2010.

Mayers, W. F. "Chinese Explorations of the Indian Ocean during the Fifteenth Century." *China Review*3, no.4 (1875): 219–25; 3, no.6 (1875): 321–31; 4, no.2 (1875): 61–67; 4, no.3 (1875): 173–90.

McPherson , Kenneth. *The Indian Ocean: A History of People and the Sea*, in *Maritime India*. New Delhi: Oxford University Press, 2004.

Pearson, Michael. *The Indian Ocean*. New York: Routledge, 2003.

Smith，Richard L. *Premodern Trade in World History* . New York: Routledge, 2009.

郭晏光

加拿大维多利亚大学历史学博士候选人。自 2002—2009 年就读于维多利亚大学亚太研究系，先后于 2007 年、2009 年取得学士与硕士学位。2010 年进入同校历史系博士班，担任"印度洋世界"项目研究助理。曾任维多利亚大学亚太学系与历史系数门课程讲师，教授中国文化与历史等课程。研究兴趣包括中国近代史、华人移民史、中国现代电影与文学以及历史与文学关系。

第四部分

环境史的启示：

江南、东南亚社会与郑和下西洋

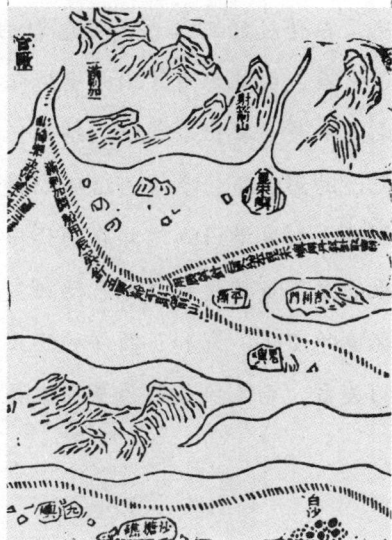

明代江南水系的变迁、刘家港的兴衰及郑和下西洋

梁志平

【摘要】明初夏原吉"掣淞入刘",将吴淞江上游引入娄江,直接出海。因此,娄江河道变得深阔,刘家港成为长江入海处最佳港口,被郑和选为下西洋始发港,其港口贸易达到高度繁荣。但是,夏原吉"掣淞入刘"并非是为了郑和下西洋所进行的工程。相反,在传统的三江导水观念影响下,夏原吉又"掣淞入浦",开凿范家浜,由此形成了由东南流向西北的黄浦江,并使其迅速成为太湖流域最主要出水通道。结果,娄江水势却越来越弱。在潮汐带来泥沙的影响下,娄江河道逐渐淤积。同时,受地球科氏力和海潮的影响,刘家港沿江河岸在明代中后期崩塌入海。因而,刘家港在此后的衰落虽然受到夏原吉治河方针的影响,但其主要原因在于地理环境的变化。郑和下西洋的终止则与这一水系环境的变化并无直接的关系,而主要是因为夏原吉及其后继的官员极力反对所致。

郑和下西洋举世瞩目，一直是学界津津乐道的话题，其中刘家港的兴衰与郑和下西洋的关系也是学界讨论的热点之一。由于郑和的船队通常以刘家港作为从长江出海、七下西洋的起锚点，学界对刘家港的自然地理条件、社会、政治及经济状况都展开了深入的讨论，成果斐然。其中代表性的研究包括张忠民、林承坤、马湘泳、茅伯科、田南帆、陈忠平诸先生的论著。[1] 这些研究细致入微，颇有见地。不过，上述学者对太湖整体水系环境的变化，特别是明初夏原吉治理太湖水利与刘家港兴衰及郑和下西洋始终之间的关系还缺乏系统的分析。本文拟就此作一专题研究。

一、夏原吉治理江南水系及其对
刘河和刘家港的影响

明初名臣夏原吉在郑和下西洋的活动中扮演了极其复杂的角色。在永乐年间，他曾长期为郑和船队的造船和远航积极筹措经费，史称"原吉悉心计应之，国用不绌"；但他也是永乐末年财政

---

[1] 张忠民，《江南地区的"口岸变迁"：公元 750—1840 年》，载《社会科学》2010 年第 12 期，第 141—148 页；林承坤，《古代刘家港崛起与衰落的探讨》，载《地理研究》1996 年第 2 期，第 61—66 页；茅伯科、田南帆，《郑和下西洋时的刘家港》，载《上海大学学报》（社会科学版）1985 年第 2 期，第 71—76 页；马湘泳，《元明时期刘家港的地理条件分析》，载《中国历史地理论丛》1995 年第 4 期，第 69—73 页；陈忠平，《刘河镇及其港口海运贸易的兴衰》，载《南京师大学报》（社会科学版）1991 年第 3 期，第 50—56 页。

危机中反对这一航海活动最为坚决的高级官员，在明成祖驾崩后，夏原吉建议太子朱高炽"罢西洋取宝船"[1]。同样，他治理江南水系，特别是开通夏驾浦和范家浜，对郑和船队赖以出海的刘河港的先盛后衰也产生了深远影响。

江南太湖流域是一个周边高、中间低的碟状洼地。其西部为山区，属天目山山区及茅山山区的一部分，中间为平原河网和以太湖为中心的洼地及湖泊，北、东、南三面受长江和杭州湾泥沙堆积影响，地势高耸，形成碟边（图1）。该区域内太湖及其他主要湖泊湖底高程一般为1.0米，其中部和东部洼地包括阳澄淀泖、青松、嘉北等区，地面高程一般为3—4.5米，最低处仅2.5—3米；其他平原区地面高程为5—8米；西部山丘区丘陵高程约10—30米，山丘高程一般200—500米，最高峰天目山主峰高程约1500米。太湖东部区是一个出水之地，但该区地面坡降过于平坦，又受海潮倒灌顶托，排水困难。[2]因此，在太湖东部，水从低地向高地涌涨，即进入冈身中的吴淞江故道低区以后才由高处向低处流出海。除此以外，出海水流还受潮水倒灌顶托。这两种因素使水流总体上呈缓流状态。[3]

太湖流域在江南开发初期因地多人少，积水虽多，但排水良好，唐代几乎无大水灾。五代时期圩田系统发达，水利管理到位，水灾也没有形成影响。宋代水利不兴，水灾加剧，如太湖东部，"积雨之时，湖溢而江壅，横没诸邑"[4]。因而治水者开始出谋划策。由于受唐代著名学者张守节关于三江概念的影响，宋代太湖治水者

---

［1］张廷玉等，《明史》卷一四九《夏原吉》，中华书局1974年版，第4151页、第4153页。

［2］黄宣伟编著，《太湖流域规划与综合治理》，中国水利水电出版社2000年版，第2页。

［3］王建革，《水乡生态与江南社会（9—20世纪）》，北京大学出版社2013年版，第3页。

［4］范仲淹，《上吕相公并呈中丞咨目》，载（明）姚文灏编辑、汪家伦校注，《〈浙西水利书〉校注》，农业出版社1984年版，第1页。

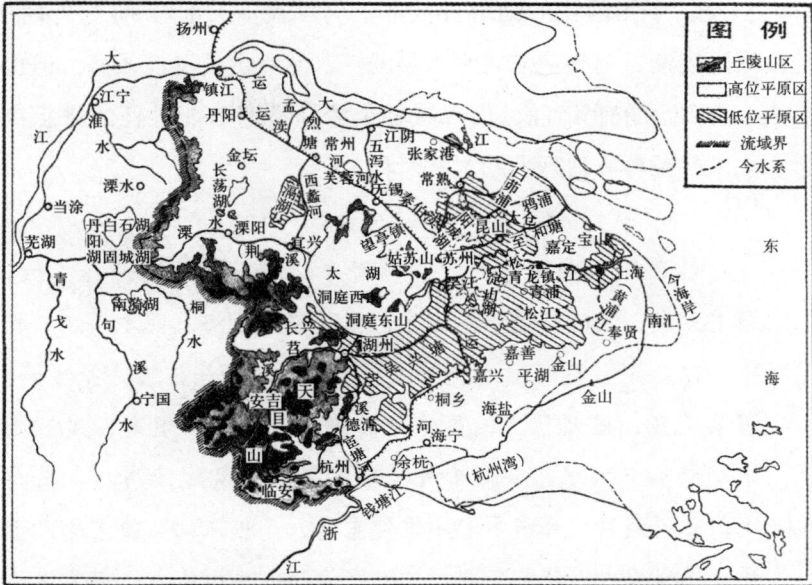

资料来源：中国科学院南京地理研究所、水利电力部太湖流域管理局，《太湖流域水系与地形图》（1：400000），1987年，本图由陈伟庆改绘。

图1　太湖流域地势分区图

认为《禹贡》"三江"即太湖三江，一味模仿大禹，疏导出水，导致治水失败。[1] 其原因是治水者刻意导江治水，开挖已经淤塞的所谓娄江和东江，使其中的任一排水河道都缺乏足够水源冲刷其本身淤泥和海潮倒灌的泥沙，保持畅通。的确，宋代以来，受《禹贡》"三江既入，震泽底定"说法的影响，人们普遍认为太湖有三条出水通道：居中的吴淞江、北边的娄江、南边的东江，并以为宋代以前南、北二江淤塞，需要重点疏浚。这种根深蒂固的三江导水观念制约了宋代以后太湖流域东部的治水过程。

[1]　王建革，《水乡生态与江南社会（9—20世纪）》，第42页。

但是，宋元两代的治水者基本上仍以疏治吴淞江为主，兼而疏浚周边港浦，引导诸浦之水入吴淞江，然后由吴淞江入海。但也有人主张疏治东北诸浦，借以减轻吴淞江逐渐不能胜任的排水负担，如宋代范仲淹治理太湖水利时称：

> 姑苏四郊略平，窊而为湖者十之二三。西南为泽尤大，谓之太湖，纳数郡之水。湖东一派，浚入于海，谓之松江。积雨之时，湖溢而江壅，横没诸邑。虽北压扬子江而东抵巨浸，河渠至多，湮塞已久，莫能分其势矣。惟松江退落，漫流始下。或一岁大水，久而未耗，来年暑雨，复为沴焉，人必荐饥，可不经画？今疏导者不惟使东南入于松江，又使东北入于扬子江与海也，其利在此。夫水之为物，畜而淳之，何为而不害？决而流之，何为而不利？[1]

不过，导太湖东北诸浦从江入海也有一个弊端，就是减少了吴淞江下水量，在某种程度上进一步加剧了吴淞江的淤塞。元代时吴淞江因为"清水日弱，浑潮日盛，沙泥日积"，所以"日就淤塞"[2]。因而，有人称范仲淹浙西治水"终无寸成"，对此元代都水庸田副使任仁发进行了反驳：

> 昔范文正公请开海浦，议者沮之。公力排浮议，疏浚积潦，数年大稔，民受其赐。载之方册，照然可考。谓之无成，可乎？[3]

---

[1] 范仲淹，《上吕相公并呈中丞咨目》，载《〈浙西水利书〉校注》，第 1 页。
[2] 任仁发，《水利议答》，载《〈浙西水利书〉校注》，第 61 页。
[3] 同上书，第 62 页。

其实，范仲淹治导东北诸浦是符合当时实际情况的，但宋代吴江长桥的修筑和宋元时期淀山湖的围垦，使得太湖出水更加受阻，水流在吴淞江三江口偏北方向漫流增强[1]。元代都水庸田使麻合马指出：

> 今太湖之水不流于［吴淞］江，而北流入于至和塘，由太仓出刘家等港入海；并淀山湖水东南流于大曹港、柘泽塘、东西横泖，由新泾、上海浦注江达海。[2]

故而，此时治水者开始在吴淞江南北两个方向寻找另外两个出水通道，元代都水庸田副使任仁发也按照三江导水的思想对娄江出海口定位：

> 今东南有上海浦泄放淀山湖、三泖之水，东北有刘家港、耿泾，疏通昆城等湖之水。吴淞江置闸十座以居其中，潮平则闭闸而拒之，潮退则开闸而放之，滔滔不息，势若建瓴，直趋于海，实疏导潴水之上策也。与古之三江，其势相埒。[3]

此后，元代太湖东北水系由至和塘经刘家港入海。正因如此，至

---

［1］ 郦道元称："松江自湖东北流，经七十里，江水奇分，谓之三江口。"即太湖下泄之水在此分为三股，故称为三江口，见郦道元著，杨守敬、熊会贞疏，段熙仲点校，《水经注疏》，江苏人民出版社1999年版，卷二九，第2446页。实际上，吴淞江在出太湖口到三江口后，因遭遇东来浑潮，形成一个汇水区，这一汇水区有三个分流方向，一是通过吴淞江高地地区成为吴淞江主流，南、北两个方向分流进入南北湖泊沼泽地带。详见王建革，《水乡生态与江南社会（9—20世纪）》，第32—42页。

［2］ 麻合马，《都水庸田使麻合马治水方略》，载《〈浙西水利书〉校注》，第70页。

［3］ 任仁发，《水利集》，载于苏州大学历史系苏州地方史研究室、太仓县纪念郑和下西洋筹备委员会编，《古代刘家港资料集》，南京大学出版社1985年版，第51页。

和塘常被人说成是娄江，治水者也开始试图从所谓三江中的娄江方向寻找出水通道。元代周文英在太仓刘家港及吴淞江等地实地考察后，提出了太湖之水由夏驾浦入娄江，弃吴淞江东南段不治的主张：

> 刘家港南有一港，名南石桥港，近年天然深阔，直通刘家港；西南通横塘，以至夏驾浦入吴淞江，其中间有迂回窄狭处，若使疏浚深阔，则太湖泄水一大路也。某今弃吴淞江东南涂涨之地姑置勿论，而专意于江之东北刘家港、白茅浦等处，追寻水脉，开浚入海者，盖刘家港即古娄江，三江之一也，水深港阔，此三吴东北泄水之尾闾。斯所谓顺天之时，随地之宜也。[1]

明代户部尚书夏原吉在治理太湖流域水道之初将周文英的想法付诸实践。明初浙西大水，"有司治不效"，永乐元年（1403），明成祖朱棣"命原吉治之"[2]。现有史料虽未表明明成祖朱棣命夏原吉治理太湖水系是为了随后的郑和下西洋，但夏原吉治水之初的结果在客观上为郑和下西洋创造了一个重要有利条件。

夏原吉认为治水关键是疏浚下游河道，使洪水畅流入海。但以往泄水干道吴淞江已严重淤塞，从吴江长桥至夏驾浦一百二十余里的上游河段虽可通水，但多有浅狭之处。自夏驾浦至上海县南跄浦口（吴淞江入海旧口，在今吴淞江口之南）的一百三十余里河道已是"潮沙障塞，已成平陆"，重新使之通畅，则工费浩大。因此，他着重疏浚吴淞江上游河段，引诸水入刘家河、白茆出海。根据他的计划：

---

[1] 周文英，《三吴水利》，载《〈浙西水利书〉校注》，第87页、第88页。

[2] 张廷玉，《明史》，第4150页。

按吴淞江旧袤二百五十余里,广一百五十余丈,西接太湖,东通大海,前代屡浚屡塞,不能经久。自吴江长桥至夏驾浦,约百二十余里,虽云通流,多有浅狭之处。自夏驾浦抵上海县南跄浦口,百三十余里,潮沙障塞,已成平陆。欲即开浚,工费浩大;且滟沙淤泥,浮泛动荡,难以施工。臣等相视,得嘉定之刘家港,即古娄江,径通大海,常熟之白茆港,径入大江,皆系大川,水流迅急。宜浚吴淞南北两岸安亭等浦,引太湖诸水入刘家、白茆二港,使直注江海。[1]

永乐元年(1403),夏原吉"役十余万人",对太湖水系进行治理,至第二年(1404)九月完工,此后"水泄,苏、松农田大利"[2]。这就是所谓的"掣淞入刘"。其直接结果是夏原吉着重疏导的刘河在此后一度宽深通畅,成为太湖之水从东北进入长江和东海的一条主要泄水道。如下所述,刘河港因此成为郑和船队由长江入东海的重要航海基地。

但是,夏原吉治太湖水利仍然深受《禹贡》"三江"观念的影响,他亦认为太湖有三条出水通道:居中的吴淞江、北边的娄江、南边的东江。在治水之初,夏原吉也希望"循禹三江入海故迹","浚吴淞下流"。[3]他认为已找到《禹贡》"三江",认定上述刘家港即古娄江,范家浜或上海县东的万家河即古东江。故而,在开夏驾浦引吴淞上流经刘家河从江入海之后,永乐二年(1404),夏原吉采纳松江叶宗人的

[1]《夏忠靖公治水始末》,载《〈浙西水利书〉校注》,第 91 页。
[2] 张廷玉,《明史》,第 4150 页。按:另据其他史料记载,夏原吉"役民夫五十余万",见金端表纂,《刘河镇记略》,第 299 页。
[3] 张廷玉,《明史》,第 4150 页。

建议，进而"浚范家港引浦水入海"[1]，即开凿范家浜，使黄浦江截过吴淞江下游之水，北流从今日上海附近入海。夏原吉声称：

> 又松江大黄浦，乃吴淞要道，今下流壅遏难疏。旁有范家浜，至南跄浦口，可径达海。宜浚令深阔，上接大黄浦，以达湖泖之水。此即《禹贡》三江入海之迹。[2]

这就是对后来太湖东部水利产生极大影响的"掣淞入浦"，它进一步改变了太湖下游泄水道的基本格局。黄浦江的上端紧接淀泖湖群，而淀山湖、泖湖一带地势较低，大小湖泊很多，成为太湖下游众水汇集之所，水域面积广，清水水源较多；加以吴淞江逐渐淤狭，宣泄不畅，泖淀地区之水长期没有出路，水位逐渐壅高。范家浜一开，下游通利，黄浦江总汇杭嘉之水，又有淀山泖荡诸水以建瓴之势，水量大，足以敌浑潮，所以黄浦得以自然扩大。范家浜未开之前，黄浦之广不及吴淞江之半。范家浜浚治之后，太湖下水主要从黄浦江入海。崇祯末年，刘河七十里河身"竟成平陆"[3]。成为"平陆"当然是略带夸张的说法，但此时刘河已是"一线细流"[4]，仅为一条无足轻重的塘浦；而黄浦则逐渐发展成为太湖下游的唯一大河。结果，黄浦江从夏原吉最初开浚的三十丈（约一百米）宽度，主要依靠自身的冲刷，河身逐渐加宽，最后取代刘河成为太湖泄水的主干河道。[5]

---

［1］张廷玉，《明史》，第 7195 页。

［2］《夏忠靖公治水始末》，第 91 页。

［3］顾士琏，《娄江志》卷上《初浚刘河申督抚按三台》，载《四库全书存目丛书》史部第二二四册，齐鲁书社 1996 年影印本，第 217 页。

［4］同上书，第 214 页。

［5］水利水电科学研究院《中国水利史稿》编写组，《中国水利史稿》，下册，第 74 页。

由此看来，夏原吉"挲淞入刘"目的是想让刘河来代替吴淞江，使之成为太湖主要出水通道，并非是为了郑和下西洋。若是为了郑和下西洋，夏原吉就不应该"挲淞入浦"，开范家浜，疏黄浦，夺刘河之水入海并承接吴淞江下游之水，北流直接入海。令夏原吉没有想到的是，在刘河一度成为太湖最主要出水通道之后，刘家港随之兴起，成为郑和下西洋的重要基地。

　　夏原吉一方面"挲淞入刘"，使刘河水流变大，刘家港得以进一步繁荣。但另一方面"挲淞入浦"，使黄浦江成为太湖水流下泄的主要通道，刘河水流渐趋微弱，刘家港作为良港的自然条件一点点丧失。因而，综合这两方面来看，夏原吉治理太湖水利在主观上与郑和下西洋可能没有必然联系。但在明代初年，他的治水活动导致了刘家港的一度鼎盛，在客观上为郑和船队提供了从长江入海的主要港口。

二、刘家港的兴盛与郑和下西洋的壮举

　　刘家港的兴起并不开始于明代郑和下西洋时期，而是经历了一个长期的历史过程。但本文要强调的是该港口在明初的航运贸易和城镇发展方面的突然鼎盛直接得益于夏原吉对于江南水道的治理及此后郑和七下西洋的活动。虽然夏原吉治理包括刘河在内的江南水系的活动并不一定是在主观上为拓展刘家港及郑和下西洋服务的，他却曾经对这一航海壮举在财政上提供长期支持。

　　刘河一名刘家河，刘河港也称为刘家港，并以该港为基础发展了刘河镇。刘家港从元代已经开始成为江南地区的重要航运、漕运和贸易港口，在夏原吉治理江南水系和拓宽刘河河道之后交通更为便利，并因此成为郑和船队从长江进入东海的基地。在郑和下西洋的大规模航海活动影响之下，刘河港达到其历史鼎盛阶段。

在元代以前，太湖东北流域没有出现过像刘家河（刘河）那样重要的出海干流。[1]也许是因受上述范仲淹到任仁发治理太湖东北水利的影响，元代刘家港开始兴起，并为人们所注意。特别的是元至元二十四年（1287），宣慰使朱清导娄江以通海运，"娄江始大"[2]，此时，"太仓刘家港及诸港汊，潮汐汹涌，可容万斛之舟"。[3]元末，刘家港附近的南石桥港也是"天然深阔"。[4]

正因为元代刘家港及附近便利的水运和港口条件，该港成为江南漕运的起始点，"海运千艘所聚"[5]。每年春夏之际，海船"毕集刘家港"[6]，成为当时江南重要港区。因太仓港区"外通琉球、日本等六国"[7]，故有"六国码头"之称：

> 元至元十九年（1282），宣慰朱清、张瑄自崇明徙居太仓，创开海道漕运，而海外诸番，因得于此交通市易，是以四关居民间阎相接，粮艘海舶，蛮商夷贾，辐辏而云集，当时谓之"六国码头"。[8]

明初，刘家港依旧是重要漕运港口。洪武十二年（1379），从

---

[1] 郑肇经主编，《太湖水利技术史》，农业出版社1987年版，第28页。

[2] 顾土琏，《娄江志》，第281页。

[3] 弘治《太仓州志》卷九《杂志》，见《日本藏中国罕见地方志丛刊续编》第3册，北京图书馆出版社2003年影印本，第245页。

[4] 周文英，《三吴水利》，第87页。

[5] 金端表，《刘河镇记略》，第304页。

[6] 郑元佑，《重建路漕天妃碑》，见顾沅辑，《吴郡文编》卷九二《坛庙》，载《古代刘家港资料集》，第113页。

[7] 嘉靖《太仓州志》卷一《建置沿革》，见《天一阁藏明代方志选刊续编》第二十册，上海书店1990年影印本，第110页。

[8] 弘治《太仓州志》，第12页。

该港由海道运粮七十余万石达辽东。洪武二十一年（1388），航海侯张赫督江阴等卫官军八万二千余人，由此出海运粮。洪武二十六年（1393），建海运仓于太仓大南门外，计九百一十九间，并设海运总兵署于半泾湾口。永乐元年（1403）三月，平江伯陈瑄在此总督运粮五十万石，赴北京。[1]

夏原吉"掣淞入刘"后，进一步改善了刘河的通水条件。由于清水量增加，水流迅急，其势更大，刘河变得"面势宏阔，泷涛奔壮"，成为"西水入海孔道"[2]，进一步增强了刘家港的贸易地位。

历史似乎充满巧合：虽无明确史料说明夏原吉"掣淞入刘"是为了郑和下西洋，但他的活动的确对刘家港的兴起和郑和下西洋产生了积极的影响。《明史》载，永乐三年（1405）六月，郑和下西洋"将士卒二万七千八百余人"，其大号宝船"修四十四丈、广十八丈"，计六十二艘。[3]郑和庞大的船队对母港的水运、物资、人员等条件无疑要求极高，而刘家港具有这样的自然条件：

> 刘家港在州城东七十里，港外即大海，水面宏广，与他港浦不同。[4]

按明制尺为 0.311 米计，郑和宝船长度为四十四丈，折合 138 米，六十二艘总长度为 8484 米；郑和船队其余大小船舶约一百五十艘，这些船若按平均长度 60 米计；郑和船队需用岸线的

---

[1] 金端表，《刘河镇记略》，第 299 页。

[2] 因刘河河水从西向东流，故称西水，见金端表，《刘河镇记略》，第 304 页。

[3] 张廷玉，《明史》，第 7767 页。

[4] 嘉靖《太仓州志》，第 115 页。

长度约为 20 千米。[1]虽然元代刘家港已是"海运千艘所聚"[2]，但这只是文学性的描述，仅凭刘河镇一个港口显然无法停泊郑和庞大船队。不过，江南河流密布，水网纵横，在刘家港港口上下也有一系列水口，如薛敬塘口、新塘口、杨林口、七丫（鸦）口等（图2）。这些水口在当时也是重要码头，它们一起组成了刘河港港区：

> 海在州城东七十里。自刘家港南，环七鸦浦北百余里，东北至崇明县二百六十里，水面两岸距四十里。[3]

当然，郑和选择刘家港港区作为起锚地，除了通江达海的良好港口和贸易条件，还与该港基础设施（漕运与仓储基地）健全及其宽广而富庶的江南腹地密不可分。[4]故而，刘家港的兴起为郑和下西洋奠定了坚实的基础。在郑和下西洋的带动下，外国贡使"络绎而来"，番商洋贾"慕刘河口之名"，刘家港"帆樯林立"[5]，越发繁荣：

> 维时鳌舫番舶，奇珍玮宝，络绎侯馆，鲛人海贾之利几遍天下，田肥民富足，供国家百万之财赋，其利赖于东南者甚巨。[6]

郑和下西洋导致刘家港的社会经济乃至地貌景观和城镇建筑都发生了重要变化。张泾附近沿浏河一带，元朝被称为南码头，海

[1] 林承坤，《古代刘家港崛起与衰落的探讨》，第 61 页。
[2] 金端表，《刘河镇记略》，第 304 页。
[3] 崇祯《太仓州志》卷七《水道》，明崇祯十五年（1642）钱肃乐定刻本，载《古代刘家港资料集》，第 34 页。
[4] 马湘泳，《元明时期刘家港的地理条件分析》，第 69—73 页。
[5] 金端表，《刘河镇记略》，第 367 页。
[6] 同上书，第 304 页。

元明时代刘家湾地理位置图

荡茜口
泾
鹿鸣泾口
泾
浪湾口
杠陵泾口
鸣
港
麋
坊
浦
西
六
花
尺
泾
塘
浦
东
花
浦
河
七丫口
北
东
杨林口
河
六
里
塘
崔
漕
吴
泾
新塘口
麋
坊
泾
桃源泾
杨
寺
杨
漕
泾
渭
泾
漕
塘
小
塘
泾
朱
家
子
河
浜
漕
泾
薛敬塘口
塘
泾
朝
堂
港
刘河镇
海
刘
河
河

图　例
堤防　　集镇
城墙　　山
比　例　尺
0　3　　　　　　　　3公里

资料来源：苏州大学历史系苏州地方史研究室、太仓县纪念郑和下西洋筹备委员会编，《古代刘家港资料集》附图，1985年。

图2　元明时代刘家港地理位置图

运粮仓即建在附近，永乐初年贮米数百万石。一般说，仓库、码头等基础设施多集中在太仓城郊与刘家港南北两岸，而以刘家港为主。[1] 在刘家港天妃宫两侧分布不少码头，如大码头、南货码头、看仓码头、大型海船码头等，各具职能，分工明确。郑和下西洋后，刘家港的对外贸易已跃居沿海各港的前列。郑和下西洋的壮举刺激了刘家港的繁荣，加快了港口市镇的建设。[2]

郑和船队七次下西洋期间，对该地的主要宗教建筑天妃宫，"每至于斯，即为葺理"。特别是在宣德五年（1430）冬郑和第七次下西洋前夕，郑和庞大舰队的百余艘船只停泊于刘家港天妃宫之前的港口，万余名"官军人等，瞻礼勤诚，祀享络绎，神之殿堂，益加修饰，弘胜旧规"。在原来的天妃宫之后，郑和等又重建"岠山小姐之神祠于宫之后"，即天妃的另一神祠。[3]

当然，刘河港及其周围的太仓在郑和船队航运活动中所起的作用也是极其重要的。如永乐九年（1411）六月，榜葛剌国（今孟加拉国）遣使朝贡，"令至太仓，上命遣行人往宴劳之"。[4]

关于郑和船队船只的类型，学界曾有过沙船与福船的争议。现在基本形成了共识，即主要船型是福船，但也有少量用于上岸的沙船。这些沙船主要来自太仓附近。[5]

---

[1] 马湘泳，《元明时期刘家港的地理条件分析》，第 73 页。

[2] 茅伯科、田南帆，《郑和下西洋时的刘家港》，第 71—76 页。

[3] 郑和等，《娄东刘家港天妃宫石刻通番事迹碑》，载郑鹤声、郑一钧编，《郑和下西洋资料汇编：增编本》上册，海洋出版社 2005 年版，第 17 页。

[4] 《明太宗实录》卷一一六，第 1475 页。

[5] 席龙飞、何国卫，《试论郑和宝船》，载《武汉水运工程学院学报》1983 年第 3 期，第 9—18 页；金秋鹏、杨丽凡，《关于郑和宝船船型的探讨》，载《自然科学史研究》1997 年第 2 期，第 183—196 页；席龙飞，《大型郑和宝船的存在及其出现的年代探析》，载《海交史研究》2010 年第 1 期，第 55—65 页。

此外，太仓一带为江南水乡，习水性者颇多。善下海远航者，不在少数。当地更有一批水军官兵以漕运为业，久经海浪风波。这正是下西洋所需理想船员。因此，郑和船队中的官军和水手，大都来自太仓及其周围地区，如费信、周闻即是当地人。太仓军士费信，曾三次跟随出使西洋，著有《星槎胜览》；周闻系太仓卫副千户，曾五次跟随出使西洋。[1]

由于郑和在下西洋期间曾经携带东南亚、南亚、西亚甚至东非的大量使臣回到中国或在出洋时将他们送归本国，可以想象当时他的船队在出国和回国停靠刘家港时，这些外国使臣也必定曾在当地从事贸易或与当地人民进行其他交往活动。当时该镇的繁荣程度，也肯定远远超过元朝的所谓"六国码头"时期。

值得注意的是，夏原吉治理江南水系而在客观上帮助刘河港兴起，也曾长期为郑和下西洋筹集经费，还撰文赞颂后者朝贡外交取得的成就。明成祖朱棣即位不久，夏原吉出任户部尚书。这一时期，朱棣迁都北京、增置武卫百司、派郑和下西洋、费用以亿万计，全由夏原吉筹措。夏原吉设立盐务衙门，以盐卡收税，谨防贪官。又将户口、府库、田赋等数字写成小条，放于袖中，以便随时参阅。[2]

永乐十三年（1415），麻林（今肯尼亚麻林地）贡麒麟，夏原吉撰《麒麟赋》："永乐十二年秋，榜葛剌国来朝，献麒麟。今年秋麻林国复以麒麟来献，其形色与古之传记所载及前所献者无异。臣

---

[1] 沈鲁民、郭松林、吴红艳，《郑和下西洋与太仓》，载《郑和下西洋论文集》第二集，南京大学出版社 1985 年版，第 15—26 页。

[2] 翁礼华，《夏原吉：支持迁都的功勋财长》，《钱江晚报》2010 年 11 月 3 日，D3 版。

闻麒麟瑞物也，中国有圣人则至。"[1]

虽然夏原吉当时可能仅仅是参与永乐周围的大臣，对所谓麒麟献瑞撰文赞颂，但联想到他为郑和下西洋在财政方面的帮助，他对这一航海壮举的支持态度是显而易见的。然而后来夏原吉联合朝廷其他高级文官转向反对郑和下西洋却导致了这一大规模航海活动的终止，他在江南治理水系的措施也导致和郑和下西洋密切相关的刘河港最后的衰落。

三、郑和下西洋的终结与刘家港的衰落

郑和下西洋突然停止于明初宣德八年（1433），而刘河港的最终衰落是在明代末期，这二者之间似乎并无直接的关系，学界对它们各自发生的多种历史和环境方面的原因已有深入讨论。但实际上，这两种历史现象仍然有一定的相互影响，并都与夏原吉在永乐和宣德时期的活动具有不同程度的关系。

关于郑和下西洋突然终止的原因，传统观点或者认为是明代实行海禁政策的结果，或者认为是郑和船队七次远航印度洋，造成永乐末年之后国库空虚，遭到夏原吉等诸多大臣的反对所致。但是，万明的研究证明郑和下西洋期间的官方海外贸易和朝贡外交活动与针对国内商人海上活动的海禁政策并不直接相关，而且明朝政府通过郑和船队输入大量胡椒、苏木等海外物品，以高价折算纸质宝钞，用来支付官俸、军饷甚至工匠和民夫的工资，既解决了当时宝钞贬值的

---

[1] 夏元吉，《麒麟赋》，见陈梦雷编，《古今图书集成》第五一册禽虫典上，台北，鼎文书局 1977 年影印本，第 563 页；参见张之杰，《永乐十二年榜葛剌贡麒麟之起因与影响》，载《中华科技史学会会刊》2005 年第 8 期，第 66—72 页。

财政危机，又为政府取得了上百倍的高额利润。不过，这种使用海外物品折俸转嫁政府财政危机的政策使得官员和将士收到的实际俸禄大为降低，引起他们的不满和对下西洋活动的敌视，群起反对。此外，郑和下西洋使得东西方贸易集散中心地转移到满剌加（今马六甲），明朝在此后也不必通过远航印度洋取得胡椒等海外物品。[1]

无论如何，夏原吉等明廷大臣在永乐末年对郑和下西洋开始表示公开反对，是这一大规模航海活动终止的直接原因。作为一位清廉正直的朝廷大臣，夏原吉从支持转向反对郑和下西洋显然并不仅仅代表官员的私人利益，也是由于关心当时的经济危机和国计民生。

明成祖朱棣迁都北京、增置武卫百司、派郑和下西洋，费用以亿万计。永乐十九年（1421）秋，朱棣决定第三次亲征漠北的鞑靼。这时国库早已空虚，夏原吉反对讨伐。朱棣大怒，系之大狱。在明成祖驾崩后，太子朱高炽问"赦诏所宜"，夏原吉对以：

> 赈饥，省赋役，罢西洋取宝船及云南、交趾采办诸道金银。[2]

夏原吉的出发点显然是减少朝廷的开支，太子"悉从之"。永乐二十二年（1424），明仁宗朱高炽即位，以经济空虚，下令停止下西洋的行动。

明仁宗在位不足一年。明宣宗即位后，翰林院编修周叙为杨士奇出策，让他乘交趾退兵之时，继续联络朝中重臣杨荣、夏原吉、蹇义和英国公张辅等人再次请求停下西洋：

---

[1] 万明，《郑和下西洋终止相关史实考辨》，载《暨南学报》（哲学社会科学版）2005年第6期，第119页、第120页。

[2] 张廷玉，《明史》，第4153页。

协心一词，从容恳欵（款），达于圣上：凡中官之在天下者，惟边防、镇守存之，余一切买办磁器、颜料、纸札、迤西、西洋等事者，悉皆停罢取归。一遵洪武故事，永不差遣。[1]

因此，宣德初年，夏原吉、杨士奇等老臣在明廷继续保持了政治影响，郑和下西洋的活动也一直因他们的反对而难以恢复。但是，在宣德五年（1430）夏原吉去世后，明宣宗立即重新启动了第七次下西洋，即使杨士奇等大臣反对，也无法阻止宣宗这一耗费巨大的航海活动。在宣宗于宣德十年（1435）去世后，年仅九岁的英宗登位，杨士奇、杨荣等重臣实际执政，他们当然可以继承夏原吉遗志，使下西洋的活动无法恢复。

此外，由于太湖下泄水量只够维持一条江的水量，夏原吉三江导水注定不能长久。直而宽的娄江河道极易迅速感潮淤塞，因为清流在大面积的河漕上无法取得对强潮的优势。在夏原吉"掣淞入浦"后，进入娄江的水量越来越少，西来的太湖清水不敌浑潮的力量，导致浑潮影响越来越大，娄江严重淤积，趋向萎缩。据康熙《崇明县志》载：

明永乐三年，太监郑和下西洋，海船二百八艘集崇明。永乐二十二年八月，诏下西洋诸船悉停止，船大难进刘河，复泊崇明。[2]

[1] 周叙，《石溪集》卷一《奉少傅东里杨先生第二书》，见《北京图书馆古籍珍本丛刊》第 102 册，书目文献出版社 1998 年影印本，第 9 页。
[2] 康熙《崇明县志》卷一四《逸事志》，见《中国地方志集成》（上海府县志辑）第 10 册，上海书店出版社 1991 年影印本，第 489 页。

由此可见，在永乐二十二年（1424）八月"下西洋诸番国宝船悉皆停止"的诏令下达后，郑和船队照例驶向太仓刘家港安泊。但在停泊刘河口时，较小的宝船尚能驶入，而最大的宝船则"难进刘河"，不得不拨转船头，驶向长江出口处崇明安泊。其时距郑和第一次下西洋仅二十年，刘河经过初期的淤积，河道已经变窄，原先一向能通过大号宝船的刘河，这次照旧再往里开，竟意外地发现"难进"了。

从环境变迁的视角来全面分析，刘家港的衰落不仅是因夏原吉"掣淞入浦"之后刘河水量减少，逐渐淤塞，而且也是因为江南内河排水与近海潮水倒灌之间互相作用的结果。此外，长江河口南岸的严重崩塌也是重要原因。不过，这些环境变化和刘家港的最终衰落主要是在郑和下西洋终结之后。

总的来说，太湖下泄水量只够维持一条江的水量，其下泄水道受潮汐影响范围很大。太湖流域东北部正是最主要的感潮区域（图3）。[1] 在水文条件上，太湖流域滨江沿海水域受东海潮汐的剧烈影响，长江口和黄浦江属中等强度的潮汐河口、河流。由于受潮流和太湖泄水的双重影响，水流在出海河口显往复流动。

这些河口地区是内河淡水与海洋盐水相互混合和作用的水域。由于江水和海水之间存在密度差并发生混合，造成河口区的水体含盐度变化。河水轻于含盐海水，使得前者"浮"在后者之上流动而形成盐水楔，其位置随潮汐的变化而上下移动。通常是丰水期盐水楔向外海后退，枯水期迫近乃至入侵内河。同时由于淡、咸水含盐量不同，比重较大的海水在涨潮时会在淡水面下呈现楔形，借助于海潮的冲击，卷起水底的泥沙，从而形成浑潮。泥

---

[1] 宋代以来太湖流域感潮区的范围与变化可参孙景超，《技术、环境与社会——宋以降太湖流域水利史的新探索》，第49—129页。

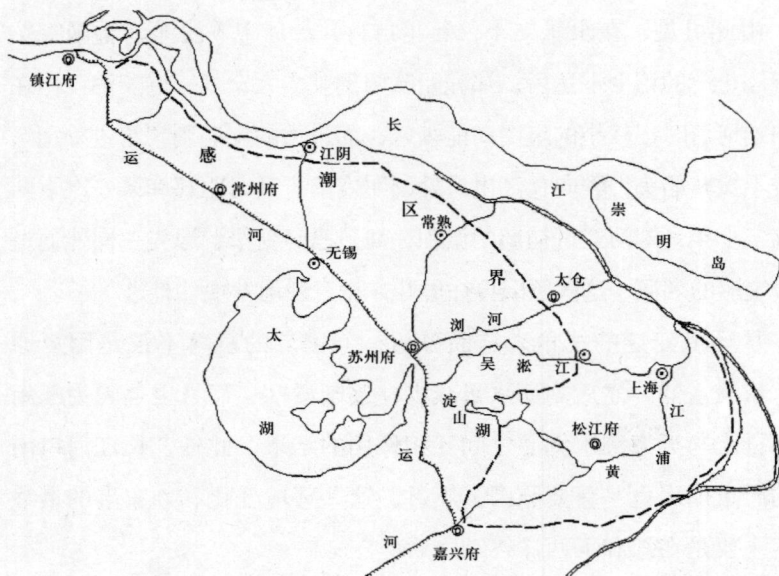

注：1.虚线以北为清代太湖流域感潮区。2.资料来源：孙景超，《技术、环境与社会——宋以降太湖流域水利史的新探索》，复旦大学博士论文，2009年，第63页。

图3　清代太湖流域感潮区范围示意图

沙随潮流涌入内河，引起河道淤塞。尤其是在水道繁杂的河口，潮水四通八达，常发生潮流相汇，称为会潮点，这里水流缓慢，泥沙大量沉积。

吴淞口以上，由于长江河口宽阔，进潮量丰富，潮汐沿江而上可达镇江，故沿江的江阴、武进、常熟、太仓、嘉定、宝山、崇明等地也会受到影响。[1]在太仓州境的水道首当其冲：

> ［海潮在］南则刘家港入，经昆山，西至信义界；北则
> ［自］七丫港入，经任阳西之石牌湾，潮水逆流过斜堰，入巴

---

[1]　孙景超，《技术、环境与社会——宋以降太湖流域水利史的新探索》，第60页。

城，此潮汐之大者也。[1]

也就是说刘河（所谓的娄江）为通潮干河，其影响最远可达昆山县治以西。浑潮所挟带的泥沙严重淤塞河道：

> 江流皆通潮汐，潮势汹涌迅激，挟泥沙而上，及其退也，水去沙停，日积日多，洪波渐成沮洳，沮洳渐成平陆。[2]

由于潮沙的影响，万历以后，刘家港"港为潮沙壅积，仅存一线矣"。[3]太湖流域受季风影响，旱涝不均。崇祯末年，在连续干旱的影响下，刘河淤塞成为定局：

> 崇祯末年，连遭奇旱，湖水不下，潮汐日淀。自家塘至公塘口，五十余里，涨为平陆。公塘西至盐铁口，稍通水线。[4]

故而，从水环境来看，在夏原吉"掣淞入浦"后，刘河淤塞是必然的。正如王建革先生所指出：刘河并不具备吴淞江那样的清流能力，不能压制浑潮，旋开旋淤。[5]

同时，明代以来长江口南岸不断坍塌入江，影响到刘家港附

---

[1] 宣统《太仓州镇洋县志·太仓州志》卷五《水利上》，见《中国地方志集成》（江苏府县志辑）第 18 辑，江苏古籍出版社 1991 年影印本，第 57 页。

[2] 《余起霞三江水利论》，光绪《昆新两县续修合志》卷四八《艺文六》，见《中国地方志丛书》（华中地方）第 19 号，台北，成文出版社 1970 年版，第 871 页。

[3] 严如煜，《洋防辑要》卷五《江南沿海舆地考》，载《郑和下西洋资料汇编》（下册），第 18 页。

[4] 顾士琏，《娄江志》，第 282 页。

[5] 王建革，《水乡生态与江南社会（9—20 世纪）》，第 47 页。

近的海岸，这也是刘河港衰落的另一重要原因。长江口南岸坍塌是科里奥利力和海潮（特别是风暴潮）共同作用的结果。科里奥利力（Coriolis force）亦称哥里奥利力、科里奥里斯力，简称为科氏力，是对旋转体系中进行直线运动的质点由于惯性相对于旋转体系产生的直线运动的偏移的一种描述。它会使江河左右岸受力不均（在北半球作用于右岸），所谓"左岸江倒右岸扶"就是这个道理。[1]

北半球受地球科氏力的影响，河流一般冲刷右岸，长江也一样。因此，科氏力是"促使长江入海主流向南偏移的重要因素之一"，而"江流是促使江口段两岸变迁的主导因素"。[2]长江河口由崇明岛分为北支与南支，刘家港位于南支的南岸。长江河口南支的河床与河岸均由全新世松散冲积物组成，可动性较大。明代中期长江河口的河势发生变化，在崇明岛的西北部也是北支进口处沉积了平洋沙和西三沙，使北支进口河床宽度束窄了近一半。导致进入北支的江流流量减少；进入南支的流量增加，流速也随之增大。南支江流与落潮流的动力轴线，在科氏力的作用下，偏向南支的右岸（南岸），使得刘家港所在的河岸发生崩塌。[3]

除了科氏力，海潮对刘家港海岸崩塌的影响也极大。波浪（尤其是伴随着风潮）是三角洲发育过程中破坏的主导因素。波浪

---

[1] 张子桢主编，《地理基础知识》，中国青年出版社 1982 年版，第 192 页。

[2] 陈吉余，《长江三角洲江口段的地形发育》，见陈吉余，《陈吉余（伊石）2000：从事河口海岸研究五十五年论文选》，华东师范大学出版社 2000 年版，第 26 页、第 29 页。陈家麟先生并不认为长江主流走向导致历史时期长江口两岸坍涨，而认为是控制节点和沙洲的变化引起深流内移直接冲刷岸壁，从而导致了江岸的崩塌［参陈家麟，《长江南岸岸线的变迁》，载《复旦学报》（社会科学版）1980 年历史地理专辑，第 71 页］。笔者以为陈家麟先生所言现象的背后还是科氏力在起作用。

[3] 林承坤，《古代刘家港崛起与衰落的探讨》，第 64 页。

受潮流以及江口季节增水的影响，力量增强，经常冲刷江槽的两岸，以及三角洲的陆缘部分。当台风过境时，如再遇到大潮汛，侵蚀力量就异常强大，海滨江岸坍塌的情况甚为惊人。[1]刘河是当时著名的风口，常受到风暴潮（飓风）的袭击：

> 飓风之发各口皆有，惟吾刘河口为更甚。[2]

在明代，刘河被视为"三吴门户"[3]。门户若淤塞，其后果可想而知。在刘河淤塞、河口拦门沙和江岸崩坍的共同作用以及清初战乱的影响下，刘河镇一片萧条，与明初郑和下西洋时期的繁荣相比，犹如两重天：

> 澛漕至天妃镇，出刘河镇，在昔年，江涛汹涌，万艘云集，鱼盐之利，闽越之货，为一郡饶，神宫金碧照耀，最为壮丽。圣妃灵迹，著在碑碣。自洪流不波，镇民凋残，戎马所过，十室九空，神宫倾圮，江干间寂。[4]

综上所述，夏原吉在永乐初年治理江南水系的活动对刘家港的兴盛和郑和下西洋产生过一定的影响，郑和船队的远航活动也曾受到夏原吉的长期支持，导致刘家港的一度鼎盛。但是，夏原吉及

---

[1]　陈吉余，《长江三角洲江口段的地形发育》，第 25 页、第 29 页、第 31 页。

[2]　金端表，《刘河镇记略》，第 468 页。

[3]　顾士琏，《娄江志》，第 273 页。

[4]　顾士琏，《新刘河志》附集《浚迹》，《四库全书存目丛书》史部第二二四册，齐鲁书社 1996 年影印本，第 171 页。金端表称："自康熙二十四年（1685），开海运通商以来，帆樯林立……"但这只是昙花一现，从水环境来看，不支持刘河港的繁荣，同时随着闭关锁国，刘河"又衰"，参金端表，《刘河镇记略》，第 372 页。

其之后官员在永乐末年的财政危机中开始转向反对郑和下西洋，迫使这一远洋航海活动无以为继。他的治水措施也在一定程度上导致刘河的淤塞与刘家港在郑和下西洋结束之后的衰落，但这种水系的变迁又有更为复杂的自然环境方面的原因。

四、结语

本文主要从江南水系与人类活动互动关系的角度来解释刘家港兴衰的原因及其与郑和下西洋的关系。夏原吉沿袭宋代以来治理"三江"的传统水利政策，导致了娄江的一度畅通和刘河港的兴盛，并为郑和下西洋创造了客观的条件。但他在永乐末年和宣德初年又因财政危机，出于对国计民生的考虑，与其他官员联合，终止了耗费巨大的下西洋活动。此外，他的治水方针也为后来娄江淤塞和刘河港最终衰落留下了隐患。

但对刘河港港口来说，自然环境的变迁起了更为决定性的作用。张忠民认为："江河之变迁乃是口岸变迁之先决条件。"江南河道水系的变迁决定了 750—1840 年江南地区的"口岸"变迁，没有刘河就没有刘家港，没有吴淞江就没有青龙镇，没有黄浦就没有上海。[1]虽然刘家港衰落了，但江南与世界的联系并没有因此而中断。在刘家港衰落过程中，上海港日渐兴起，并在近代开埠以后演变成为中国第一大港，成为中国与世界连接的桥头堡。

（文章在写作过程得到陈忠平先生的悉心指导，在此表示感谢。）

---

[1] 张忠民，《江南地区的"口岸变迁"：公元 750—1840 年》，第 141—148 页。

征引文献

陈吉余，《陈吉余（伊石）2000：从事河口海岸研究五十五年论文选》，华东师范大学出版社 2000 年版。

陈家麟，《长江口南岸岸线的变迁》，载《复旦学报》（社会科学版）1980 年历史地理专辑，第 71 页。

陈忠平，《刘河镇及其港口海运贸易的兴衰》，载《南京师大学报》（社会科学版）1991 年第 3 期，第 50—56 页。

顾土琏，《娄江志》，《四库全书存目丛书》史部第二二四册，齐鲁书社 1996 年影印本。

_____，《新刘河志》，《四库全书存目丛书》史部第二二四册，第 171 页。

光绪《昆新两县续修合志》，见《中国地方志丛书》（华中地方）第 19 号，台北，成文出版社 1970 年版。

弘治《太仓州志》，见《日本藏中国罕见地方志丛刊续编》第 3 册，北京图书馆出版社 2003 年影印本。

黄宣伟编著，《太湖流域规划与综合治理》，中国水利水电出版社 2000 年版。

嘉靖《太仓州志》，见《天一阁藏明代方志选刊续编》第 20 册，上海书店 1990 年影印本。

纪念伟大航海家郑和下西洋 580 周年筹备委员会、中国航海史研究会编，《郑和下西洋论文集》第一集，人民交通出版社 1985

年版。

金端表纂，《刘河镇记略》，见《中国地方志集成》（乡镇志专辑）第 9 册，江苏古籍出版社 1992 年影印本。

金秋鹏、杨丽凡，《关于郑和宝船船型的探讨》，载《自然科学史研究》1997 年第 2 期，第 183—196 页。

＿＿＿＿，《郑和下西洋论文集》第二集，南京大学出版社 1985 年版。

康熙《崇明县志》卷一四《逸事志》，见《中国地方志集成》（上海府县志辑）第 10 册，上海书店出版社 1991 年影印本。

林承坤，《古代刘家港崛起与衰落的探讨》，载《地理研究》1996 年第 2 期，第 61—66 页。

马湘泳，《元明时期刘家港的地理条件分析》，载《中国历史地理论丛》1995 年第 4 期，第 69—73 页。

茅伯科、田南帆，《郑和下西洋时的刘家港》，载《上海大学学报》（社会科学版）1985 年第 2 期，第 71—76 页。

水利水电科学研究院《中国水利史稿》编写组，《中国水利史稿》，下册，水利电力出版社 1989 年版，第 73 页。

苏州大学历史系苏州地方史研究室、太仓县纪念郑和下西洋筹备委员会编，《古代刘家港资料集》，南京大学出版社 1985 年版。

孙景超，《技术、环境与社会——宋以降太湖流域水利史的新探索》，博士学位论文，复旦大学历史地理研究中心 2009 年版，第 49—129 页。

万明，《郑和下西洋终止相关史实考辨》，载《暨南学报》（哲学社会科学版）2005 年第 6 期，第 113—121 页。

王建革，《水乡生态与江南社会（9—20 世纪）》，北京大学出版社 2013 年版。

席龙飞、何国卫，《试论郑和宝船》，载《武汉水运工程学院学报》1983 年第 3 期，第 9—18 页。

——，《大型郑和宝船的存在及其出现的年代探析》，载《海交史研究》2010 年第 1 期，第 55—65 页。

夏原吉，《麒麟赋》，见陈梦雷编，《古今图书集成》第 51 册《禽虫典上》，台北，鼎文书局 1977 年影印本。

宣统《太仓州镇洋县志·太仓州志》，见《中国地方志集成》（江苏府县志辑）第 18 辑，江苏古籍出版社 1991 年影印本。

杨守敬、熊会贞疏、段熙仲点校，《水经注疏》，江苏人民出版社 1999 年版。

姚文灏编辑，汪家伦校注，《〈浙西水利书〉校注》，农业出版社 1984 年版。

张廷玉等，《明史》，中华书局 1974 年版。

张之杰，《永乐十二年榜葛剌贡麒麟之起因与影响》，载《中华科技史学会会刊》2005 年第 8 期，第 66—72 页。

张忠民，《江南地区的"口岸变迁"：公元 750—1840 年》，载《社会科学》2010 年第 12 期，第 141—148 页。

张子桢主编，《地理基础知识》，中国青年出版社 1982 年版。

郑鹤声、郑一钧编，《郑和下西洋资料汇编》，齐鲁书社 1989 年版。

——，《郑和下西洋资料汇编：增编本》（三册），海洋出版社 2005 年版。

郑肇经主编，《太湖水利技术史》，农业出版社 1987 年版。

周叙，《石溪集》，见《北京图书馆古籍珍本丛刊》第 102 册，书目文献出版社 1998 年影印本，第 9 页。

梁志平

历史学博士。现任上海工程技术大学社会科学学院副教授，2014—2015 年间为加拿大维多利亚大学访问学者。主要从事历史文化地理、生态环境相关问题研究。主要著作包括《水乡之渴：江南水质环境变迁与饮水改良（1840—1980）》《定额制度与区域文化的发展：基于清代长江三角洲地区学额的研究》（与张伟然合著）。另在《历史地理》《中国历史地理论丛》《中国社会经济史研究》等刊物发表论文多篇。2010 年曾获上海市社联优秀论文奖。

郑和访问满剌加次数考证及评价
——历史与环境分析的个案

时平

【摘要】郑和下西洋期间究竟几次访问满剌加（今马来西亚马六甲州一带）？这一直是郑和研究中具有争议的问题。通过对马欢《瀛涯胜览》、费信《星槎胜览》以及《明太宗实录》、《郑和航海图》等原始文献及太仓《通番事迹碑》、长乐《天妃灵应之记碑》等碑刻记载的比较，并结合马六甲海峡地理特征、季风活动规律和郑和船队航线、航程的考察，本文认为郑和七次下西洋都曾到访过满剌加国，最早抵达满剌加的时间应是明永乐四年一二月间。本文同时认为郑和到访满剌加的次数不仅反映了满剌加在下西洋过程中的重要地位，而且对于明朝经略马六甲海峡地区、掌握东南亚地缘战略的主动权、促进满剌加国国际化转型都起到了杠杆和催化剂的作用。

从永乐三年（1405）至宣德八年（1433）间，明朝皇帝派遣郑和率领庞大船队七次出使西洋，先后访问东南亚和印度洋周边三十多个国家及地区，进行政治、经济、文化等友好交往，其中位于马六甲海峡的满剌加是郑和船队多次到访的国家。郑和庞大船队对15世纪初期满剌加国的崛起和繁荣产生过重要的作用，至今在马六甲市还有当年郑和船队驻节时留下的遗存和传说，成为中马友好的历史见证。但是，郑和下西洋期间究竟几次访问满剌加？这是长期以来郑和研究中带有争议的问题，并直接影响到当代中国和马来西亚两国对郑和与马六甲关系的表述。笔者通过对相关原始文献、碑刻的比较，结合马六甲海峡地理特征、季风活动规律和郑和船队航线、航程的考察，以及自己两次对马六甲市地理变迁、进出航路、官厂遗址及发掘文物的实际调查，尝试探究郑和与满剌加的关系，考证郑和到访满剌加的次数，并作简要评价。

一、郑和下西洋之前的满剌加

郑和下西洋时代前后的满剌加国位于马来半岛西南部，马六甲海峡北岸中部。该海峡自古以来就是沟通太平洋和印度洋之间的通道之一，也是郑和船队七下西洋的必经航路。但是，满剌加在郑和下西洋的前夕才出现于明代文献中，其建国之前和之初的历史都充满争议。

马六甲海峡呈东南至西北走向，其西北端通安达曼海进入印度洋，东南端经新加坡海峡通中国南海进入太平洋。从西端的韦岛（Pulou Weh）到东端的皮艾角（Piai），海峡全长 1080 公里，西北部最宽达 370 公里，东南部处约 37 公里，最窄处 5.4 公里，一般水深 25—27 米。[1] 满剌加地处海峡狭窄的地方。这些数据都是现代的统计，与六百多年前的海峡有所不同，尤其是河海交汇处的海岸地理变迁非常明显。海峡两岸入海河流一直携带大量泥沙冲入海峡，有些变化对于海峡内的航线和港口产生直接的影响，满剌加就是其中之一。笔者曾经两次实地考察，目睹当地发现的官厂遗址和挖掘的明初瓷器，并对 16 世纪初葡萄牙人绘制的满剌加地图加以研究，发现马六甲市地区海岸环境的变迁非常明显。这些变化对于不同时代的航运产生过重要的影响。

马六甲海峡海水深度由北向南、由东向西递减。该海峡位于赤道带之上，风力微弱，只有东北季风。飑线[2] 或地方性雷暴风力较强，但发生频率不高。直接影响海峡的有季风、海陆风和苏门答腊风。每年 10 月下旬到次年 3 月间，从亚洲大陆东部吹来寒冷的东北季风，5—9 月从印度洋及爪哇海吹来暖湿的西南季风。由于受到苏门答腊山脉的阻挡，西南季风势力较弱。每年 4—5 月和 10—11 月是季风的停滞或转换期，海陆风活跃：近海地带，白天风从海上吹向陆地，夜晚风从陆地吹向海洋，风力轻微，可以减轻大气压的沉闷，有利于帆船在峡内安全航行。古代的马来西亚渔民把这种海陆风称为"归家风"和"出港风"。西南季风期间，苏门答腊风影响马六甲海峡，特别是海峡南段东岸一带。在夜间或黎明发生飑线特征的猝发性风暴，风力可达 10 级，但时间

---

[1] 辞海编辑委员会，《辞海》（4）第六版，上海辞书出版社 2011 年版，第 2967 页。

[2] 飑线是气象学名词，指一种活跃的雷暴，风速急剧增大，气温下降。

短暂，影响范围不大。[1] 最早到来的葡萄牙人阿布奎克（Afonso de Albuquerque）对满剌加的航海地位以及特征有所描述："麻六甲的港口非常安全，没有暴风雨侵扰，从无一只船沉没。它成为季候风的起点与终点。所以麻六甲的居民称印度人为西方人，爪哇人、中国人和琉球人以及一切的岛民为东方人，麻六甲居于中央。航行安稳和快速，非新加坡港所能比。"[2] 从 16 世纪初阿布奎克的记述，可以进一步说明马六甲海峡的区位和地理特征，这里是印度洋季风的转换节点。在明初，满剌加有安全的港口。这些地理环境对于帆船时代马六甲海峡的航行和贸易极为有利。

满剌加在 15 世纪初崛起，在明代文献中也称麻六甲（今译马六甲）。《明史·满剌加国》中记载："满剌加，在占城南。顺风八日至龙牙门，又西行二日即至。或云即古顿逊，唐哥罗富沙。"[3] 对此，苏继庼先生在校注元代人汪大渊《岛夷志略》时提出，哥罗富沙应为马来半岛西部古国吉打，而不是指满剌加。[4]

实际上，明代以前的中外历史文献中都未曾出现过"满剌加"一词。英国研究马来西亚历史的学者理查德·温斯泰德考察外国历史文献的记载，曾写道："马六甲在 1292 年既不为马可·波罗所谈到，在 1323 年也不为波德诺内的弗拉·奥多里科所记载，1345 年伊本·巴图塔或 1365 年的《爪哇史颂》也都没有提到它，显然它

---

[1] 参见徐成龙、钟子祺、魏华琳编著，《马来西亚》（各国手册丛书），上海辞书出版社 1982 年版，第 6—7 页。参见马燕冰、张学刚、骆永昆编著，《马来西亚》，北京社会科学文献出版社 2011 年版，第 8 页。

[2] 转引自张奕善，《明代中国与马来亚的关系》，台北，精华印刷馆股份有限公司 1964 年版，第 32 页。

[3] 《明史》卷 325《外国六·满剌加》，中华书局 1974 年版，第 29 册，第 8416 页。

[4] 汪大渊著、苏继庼校释，《〈岛夷志略〉校释》，中华书局 1981 年版，第 124—125 页，注释 1 "苏洛鬲条"。

还不过是一个渔村而已。"[1] 到郑和下西洋访问时，满剌加应存在政治实体，是否已经建国，还需要从多种历史文献记载中梳理清楚。

中国最早记载马来半岛的历史文献是班固的《汉书》，在"地理志"条中记载：

> 自日南障塞，[2] 徐闻、合浦船行可五月，有都元国，又船行可四月，有邑卢没国；又船行可二十余日，有谌离国；步行可十余日，有夫甘都卢国。自夫甘都卢国船行可二月余，有黄支国，民俗略与珠厓相类。……自黄支船行可八月，到皮宗；船行可二月，到日南、象林界云。黄支之南，有已程不国，汉之译使自此还矣。[3]

一些学者对此研究认为，汉代已经形成从南海到印度洋的航线，一种航路循北部湾向南航行，沿印度支那半岛海岸航行进入暹罗湾，在克拉地峡从陆上转运进入印度洋，再航行至印度半岛等地。另一种航路从印度洋通过马六甲海峡海路回国。[4] 上述历史文献记录说明，至少汉朝时中国人已经掌握通过马六甲海峡的航线和航程，与航路经过的马来半岛南部一些地方有所交往。

---

[1] 理查德·温斯泰德著、姚梓良译，《马来西亚史》，上册，商务印书馆 1974 年版，第 70 页。

[2] 障塞一词，在以往学术界多解释为地名或军事要塞、军事屏障，有学者提出障塞是动词，是"阻塞不通的意思"。参见刘明金，《"自日南障塞"之"障塞"考》，载《海上丝绸之路》2015 年第 1 期，第 67 页。

[3] 《汉书》卷二八《地理志第八下》，中华书局 1962 年版，第 3 册，第 1671 页。

[4] 温雄飞，《南洋华侨通史》，东方印书馆 1929 年版，第 8 页、第 9 页之间插页；陈佳荣，《中外交通史》，学津书店 1987 年版，第 53 页插图；韩振华：《魏晋南北朝时期海上丝绸之路的航线研究——兼论横越泰南、马来半岛的路线》，载《中国与海上丝绸之路》，福建人民出版社 1991 年版，第 235—245 页。

从地理位置和当时沿岸航行线路来说，满剌加所在地是航行必经的地方。位于马来半岛西岸、马六甲海峡北口的浮罗交怡、槟榔屿地区岛屿较大，有天然的深水港，便于船舶停泊、躲避风暴和补给淡水，最早成为印度洋海上贸易的重要地区。《汉书》提及的两条贸易路线都是以此为枢纽的，满剌加地区也恰好是汉代沿马来半岛西海岸航行经过的地方。但历史文献并没有留下相关记录，不能明确证实当时中国是否与满剌加国所在地区有所接触。

汉代以后的历朝文献，记录中国人到达马来半岛、航行通过马六甲海峡进入印度洋的事迹逐渐增多。刘迎胜评价说："留存至今的两晋时代与海外诸国交通的资料虽然较少，但当时记载域外的书籍已经开始大量出现。"[1]《梁书》超越前代《汉书》《三国志》有关文献，详细记载了"海南诸国"。《隋书》中就记载马来半岛多个地方与中国的交往。最为清晰的记录出现于唐代。《新唐书》"地理志"条中记载从广州出发南行，航行十七天半抵达"海硖"，即马六甲海峡东口。"海硖，蕃人谓之'质'，南北百里，北岸则罗越国，南岸则佛逝国。佛逝国东水行四五日，至诃陵国，南中洲之最大者。又西出硖，三日至葛葛僧祇国，在佛逝西北隅之别岛，国人多钞暴，乘舶者畏惮之。其北岸则箇罗（哥罗）国，箇罗西则哥谷罗国。"[2]罗越国，今马来半岛南端柔佛一带，[3]有学者认为它词意为"海"，不代表政权[4]；佛逝国，即室利佛逝，位于苏门答腊岛，都

<hr>

[1] 刘迎胜，《海路与陆路——中古时代东西交流研究》，北京大学出版社 2011 年版，第 177 页。

[2] 《新唐书》卷四三下，中华书局 1975 年版，第 4 册，第 1153 页。

[3] 参见余定邦、黄重言等编，《中国古籍中有关新加坡马来西亚资料汇编》，中华书局 2002 年版，第 15 页，注释 10。

[4] 韦杰夫，《18 世纪以前的中南半岛与马来世界之间的海上航线》，载李庆新主编，《海洋史研究》第五辑，社会科学文献出版社 2013 年版，第 74 页，注释 3。

城是现巨港或占卑；诃陵国，今爪哇岛柬义里一带；葛葛僧祇国，有学者认为是今苏门答腊岛东北岸外的伯劳威斯岛；箇罗（哥罗）国，古代吉打国，即哥罗富沙，位于今马来半岛西岸；哥谷罗国，位于今马来半岛西北海岸。[1] 从《新唐书》"地理志"和"南蛮下"记述的航程、方位和一些社会习俗考察，[2] 与最早记录满剌加的明代马欢《瀛涯胜览》中描述比较，两者自然环境、习俗和经济活动存在很大区别。箇罗应不是明代满剌加的前身，现在也尚无史料证明它们之间存在直接的关系。宋元时期的有关文献中，如周去非的《岭外代答》、赵汝适的《诸蕃志》、汪大渊的《岛夷志略》以及正史、方志中都没有见诸满剌加的名字。从其在马六甲海峡的区位来说，无疑是中国和印度洋之间航线经过的地区，但为什么没有记载？值得研究。从马欢《瀛涯胜览·满剌加》和费信《星槎胜览·满剌加》中称它"旧不称国"的记录，以及人口不多、航运贸易并不发达的描述，说明在郑和下西洋前满剌加尚未发展起来，这或许是此前历史文献没有记录的原因。同时，需要指出的是，通过对现代马六甲市一带海岸线变迁的考察，与马欢和费信对满剌加地理特征的描述存在明显的变化。由于陆地入海的河道变窄，大量内陆泥土冲积，造成原来的海岸线向外推移一公里以上。这些自然变迁说明历史上满剌加所在地区航海地理环境处于不断的变化之中，它或许是影响满剌加地区航运地位变化的因素，对后来航运产生直接的影响。

满剌加国是在 15 世纪初建立的国家，不仅上述明朝以前的历史文献，即使在明洪武时期对外交往记录的国家中都没有出现满

---

[1] 参见余定邦、黄重言等编，《中国古籍中有关新加坡马来西亚资料汇编》，第 15 页，注释 6、注释 7、注释 8、注释 9、注释 10。

[2] 《新唐书》卷二二二下，第 20 册，第 6300 页。

剌加的名字。许云樵教授认为马欢的《瀛涯胜览》是"最早"记载满剌加的。[1]另据《明太宗实录》中记载，永乐元年（1403）十月"遣内官尹庆等赍诏往谕满赐（满剌加）、柯枝诸国，赐其国王罗销金帐幔及伞，并金织文绮、彩绢有差"。[2]这是中国官方历史文献中最早记录的明朝与满剌加之间的交往。马来人最早的历史文献《马来纪年》[3]，在"满剌加王国的缔造"章节中记述建国时期拜里迷苏剌从苏门答剌旧港渡海到淡马锡，又逃到麻坡居住，再辗转迁徙到峇淡河地区，在此以满剌加之名建国。[4]马来文献中没有记录建国的时间，只能从拜里迷苏剌生活的年代推测满剌加建国的大致时间范围。戈迪尼奥·德·埃雷迪亚认为满剌加在1398年建国。[5]英国东南亚史学家 D. G. E. 霍尔不认同满剌加在1400年之前建立。[6]张奕善、杨亚非、周中坚等研究认为满剌加于1400年建国。[7]许云樵教授认为其建国是在1403年。[8]万明指出至少郑和1405年第一

［1］ 许云樵，《明代载籍中的满剌加》，见许云樵译注，《马来纪年》（附录），新加坡，青年书局1966年版，第349页。

［2］ 《明太宗实录》卷二四，《钞本〈明实录〉》（据红格本影印），第2册，线装书局2005年版，第536页。

［3］ 《马来纪年》有两个版本，一是1612年希勒别（Shellabear）译写版本，另一是莱佛士（Raffles）藏本，时间在1536年之前。

［4］ 许云樵译注，《马来纪年》（附录），新加坡，青年书局1966年版，第118—131页。

［5］ 转自理查德·温斯泰德，《马来西亚史》，上册，第70页。

［6］ D. G. E. 霍尔著、中山大学东南亚历史研究所译，《东南亚史》，上册，商务印书馆1982年版，第260页。

［7］ 张奕善，《明代中国与马来亚的关系》，第33页；杨亚非，《郑和航海时代的明朝与满剌加的关系》，载纪念伟大航海家郑和下西洋580周年筹备委员会、中国航海史研究会编，《郑和下西洋论文集》（第二集），南京大学出版社1985年版，第207页；周中坚，《马六甲：古代南海交通史上的辉煌落日》，载上海中国航海博物馆主编，《国家航海》第七辑，上海古籍出版社2014年版，第173页。

［8］ 许云樵，《〈马来纪年〉的史学评价》，载许云樵译注，《马来纪年》（附录），第290页。

次下西洋时满剌加已经受到明朝册封为王国。[1] 余定邦教授等提出满剌加建国时间在 14 世纪末到 15 世纪初。[2] 尽管学术界对于满剌加建国时间存在不同观点，但多数倾向于 1400—1403 年间，而且尹庆于 1403 年奉命出使满剌加，说明满剌加政权已经存在。依据随郑和下西洋的马欢亲笔记录的满剌加社会，该地"旧不称国"，没有国王，只有头目或酋长，臣属暹罗，每年献贡四十两金子。[3] 郑和下西洋到达满剌加时，"田瘠少收"，人口只有几百人，不存在大规模的商贸活动，他们也对贸易船只进行劫掠。渔猎、少量的耕种和采锡是满剌加人的主要经济活动，种植的都是生长快的甘蔗、香蕉、菠萝、蔬菜和香料等作物，锡是满剌加人贸易的重要商品。[4]

由此可见，满剌加国主要兴起于郑和下西洋时期，并与他的庞大船队多次来访有密切关系。

二、郑和船队访问满剌加次数考证

中国与满剌加的官方交往始于永乐时期，尹庆和郑和是开端者。有学者曾统计，从永乐元年至宣德八年的三十年间，明朝政府与满剌加国双方使者交往二十一次。[5] 其中郑和究竟几次访问满剌

---

[1] 万明，《郑和与满剌加》，见万明，《明代中外关系史论稿》，中国社会科学出版社 2011 年版，第 316—318 页。

[2] 余定邦、黄重言等编，《中国古籍中有关新加坡马来西亚资料汇编》（前言），第 1 页。

[3] 马欢著、冯承钧校注，《〈瀛涯胜览〉校注》，"满剌加国"条，台北，商务印书馆 1962 年版，第 22—23 页。

[4] 时平，《郑和下西洋前后的满剌加社会》，载《东岳论丛》2014 年第 10 期，第 95—99 页。

[5] 张应龙，《郑和下西洋对中国与马来西亚友好关系发展的影响》，载林晓东、巫秋玉主编，《郑和下西洋与华侨华人文集》，中国华侨出版社 2005 年版，第 475—476 页。

加？学术界存在五次、六次和七次三种不同的说法。实际上，郑和船队在七次下西洋期间往返印度洋时，都曾经在满剌加访问和停留，他本人先后十五次到访此地。

当代中马两国领导人在谈及郑和与马来西亚关系时，都提到郑和下西洋曾五次驻节马六甲。如 1994 年 11 月 12—13 日，时任中国领导人的江泽民主席访问马来西亚，与马来西亚最高元首端古·加法尔和马六甲州元首会晤时讲："中马两国是友好近邻，我们两国的友好交往历史悠久。早在五百多年前，中国伟大的航海家郑和七下'西洋'，有五次驻节马六甲（满剌加），同当地人民结下了深厚友情。"[1] 历次马来西亚领导人在公开场合谈及郑和下西洋访问满剌加都持同一说法。上述双方官方的谈话所依据的都是来自《明实录》记录的统计。学术界对此并没有加以关注，而是基于各自的依据阐述自己的看法。台湾学者张奕善早年依据《明实录》记载，提出"郑和七下西洋，有五次到过麻六甲，访问过满剌加国王，传达了成祖、宣帝的谕旨"[2]。并根据明成祖和宣宗皇帝的谕令时间列出五次访问的年月，时间如下：

1. 永乐六年（1408）九月癸酉（第二次下西洋）

2. 永乐十年（1412）十一月丙申（第三次下西洋）

3. 永乐十四年（1416）十二月丁卯（第四次下西洋）

4. 永乐十九年（1421）正月己酉（第五次下西洋）

5. 宣德五年（1430）六月戊寅（第七次下西洋）

马燕冰、张学刚、骆永昆编著的《马来西亚》一书和黄荣春

---

[1] 《江泽民主席会见马来西亚最高元首端古·加法尔的讲话》，《人民日报》1994 年 11 月 12 日，第 1 版；《江泽民主席会见马六甲州元首的讲话》，《人民日报》1994 年 11 月 13 日，第 6 版。

[2] 张奕善著：《明代中国与马来亚的关系》，第 70 页。

在 2004 年发表的论文也持郑和五次到访满刺加的观点。[1]

周中坚依据《明史·满刺加传》和《明实录》记载，提出"郑和七下西洋，经停满刺加六次"[2]。年代如下：

1407 年，郑和第二次下西洋期间；

1409 年，郑和第三次下西洋期间；

1412 年，郑和第四次下西洋期间；

1416 年，郑和第五次下西洋期间；

1421 年，郑和第六次下西洋期间；

1430 年，郑和第七次下西洋期间。

值得注意的是，张奕善、周中坚等学者的上述统计不仅在郑和访问满刺加的年代上有不同说法，对其下西洋次序的排列也互不相同，但后一问题已经郑鹤声解决，与周中坚的上述说法相近，兹不重复。

郑一钧曾依据历史文献和太仓《通番事迹碑》、长乐《天妃灵应之记碑》的记录，提出郑和七次下西洋都访问过满刺加国，并逐一列出抵达满刺加的针路和航程。但他所依据的是《郑和航海图》等资料，并未使用原始的史料对郑和船队每次访问该地做出详细考证。[3]

关于郑和访问满刺加的次数，争议最大的是他的船队在第一次和第三次（据周中坚上述说法）下西洋期间是否经过该地的问题。其中郑和船队第一次下西洋期间访问满刺加的事实因资料缺

---

[1] 马燕冰、张学刚、骆永昆编著，《马来西亚》，社会科学文献出版社 2011 年版，第 95 页；黄荣春，《郑和与马六甲》，载福建省纪念郑和下西洋 600 周年活动筹备小组办公室编，《郑和下西洋与福建》，福建人民出版社 2004 年版，第 282 页。

[2] 周中坚，《马六甲：古代南海交通史上的辉煌落日》，载上海中国航海博物馆主编，《国家航海》第七辑，第 175 页。

[3] 郑一钧，《论郑和下西洋》（修订本），海洋出版社 2005 年版，第 187–216 页。

乏，最常为学者忽视，将在下面做重点论述。但郑和第三次下西洋期间访问满剌加的事实则比较清楚。

《明太宗实录》中没有记载永乐七年（1409）派遣郑和下西洋之事。因此张奕善早年依据《明实录》统计，就缺少第三次下西洋的航程，误将第四次下西洋的时间计为第三次。但是，郑和在宣德六年（1431）在江苏太仓刘家港所立《通番事迹碑》、同年在福建长乐南山寺所立《天妃灵应之记碑》均记载，"永乐七年统领舟师往前各国……至九年归……"[1] 参加郑和下西洋的费信在《星槎胜览》自序中记载，他"年至二十二，永乐至宣德间，选往西洋，四次随征"[2]。其随征年代如下：

永乐七年（1409）至永乐九年（1411）随郑和第三次下西洋；

永乐十年（1412）至永乐十二年（1414）随杨敏出使榜葛剌等国；

永乐十三年（1415）至永乐十六年（1418）随侯显出使榜葛剌等国；

宣德六年（1431）至宣德八年（1433）随郑和第七次下西洋。[3]

费信的记录进一步证实《明实录》遗漏了永乐七年派郑和第三次下西洋一事，因此可以说明郑和至少曾六次到访过满剌加国。现在问题的关键是：郑和第一次下西洋是否访问过满剌加？

根据上面所引用的《明太宗实录》记载：永乐元年冬十月宦

---

[1] 转自巩珍著、向达校注，《西洋番国志》（附录二），中华书局 2000 年版，第 52 页、第 54 页。

[2] 费信著、冯承钧校注，《〈星槎胜览〉校注》（《星槎胜览·序》），台北，商务印书馆 1962 年版，第 10 页。

[3] 费信在《星槎胜览》中云："于永乐十三年随正使太监郑和等往榜葛剌诸番。"冯承钧校注认为，时郑和正值下西洋之际，郑和应是侯显之误。费信著、冯承钧校注，《〈星槎胜览〉校注·前集目录》，第 1 页。

官尹庆等曾出使"往谕满剌加"。[1]尹庆去时是否经过满剌加，没有记载，但他回国途中肯定到访过满剌加。《明太宗实录》留下了记载，"［永乐三年九月］癸卯，苏门答剌国酋长宰奴里阿必丁、满剌加国酋长拜里迷苏剌、古里国酋长沙米的俱遣使随奉使中官尹庆朝贡，诏俱封为国王，给与印诰，并赐彩币、袭衣。"[2]而且永乐帝还在"［永乐三年冬十月］丁丑，赐西洋古里、苏门答加［剌］、满剌加、爪哇、哈蜜等处使臣及归附鞑靼头目宴"[3]。按照尹庆出发的时间和航程计算，他回程抵达满剌加的时间应在永乐二年（1404）。根据郑和前三次下西洋所走的航线和航程，他的船队通过马六甲海峡进入印度洋时，一般先到旧港，再航行至满剌加，然后到苏门答腊。[4]也就是说，尹庆访问柯枝诸国，从当时航线来说，满剌加是必经之处，并由此进一步推断尹庆使团永乐二年（1404）去时也必然曾经停留在满剌加。

但郑和第一次到达满剌加的时间仍有疑问。《明史·满剌加传》记载，满剌加国王"五年九月遣使入贡。明年，郑和使其国，旋入贡"[5]。这里指的是永乐六年（1408）郑和第二次下西洋时期之事。考察随郑和下西洋的费信、马欢和巩珍留下的"满剌加国"记载，也难以判断郑和第一次下西洋是否到达过满剌加。《通番事迹碑》和《天妃灵应之记碑》记录的永乐三年郑和统领舟师往古里等国，也没有直接提及满剌加名字。这些记述使得郑和第一次下西洋是否

[1]《明太宗实录》卷24，《钞本〈明实录〉》（据红格本影印），第2册，第536页。

[2]《明太宗实录》卷46，《钞本〈明实录〉》（据红格本影印），第3册，第15页。

[3]《明太宗实录》卷47，《钞本〈明实录〉》（据红格本影印），第3册，第18页。

[4] 费信著、冯承钧校注，《〈星槎胜览〈校注》，"满剌加国"条、"苏门答剌"条，第19页、第23页。

[5]《明史》卷三二五《外国六·满剌加》，第29册，第8416页。

访问过满剌加处于不明确的状态。查阅《明太宗实录》，其中有两则记载值得注意。

> ［永乐五年九月］壬子，太监郑和使西洋诸国还，械至海贼陈祖义等。……苏门答剌、古里、满剌加、小葛兰、阿鲁等国王遣使比者牙满黑的等来朝贡方物，赐其使钞币铜钱有差，仍命礼部赐其王锦绮、纱罗、鞍马等物。[1]

> ［永乐五年九月］戊午，新建龙江天妃庙成，遣太常寺少卿朱焯祭告，时太监郑和使古里、满剌加诸番国还，言神多感应，故有是命。[2]

两条史料记载的时间都是永乐五年九月，而郑和第一次下西洋回来的时间是永乐五年九月二日。这两则记载显示郑和第一次下西洋回国时，满剌加等多国使者来华朝贡。虽然没有写明满剌加使者随郑和船队同来，但多个国家使者一同来华献贡，这个时间与郑和船队回航时间是相吻合的。第二则记载更明确指出郑和船队在永乐五年九月的第一次下西洋期间曾经过满剌加。因此，可以肯定郑和第一次下西洋至少在回航时曾经停留在满剌加，时间是1407年。

在古代，帆船航行要充分利用季风和洋流动力穿越马六甲海峡。马六甲海峡地处赤道低气压带，风力较弱，一般在三级以下，最大不超过五级。每年5—9月，北印度洋和爪哇海盛行西南季

---

[1]《明太宗实录》卷七一，《钞本〈明实录〉》（据红格本影印），第3册，第90页。
[2] 同上书，第91页。

风，洋流顺时针方向流动，从阿拉伯海到孟加拉湾，部分洋流进入马六甲海峡西北部。按照马欢《瀛涯胜览·满剌加国》的记载，郑和船队在该地"等候南风正顺，于五月中旬开洋回还"[1]。祝允明在《前闻记》记录郑和第七次下西洋从满剌加返航的时间为宣德八年（1433）"五月十日"[2]。以此为据，可以推断郑和船队返回到达满剌加的时间应该在永乐五年（1407）五月间。

郑和船队第一次下西洋，去时是否经过满剌加，文献中没有记录。现在看到的《郑和航海图》虽然标有抵达满剌加的针路，但是该图毕竟是晚于第一次下西洋之后出现的。我们考察明朝时期通过马六甲海峡的航线，无论是费信在《星槎胜览》中记载的郑和船队前三次航线，即旧港—满剌加—阿鲁—苏门答剌进入印度洋，还是马欢《瀛涯胜览》中记载的第四至第六次下西洋期间占城—龙牙门—满剌加—阿鲁—苏门答剌进入印度洋，满剌加都是郑和船队进入印度洋必经的地方，返航时也需要停泊满剌加候风。由于苏门答腊岛以东的马六甲海峡中部航行条件受到水深、水流和海盗等因素影响，不利于航行，满剌加是处于马六甲海峡等候印度洋季风转换的最佳港口，这对郑和船队进出印度洋的航行来说也是必需的依托。1511 年 7 月葡萄牙军队攻占马六甲，担任葡国代理商的路易·迪·阿劳乔（Ruy d'Araujo）从马六甲给阿布奎克信中写道："中国人于四月来，而于五月起航回返。"[3] 这也说明满剌加是在郑和下西洋及其经

---

[1] 马欢著、冯承钧校注，《〈瀛涯胜览〉校注》，"满剌加国"条，第 25 页。

[2] 祝允明，《前闻记》，中华书局 1985 年影印本，第 75 页。

[3] 路易·迪·阿劳乔是 1508 年葡萄牙马六甲探险队西奎拉船上船员，1509 年在马六甲苏丹拘捕行动中被俘，与三十二名葡人囚禁马六甲狱中，获悉东方和中国见闻。原始文件藏于葡萄牙里斯本国家档案处：Tôrre do Tombo, Gaveta 14, Maço 8, No.21。转引自张增信，《明季东南中国的海上活动》（上编），台北，东吴大学中国学术著作奖励委员会 1988 年版，第 198 页。

略印度洋地区所需要的最佳季风转换港口之一。从当时的航行规律推论，郑和船队第一次下西洋去时无疑已经到访过满剌加。

根据前引万明的研究，永乐三年随尹庆来华的满剌加使者已经向明朝皇帝请求"封王之举"，并随郑和第一次下西洋的船队回国。郑和第一次下西洋去时已经访问满剌加，有赍诏赐印，建碑封城之举。[1]

通过对明朝最早记载郑和下西洋的相关文献分析，本文认为郑和船队七次下西洋都到访过满剌加。结合满剌加地理区位和帆船时代利用季风航海特点，本文进一步认为郑和七次下西洋往返都需要停泊满剌加，郑和率领船队首次到达满剌加的时间，从福建长乐出使航程计算，应该在永乐四年（1406）一二月间。郑和最后一次亲自率领船队从中国到达满剌加是宣德七年（1432）七月八日，在该地停留整一个月，然后继续向印度洋进发。该船队回航时于宣德八年（1433 年）四月二十日至五月十日之间再次停留满剌加约二十日，[2] 但其时郑和已在古里（今印度的卡利卡特）病故，由另一位正使太监王景弘率领船队到达满剌加。[3] 因此，郑和船队在七

---

[1] 万明，《郑和与满剌加——一个世界文明互动中心的和平崛起》，见万明，《明代中外关系史论稿》，第317—319 页。

[2] 祝允明，《前闻记》，第74—75 页。

[3] 王景弘（1369—1437），福建漳平人，与郑和同为正使太监，参加了七次下西洋，主要负责航海管理事务。第七次下西洋郑和在古里病逝，王景弘作为正使接替郑和指挥船队。王景弘生卒年考证，参见祁海宁、龚巨平，《南京新出土"王景弘地券"的发现与初步认识》，载江苏省郑和研究会、太仓市郑和研究会主办，《郑和研究》2015 年第 2 期，第31—33 页；王景弘籍贯考证，参见曹木旺，《王景弘籍贯考略》，载福建省国际文化经济交流中心、中国人民政治协商会议漳平市委员会编，《明代大航海家王景弘》（漳平市文史资料总第 27 辑），第92—97 页；王景弘职能与评价，参阅郑一钧，《论王景弘》，载前引《明代大航海家王景弘》（漳平市文史资料总第 27 辑），第5—20 页。

次下西洋期间往返印度洋时，都曾在马六甲海峡的必经之地满剌加停泊，他本人亲自访问该地近十五次左右。

三、郑和经略满剌加的评价

我们依据历史文献、海洋地理学知识，并结合传统时代风帆航海的特点，综合考证了郑和访问满剌加的次数，可以对郑和船队以该地为中心进行的下西洋的活动取得更加完整的、更接近真实的认识。

郑和到访满剌加的次数不仅说明满剌加在下西洋过程中的重要地位及价值，而且还包括以下的"区略"[1]作用。

第一，郑和曾在满剌加设立"官厂"，使它成为下西洋船队往返印度洋航行中等候季风转换地点、分綜航行汇集港口、物资储存转运中心，有利于郑和船队在印度洋地区，特别是前往西亚和东非的活动。马欢对满剌加"官厂"的作用有具体记载："凡中国宝船到彼，则立排栅，如城垣，设四门更鼓楼，夜则提铃巡警，内又立重栅，如小城。盖造库藏仓廒，一应钱粮俱在其内，去各国船只回到此处取齐，打整番货，装载船内，等候南风正顺，于五月中旬开洋回还。"[2]此外值得注意的是，第四次至第六次下西洋，郑和船队通过马六甲海峡航线不是重复前三次经过旧港的路线，而是"自占城向正南，好风船行八日到龙牙门，入门往西行，二日可到"满剌

---

[1] "区略"是明中叶人黄省曾对设立满剌加官厂战略价值的评价。曰："郑和至此，乃为城栅鼓角，立府藏仓廒，停贮百物，然后分使通于列夷，归綜则乃会萃焉，智哉其区略也。"见黄省曾著、谢方校注，《〈西洋朝贡典录〉校注》，中华书局2000年版，第43页。

[2] 马欢著、冯承钧校注，《〈瀛涯胜览〉校注》，第25页。

加航线，[1]节省了通过马六甲海峡的时间，可以尽快地进入印度洋。航线的改变与郑和第四次至第七次下西洋访问西亚和非洲有直接关系。郑一钧等学者研究认为，郑和七次下西洋活动，前三次重点放在东南亚地区经营，后四次放在印度洋地区。[2]以上分析，都肯定满剌加在郑和船队经略印度洋地区的过程中发挥了航运枢纽和前进基地的双重作用。

第二，郑和访问满剌加的次数与明朝对马六甲海峡地区的经略、掌握东南亚地区战略格局主动权有直接关系。明初朱元璋时期集中精力治理国内，面对周边海域日本倭寇的大肆侵扰、爪哇和暹罗占据东南亚霸权以及安南等地域不稳定势力，采取了内敛政策，很难恢复和树立明朝大国的威望，以至于来华的朝贡贸易使团时常发生被劫甚至被杀害的事件。郑永常评价："明太祖晚年的中国在南海的威望跌至最低点。"[3]明永乐帝朱棣继位，便开始通过郑和下西洋重建大明帝国威望。通观郑和下西洋过程，郑和船队最重要的举措就是对马六甲海峡地区采取一系列的经略措施。

首先，明朝需要保障马六甲海峡海上通道安全和畅通。郑和在下西洋期间，恩威并济，花费相当力量处理这一地区的各种纠纷和矛盾。如第一次下西洋着手解决威胁马六甲海峡航运安全的旧港海盗问题，剿灭陈祖义集团，设立旧港宣慰司，有效地治理海外华

---

[1] 马欢著、冯承钧校注，《〈瀛涯胜览〉校注》，第22页。

[2] 参阅郑一钧，《郑和下西洋对我国海洋事业的贡献》，载南京郑和研究会编，《郑和研究论文集》（第一辑），大连海运学院出版社1992年版，第46—55页；陈举，《浅析郑和经营西洋的总体战略》，载《郑和研究》1996年第3期，第48—49页；时平，《十年来有关郑和军事问题的研究（1986—1996）》，见时平，《郑和时代的中国海权》，晨光出版社2005年版，第216—243页。

[3] 郑永常，《海禁的转折：明初东亚沿海国际形势与郑和下西洋》，台北，稻乡出版社2011年版，第62页。

人，稳定了海峡航运贸易安全。《明史》中还记载永乐"二十二年春正月……癸巳，郑和复使西洋"[1]，专程解决旧港宣慰司权力之争所导致的政局动荡问题。[2]并且在"西洋之总路"[3]的苏门答剌设立官厂。郑和第四次下西洋期间曾出兵化解苏门答剌王位继承所引起的国家动荡形势，以减少对东西方航运贸易的直接影响。卢苇评价道："如果从现代眼光来看这件事，似有干涉别国内政之嫌。但是这毕竟是发生在当时的封建社会，尤其是发生在封建秩序尚需稳定的东南亚地区。特别值得注意的是苏门答剌国在当时东南亚地区'据诸番要冲'，'乃西洋要会'之地，如当地封建秩序得到稳定，对于东西方海上顺利交往将起着重要作用。"[4]

其次，针对马六甲海峡地区出现的政局不稳态势，采取积极扶植满剌加的方略，削弱爪哇和暹罗的影响力，使满剌加"建碑封城"[5]，从一个臣服暹罗的酋长政权迅速成长为一个"政治形式的国家"[6]，从而掌握东南亚乃至印度洋地区的战略和外交主动权。"对于明成祖来说，他所重视的是满剌加在马六甲海峡的独立地位及作用，满剌加是出西洋必经之地，具有战略地位。"[7]巩珍在《西洋番

---

[1] 《明史》卷七《明成祖本纪第七》，第 1 册，第 104 页。

[2] 晁中辰，《郑和赴旧港册封宣慰使史事考论》，载《郑和研究》2006 年第 3 期，第 51 页。另有学者依据 1983 年在江苏省太仓市发现的《明武略将军太仓卫副千户尚侯声远墓志铭》中记载的"永乐己丑，命内臣下西洋忽鲁谟斯等国，选侯偕行。……甲辰又往，仁庙诏停止之"，认为永乐二十二年郑和确实曾奉诏前往旧港，并已经准备起航，因永乐大帝突然驾崩而中途被仁宗召回，于是没有成行。

[3] 马欢著、冯承钧校注，《〈瀛涯胜览〉校注》，第 27 页。

[4] 参阅卢苇，《论郑和下西洋与东南亚交往及东南亚地区的繁荣稳定》，载南京郑和研究会编，《郑和研究论文集》（第一集），大连海运学院出版社 1993 年版，第 69 页。

[5] 马欢著、冯承钧校注，《〈瀛涯胜览〉校注》，第 22 页。

[6] 张奕善，《明代中国与马来亚的关系》，第 1 页。

[7] 郑永年，《海禁的转折：明初东亚沿海国际形势与郑和下西洋》，第 170 页。

国志》中把在满剌加设立的"官厂"喻为"外府"，[1] 蕴含经略的寓意。明人黄省曾评价道：

> 论曰：传云，海岛邈绝，不可践量。信然矣，况夷心渊险不测，握重货以深往，自非多区略之臣，鲜不败事也。予观马欢所记载满剌加云，郑和至此，乃为城栅鼓角，立府藏仓廪，停贮百物，然后分使通于列夷，归艐则乃会萃焉。智哉其区略也。满剌加昔无名号，素苦暹罗。永乐初始建碑封城，诏为王焉。其内慕柔服，至率妻子来朝，实若藩宗之亲矣，则和之贮百物于此也，曷有他虑哉！智哉其区略也！[2]

第三，郑和下西洋对满剌加国际地位的转型和社会发展起到了催化剂的作用。我们依据马欢、费信和巩珍这些亲历者记录的满剌加社会，渔猎、少量耕种、采锡是满剌加人当时主要生活方式和社会景象。郑和下西洋船队的持续到来开启了满剌加社会的改变，港口、航运和贸易活动逐渐增多，小范围交易市场很快演变成繁忙的东西方航运贸易的港口，促进了满剌加国际地位的转型和此后的繁荣。[3] 通过满剌加国际地位的塑造，郑和意在将东西方航运贸易中心转移到明朝掌控的满剌加地区，实现明永乐皇帝"大一统"的天下秩序。

---

[1] 巩珍著，向达校注，《西洋番国志》，第 16 页。

[2] 黄省曾著、谢方校注，《〈西洋朝贡典录〉校注》，第 43 页。

[3] 万明，《郑和与满剌加——一个世界文明互动中心的和平崛起》，见万明，《明代中外关系史论稿》，第 319—328 页。

征引文献

费信著、冯承钧校注，《〈星槎胜览〉校注》，台北，商务印书馆 1962 年版。

巩珍著、向达校注，《西洋番国志》，中华书局 2000 年版。

黄省曾著、谢方校注，《西洋朝贡典录》，中华书局 2000 年版。

理查德·温斯泰德著、姚梓良译，《马来西亚史》，上册，商务印书馆 1974 年版。

马欢著、冯承钧校注，《〈瀛涯胜览〉校注》，台北，商务印书馆 1962 年版。

马欢原著、万明校注，《明钞本〈瀛涯胜览〉校注》，海洋出版社 2005 年版。

《明史》，中华书局 1974 年版。

《明太宗实录》（据红格本影印），线装书局 2005 年版。

万明，《郑和与满剌加》，见万明，《明代中外关系史论稿》，中国社会科学出版社 2011 年版，第 315—329 页。

许云樵译注，《马来纪年》（附录），新加坡，青年书局 1966 年版。

余定邦、黄重言等编，《中国古籍中有关新加坡马来西亚资料汇编》，中华书局 2002 年版。

张奕善，《明代中国与马来亚的关系》，台北，精华印刷馆股份有限公司 1964 年版。

张应龙，《郑和下西洋对中国与马来西亚友好关系发展的影响》，载林晓东、巫秋玉主编，《郑和下西洋与华侨华人文集》，中国华侨出版社 2005 年版，第 467—477 页。

郑一钧，《论郑和下西洋》（修订本），海洋出版社 2005 年版。

郑永常，《海禁的转折：明初东亚沿海国际形势与郑和下西洋》，台北，稻乡出版社 2011 年版。

周中坚，《马六甲：古代南海交通史上的辉煌落日》，载上海中国航海博物馆主编，《国家航海》第七辑，第 173—179 页。

祝允明，《前闻记》，中华书局 1985 年影印本。

时平

籍贯江苏省南京。现任上海海事大学教授、海洋文化研究所所长、上海郑和研究中心主任、《郑和研究动态》主编、《郑和研究丛书》评审委员会召集人。兼中国郑和研究会理事、国际郑和学会顾问、中国航海博物馆专家组专家等。主要从事郑和研究、海洋史、海洋文化研究及教学。曾出版著作《帆鼓西洋》《郑和下西洋》《郑和时代的中国海权》，主编《海峡两岸郑和研究文集》、《〈三宝太监西洋记通俗演义〉之研究》（合编，德国出版）第一、第二集等，发表郑和研究论文、文章六十余篇。

第五部分

中外关系史新探：从古代到郑和时代的中国与印度洋世界

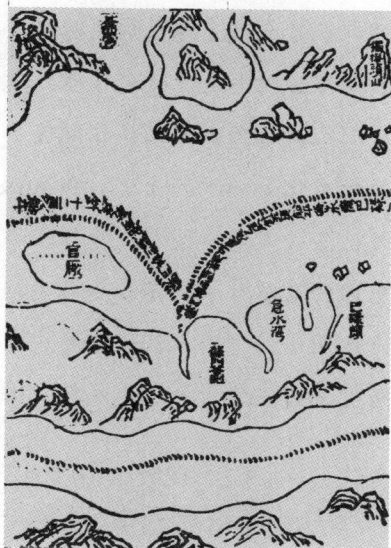

从法显到郑和时代中国人笔下的
印度洋世界

罗杨

【摘要】本文系统地介绍和分析了法显至郑和时代中国探索印度洋世界的先驱人物及其著述。自东晋著名僧人法显到明初伟大航海家郑和，从陆地或海上探索印度洋世界的中国人由少及多。他们从偶然冒险远游、间接听闻了解到大规模定期访问，对于这一广阔外部世界表现了越来越浓厚的兴趣，建立了日益频繁的联系，并逐渐加深了对当地文化的了解。这些先驱人物留下的著述反映出古代中国人对海外世界的认识演变，尤其是其世界观在外来佛教和伊斯兰教文化影响下的变化。但从西行朝圣到招徕西洋朝贡的转变又导致这些著述对中国与印度洋世界关系的重新定位，并对这一区域与中国的商贸往来表示出更多关注。这些先驱者及其著述是记录最早走出国门的中国人认识世界以及中国文明与周边诸文明关系的宝贵历史见证。

前　言

　　法国汉学家沙畹在《中国之旅行家》开篇说道："中国之旅行家最能理会观察，昔日亚洲经行之大道，多数国家之地势、古物、风俗，今日昔得以昭示吾人者，不能不归功于中国之旅行家。此辈或为外交使臣，或为负贩商贾，或为观礼僧徒，于东亚之外交政策、商业交际、宗教进化中，影响兹多。"[1]自东晋时期著名僧人法显到明初伟大航海家郑和时代，从陆地或海上探索印度洋世界的中国人由少及多，他们从偶然冒险远游、间接听闻了解到大规模定期访问来获得对域外的知识。这些先驱者留下的著述是记录最早走出国门的中国人认识世界以及中国文明与周边诸文明关系的宝贵历史见证。以下仅是一些探索印度洋世界的中国先驱者留下的主要著述：

---

[1]　沙畹著、冯承钧译，《中国之旅行家》，上海古籍出版社 2014 年版，第 6 页。

从法显到郑和时代关于印度洋世界的主要中文著者及其著作表[1]

著者	生、卒年	出国、回归时间	著作	成书年代	本文参考的校注版本及校注者
法显	342—418 ~ 423 年	399—412 年	《法显传》	416 年	《〈法显传〉校注》，中华书局 2012 年版，章巽校注
玄奘	600—664 年	627—645 年	《大唐西域记》	646 年	《〈大唐西域记〉校注》，中华书局 1985 年版，季羡林等校注
义净	635—713 年	671—693 年	《南海寄归内法传》	691 年	《〈南海寄归内法传〉校注》，中华书局 2009 年版，王邦维校注
朱彧	北宋	未出洋	《萍洲可谈》	不详	《萍洲可谈》，上海古籍出版社 2012 年版，李伟国校注
周去非	1135—1189 年	未出洋	《岭外代答》	1178 年	《〈岭外代答〉校注》，中华书局 2006 年版，杨武泉校注

---

[1] 表格中著者的生、卒时间，出国、回归时间，著作成书年代均参照所列各校注版本中的作者自序或校注者所作序言。如其中未提供准确时间，则仅注明朝代或"不详"。因学界对某些著者的生平和出国时间尚有争议，说法不一，故未一一采纳。此表仅列出法显到郑和时代关于印度洋的主要中文著述，而非全部。元代耶律楚材《西游录》等书因不涉及印度洋区域，也未纳入。

著者	生、卒年	出国、回归时间	著作	成书年代	本文参考的校注版本及校注者
赵汝适	1170—1231 年	未出洋	《诸蕃志》	1225 年	《〈诸蕃志〉校释》，中华书局 2008 年版，杨博文校注
陈大震	宋末元初	未出洋	《大德南海志》	不详	残本，广东人民出版社 1991 年版
周达观	元代	1296—1297 年	《真腊风土记》	不详	《〈真腊风土记〉校注》，中华书局 1981 年版，夏鼐校注
汪大渊	1311—? 年	1330—1334 年 1337—1339 年	《岛夷志略》	1349 年	《〈岛夷志略〉校释》，中华书局 2009 年版，苏继顾校注
周致中	元末明初	不详	《异域志》	明初	《异域志》，中华书局 1981 年版，陆峻岭校注
马欢	明代	1413—1415 年 1421—1422 年 1431—1433 年	《瀛涯胜览》	1451 年	《明钞本〈瀛涯胜览〉校注》，海洋出版社 2005 年版，万明校注
巩珍	明代	1431—1433 年	《西洋番国志》	1434 年	《西洋番国志》，中华书局 2012 年版，向达校注

著者	生、卒年	出国、回归时间	著作	成书年代	本文参考的校注版本及校注者
费信	明代	1409—1411 年 1412—1414 年 1415—1416 年 1431—1433 年	《星槎胜览》	1436 年	《〈星槎胜览〉校注》，中华书局 1954 年版，冯承钧校注

　　法显至郑和时代有关印度洋世界的中文著作，学界已有整理和研究。20 世纪上半叶，中西交通史研究风气逐渐兴起，沈曾植、陈垣、张星烺、向达、冯承钧、方豪等学者对中国历史上关于海外的记述进行了系统的考据。如王庸《宋明间关于亚洲南方沿海诸国地理之要籍》[1]、冯承钧《中国南洋交通史》、方豪《中西交通史》等论著力图从"考察中国文明和外族之间互相灌输、互相融合的历史，来发现中国文明演进的轨迹"[2]。自 20 世纪下半叶起，苏继顾、章巽、谢方、夏鼐、王邦维、杨博文、杨武泉、万明等学者对这些古代著作分别加以校注（见上表），进行更为深入和专门的研究。此外，还有针对这些著作的一些专题性研究，如陈序经、姚楠、陈显泗、许肇琳等学者通过古代对于周边诸国的记述，分析中国历史上与东南亚、南亚、中亚等地的互动关系、文化交流、经济往来等。[3]纪念郑和下西洋的多部论文集中会集了学者对明代及其

---

[1] 王庸，《宋明间关于亚洲南方沿海诸国地理之要籍》，载中国史地学会编，《史学与地学》1926 年第 1 期，第 1—11 页。

[2] 邬国义，《中国之旅行家·序一》，见沙畹著、冯承钧译，《中国之旅行家》，第 5 页。

[3] 如陈序经，《陈序经东南亚古史研究合集》，商务印书馆（香港）有限公司 1992 年版；姚楠、许钰，《中国南洋史地丛考》，商务印书馆 1958 年版；陈显泗、许肇琳、赵和曼等编，《中国古籍中的柬埔寨史料》，河南人民出版社 1985 年版。

之前中国人在印度洋活动的研究成果，如刘迎胜《"东洋"与"西洋"的由来》[1]、葛剑雄《从中国历史地理认识郑和远航的意义》[2]；还有一些学者的专著和论文，如彭小平《中国走向世界的历史轨迹——中国海外旅行与文化交流》[3]、刘迎胜《海路与陆路：中古时代中西交流研究》[4]、陈得芝《元代海外交通的发展与明初郑和下西洋》[5]等。

在参考上述研究成果的基础上，本文拟从两方面就法显至郑和时代中国人对印度洋世界的探索和记录进行系统而综合的分析。一方面，系统介绍这些探索和记录印度洋世界的先驱人物，讨论他们的历史背景和成书经过，并比较这些人物的时代演变及其相互之间的继承和影响；另一方面，分析他们著作中对印度洋世界的描述，从整体上考察他们对印度洋世界的认识有何变化以及这些变化受到哪些因素的影响。最后，基于对这些著者及其著作的分析，试图归结出中国古人对印度洋世界认识的一些特点及其变化。

一、中国古代探索和记录印度洋世界的先驱

中国历代探索和记录印度洋的先驱者，他们的人生经历各异，

[1] 刘迎胜，《"东洋"与"西洋"的由来》，见刘迎胜著，《海路与陆路：中古时代中西交流研究》，北京大学出版社 2011 年版，第 1—19 页。
[2] 葛剑雄，《从中国历史地理认识郑和远航的意义》，载王天有、徐凯、万明编，《郑和远航与世界文明——纪念郑和下西洋 600 周年论文集》，北京大学出版社 2005 年版，第 253—259 页。
[3] 彭小平，《中国走向世界的历史轨迹——中国海外旅行与文化交流》，湖南人民出版社 1999 年版。
[4] 刘迎胜，《海路与陆路：中古时代中西交流研究》，北京大学出版社 2011 年版。
[5] 陈得芝，《元代海外交通的发展与明初郑和下西洋》，载陈得芝，《蒙元史研究丛稿》，人民出版社 2005 年版，第 411—423 页。

但他们不同的个人经验反映了古代中国人对外部世界不断扩大的考察、联系和了解。

1.西行求法的高僧

在中国人探索印度洋的先驱者中，除了个别官方使者、商人等，就是为宗教信念而西行求法的佛教僧人。在佛教史上西行的僧人虽逾数百，但能够到达印度本土，又学有成就，最后回到中国传译经典、著书立说的，只有法显、玄奘、义净三人。[1]

法显，东晋沙门，生于今山西省临汾县。他自幼出家，献身佛教，但后因感"慨律藏残缺"或僧伽制度缺乏戒律规范，决心"至天竺寻求戒律"。[2]法显以六十岁高龄，在公元399年从长安出发，"通过河西走廊，翕葱岭之险，取道今印度河流域而入恒河流域"，回程则"渡海至狮子国，即今斯里兰卡，然后航海东归，中途在今苏门答腊或爪哇作短暂停留，继续北航，一路饱受风涛之苦，终于到达今山东半岛南部的崂山"。[3]法显从爪哇浮海东归乘坐的是"可有二百余人""五十日粮"的"商人大舶"，[4]冯承钧先生根据《法显传》考证，当时往来南海的船舶已经很熟悉并懂得利用信风，从广州到爪哇之间也频有商船往来。[5]412年法显回国后，应人之请，自述其"心动汗流"的旅程，为后世留下《法显传》。

玄奘为唐代高僧，俗姓陈，名祎，今河南偃师人，出身于儒

---

[1] 王邦维，《义净与〈南海寄归内法传〉——代校注前言》，见义净著、王邦维校注，《〈南海寄归内法传〉校注》，中华书局2009年版，第34页。

[2] 法显著、章巽校注，《〈法显传〉校注》，中华书局2012年版，第2页。

[3] 章巽，《〈法显传〉校注·序》，见法显著、章巽校注，《〈法显传〉校注》，第5页。

[4] 法显著、章巽校注，《〈法显传〉校注》，第142页、第145页。

[5] 冯承钧，《中国南洋交通史》，商务印书馆2011年版，第24页。

学世家。他在幼时虽已通晓儒家经典，仍从其兄在少时出家。他因众师对佛教经义论述不一，理解不明，誓去印度求取真经；627年，玄奘在三十岁左右从陆路经中亚抵达印度，四处谒访名师，求取佛教经典，近二十年后才在645年循陆路返回长安。玄奘回国后仅一年便写出《大唐西域记》呈交唐太宗。他虽未像法显那样涉足南海，但在书中记录了南海六国的情况。据冯承钧先生考订，这六国大体对应今缅甸、柬埔寨、越南等国以及苏门答腊或爪哇，[1]但玄奘在书中描述此六国"山川道阻，不入其境，然风俗壤界，声闻可知"。[2]季羡林先生认为，唐初是中印交通史上来往最密切的高峰，政治、商贸、宗教、科技的人员交流不绝于途。[3]玄奘对中印文化交流贡献甚大，这股密切交流之风也使玄奘的西行相比法显的"心动汗流"顺畅许多，使他得到沿途所经诸国王侯的极大礼遇和帮助。

义净是比玄奘稍晚的唐代高僧。他出生在今济南长清县（一说是河北涿县人）的士人家庭，七岁出家。义净在三十七岁时因感于当时佛教经、律繁广，说法各异，无所适从，决计用印度的"正统"纠正当时中国佛教的偏误。根据王邦维先生撰写的《义净与〈南海寄归内法传〉》一文，义净在671年从广州出发，首先抵达室利佛逝（今印度尼西亚苏门答腊岛上的巨港）。室利佛逝当时已是南海中最重要的交通、贸易中心之一，他在当地停留半年才继续西行抵达印度。义净回国的路线与去程一样，但他在室利佛逝停留的时间更长，从687年直至691年。但在689年他曾为征求墨

[1] 冯承钧，《中国南洋交通史》，第37页。

[2] 玄奘、辩机著，季羡林等校注，《大唐西域记》，中华书局1985年版，第803页。

[3] 季羡林，《玄奘与〈大唐西域记〉——校注〈大唐西域记〉前言》，见玄奘、辩机著，季羡林等校注，《大唐西域记》，第89页、第100页。

纸、雇佣书手抄写佛经而跟随外国商船短暂回到广州几个月，并有四位中国僧人跟随他回到室利佛逝。693 年，义净最终回到中国时已六十一岁。[1] 与法显、玄奘回国后才开始著书记录海外行纪不同，义净在室利佛逝的时候已写成《南海寄归内法传》。

在法显的书中佛教僧人又被称为"道人"，此处的"道"显然不指道教，而是当时献身佛教的僧人追求的济世之"道"。[2] 魏晋之后中国的南北分立和隋唐时期中外佛教的交流，造成国内僧众认识和行为上的混乱。法显、玄奘、义净恰是认为道在"他处"，才会远行。[3] 这种冒险西行求法的精神和勇气为后来中国人向域外探索、了解的活动开启了先河。

法显、玄奘、义净的求法经历反映出东晋至唐时中国与印度洋的联系和交通情况。首先，三人出洋的时间越来越长，法显在外十三年（一说十五年），[4] 玄奘西行十八年，义净则历经二十余载。其次，他们游历的范围从印度逐渐扩大到印度、南海并重。法显陆去海还，主要活动范围在印度，回程时在南海中的狮子国驻锡两年，后经苏门答腊或爪哇，但在当地仅停留五月就随商人大舶向广州进发。上文提到，玄奘对南海六国的记录只是通过口耳相传的途

---

[1] 王邦维，《义净与〈南海寄归内法传〉——代校注前言》，见义净著、王邦维校注，《〈南海寄归内法传〉校注》，第 8 页、第 13 页、第 14 页。

[2] 法显著、章巽校注，《〈法显传〉校注》，第 16 页。

[3] 章巽，《〈法显传〉校注·序》，见法显著、章巽校注，《〈法显传〉校注》，第 3 页；季羡林，《玄奘与〈大唐西域记〉——校注〈大唐西域记〉前言》，见玄奘、辩机著，季羡林等校注，《大唐西域记》，第 16—30 页；王邦维，《义净与〈南海寄归内法传〉——代校注前言》，见义净著、王邦维校注，《〈南海寄归内法传〉校注》，第 34 页。

[4] 章巽先生在《〈法显传〉校注·序》中认为法显于公元 399 年从长安出发，412 年归抵崂山登陆，历时十三年；冯承钧先生在《中国南洋交通史》第三章"法显之归程"中则认为法显于 399 年发自长安，在外十五年，于 414 年还至青州。

径，并未涉足；但义净除短暂中途回国，前后在室利佛逝待了十余年，"南海情形净（义净）必详悉"[1]。最后，三人出发、返回的港口以及交通路线的变化：法显从长安出发，自山东半岛登陆；玄奘因是陆去陆还，西行的起点和终点都是长安；而海去海还的义净，与法显不同，他的出洋港口从山东半岛下移到广州。另据季羡林先生考订，初唐以前，陆路是中印交通方面的最重要道路，海路来往比较少。到了初唐，由于航海技术的发展，走海路的僧侣日益增多，[2] 如义净《大唐求法高僧传》中载西行求法的僧人共六十，取海道者过半数。[3] 在法显的旅途中，除随行同伴外并未遇见其他汉地同胞，只在狮子国无畏山一玉像旁见商人以晋地白绢扇供养，竟使他泪下满目；[4] 但到义净时，他在室利佛逝见到玄奘的徒弟、已在此居住多时的中国僧人大乘灯，后又在印度那烂陀寺见到很多中国僧人，甚至常常结伴远足登高。[5] 他们的不同经历，说明在印度、南海的中国僧人日益增多。

2. 望洋兴笔的士大夫

由唐转宋，对印度洋的记述从以僧人为主体变为以士大夫为主体。宋代海外贸易迅速兴起并空前繁荣，海外商人和周边诸国来华贸易或朝贡的人数大为增加，这种中外交往给沿海地区的中国士人官员以了解印度洋世界的现实机会。宋代记述印度洋世界的代表

---

[1] 冯承钧，《中国南洋交通史》，第 39 页。

[2] 季羡林，《玄奘与〈大唐西域记〉——校注〈大唐西域记〉前言》，载玄奘、辩机著，季羡林等校注，《大唐西域记》，第 101 页。

[3] 冯承钧，《中国南洋交通史》，第 41 页。

[4] 法显著，章巽校注，《〈法显传〉校注》，第 128 页。

[5] 王邦维，《义净与〈南海寄归内法传〉——代校注前言》，见义净著、王邦维校注，《〈南海寄归内法传〉校注》，第 9 页、第 12 页。

作，如朱彧的《萍洲可谈》、周去非的《岭外代答》、赵汝适的《诸蕃志》，均是由边境的士人和港口市舶司官员根据耳闻，著述而成。但到元代，又有士大夫出洋远游，在海外或归来后留下关于印度洋的亲身记载，其中的代表作为周达观的《真腊风土记》、汪大渊的《岛夷志略》和周致中的《异域志》。

朱彧曾担任中国东南沿海的市舶司官员，《萍洲可谈》是朱彧随父亲宦游时所见所闻的记录。书中记载了广州市舶司的典章制度、民风土俗等以及中国人在外"住蕃"和蕃商在中国聚居的"蕃坊"。此外，朱彧通过来华的商人之口，对印度洋世界也有一定了解。例如，三佛齐（今印度尼西亚苏门答腊岛上的巨港）在当时南海诸国中最盛，是转易货物、远贾辐辏的中心，华人要西至大食，也需在三佛齐休整。[1] 三佛齐与广州、泉州之间，已经形成了比较固定的航线。[2] 此外，书中还专门记录了印度洋世界的奇异物产。

周去非为温州永嘉人，出身士人之家。他在二十九岁中进士后前往南海之滨的广西钦州担任"教授"，趁机通过船舶上的商贾或译者之口收录海外资料，写成《岭外代答》一书。"教授"是宋代地方官学中的职务，除传道授业外，还参与地方文化活动，甚至直接管理地方政务，是当地社会中具有重要地位的人物。自唐代设立执掌蕃商交易的市舶司以来，宋代在闽、广、浙等地均设市舶司，海外贸易日渐兴盛，但对海外知识的贫乏刺激着这位"教授"。周去非在《岭外代答》开篇第一句话便是："入国问俗，礼也。"并述其志，做一位"训方氏"。训方氏是夏朝的一种职官，负责"掌

---

[1] 朱彧撰、李伟国校点，《萍洲可谈》，上海古籍出版社 2012 年版，第 28—30 页。

[2] 申海田、张明锋，《宋元时期海外交通考析》，载《山东师大学报（社会科学版）》1997 年第 2 期，第 49 页。

道四方政事，舆其上下之志，诵四方之传道，正岁则布而训四方，而观新物"[1]。周去非作《岭外代答》即因为与诸学士大夫叙谈时被问以绝域之事，疲于应酬，才写书代答。这从一个侧面反映出在当时的文人圈子对域外的好奇之甚，也表明宋代社会对于印度洋世界了解的需求大大增加。

赵汝适是宋皇室宗亲，《诸蕃志》是他担任福建路市舶兼泉州市舶时所著。宋代泉州因海外贸易的繁盛而成为"天子南库"，该地市舶司主要"掌蕃货海舶征榷、贸易之事，以来远人，通远物"。[2]赵汝适正是利用其职务，阅诸蕃图，询诸贾胡，分《志国》与《志物》两卷记录下他们的国名风土与山泽蓄产。赵汝适有承接周去非的一面，他也申明"山海有经，博物有志，一物不知，君子所耻"。但另一方面，他更关心的是蛮夷与中国的交往历史，感叹"蛮夷通财中国古矣"，在序中从《禹贡》的五服写起，将海外环水万国、珍异之产市于中国者一一记下，并认为应该大略不出此范围了。赵汝适认为本朝朝贡互市与他朝有所区别，是为"宽民力而助国朝，其与贵异物穷侈心者不可同日而语"[3]。这与宋高宗认为"市舶之利最厚，若措置合宜，所得动以百万计，胜过取之于民"[4]的看法上下呼应。宋朝统治者以他国之力以养中国的观念，必定会对赵汝适这样生活在南方对外贸易港口的士人官员、对他们所持有的中国与诸蕃关系的认识产生影响。

---

[1] 周去非著、杨武泉校注，《〈岭外代答〉校注》，中华书局2006年版，第3页。

[2] 杨博文，《〈诸蕃志〉校释·前言》，见赵汝适著、杨博文校释，《〈诸蕃志〉校释》，中华书局2008年版，第3页。

[3] 赵汝适著、杨博文校释，《〈诸蕃志〉校释》，第1页。

[4] 杨博文，《〈诸蕃志〉校释·前言》，见赵汝适著、杨博文校释，《〈诸蕃志〉校释》，第6页。

从海外而来的朝贡以及中外土特产的互市对政府和民间都有实际价值，因此，无论是《萍洲可谈》《岭外代答》，还是《诸蕃志》，都尽可能地搜罗海外诸国的信息，记录下它们与华夏不同的奇风异产。但三位作者收集海外信息的途径以及所涉猎范围有所差异，这也反映出宋代与印度洋关系的发展。朱彧在《萍洲可谈》中提及"商人云"："余在广州，尝因犒设，蕃人大集府中。"[1]可见他可能是通过来华的舶商蕃客之口，或是在广州亲见而知晓域外情况的。周去非在《岭外代答》中则明言自己"尝闻之舶商"[2]，但并未言明舶商是何国人，或许出洋的华商和来华的蕃商兼有。作为市舶司官员的赵汝适信息来源更为广泛，"有得自传闻，有参考蕃图，更有杂采旧籍"[3]。据陈得芝先生考证，宋代外国使节、商人来华大多数是走海路，中国沿海一带商人前往海外各国贸易者也大大增多，[4]因此，他们三人了解海外信息的途径不断扩大。就三本书所谈及的域外范围而言，《萍洲可谈》中朱彧主要立足于广州，南海诸国也仅描述了三佛齐；《岭外代答》则"记下了多达四十余国之名，记述了其中二十余国之位置、国情与通达线路，无抄袭前人之迹"。"所记涵盖之地域，北至安南，南至占婆（今爪哇），东至女人国（在今印尼），西出印度洋、红海、地中海等海洋沿岸而达木兰皮（今摩洛哥），涉地甚为广远"。[5]到《诸蕃志》中，"所记国家

---

[1] 朱彧撰、李伟国校点，《萍洲可谈》，第30—31页。

[2] 周去非著、杨武泉校注，《〈岭外代答〉校注》，第37页。

[3] 杨博文，《〈诸蕃志〉校释·前言》，载赵汝适著、杨博文校释，《〈诸蕃志〉校释》，第6页。

[4] 陈得芝，《元代海外交通的发展与明初郑和下西洋》，载陈得芝，《蒙元史研究丛稿》，第413页。

[5] 杨武泉，《周去非与〈岭外代答〉——校注前言》，见周去非著、杨武泉校注，《〈岭外代答〉校注》，第10页。

五十有八，东自今日本、菲律宾；南止印度尼西亚各群岛；西达非洲，及意大利之西西里岛；北至中亚及小亚细亚，地域之广，为同时期中之同类著作所不逮"[1]。三书所记域外范围的扩大，表明中国对印度洋世界的认识不断推进。

元代海上交通频繁，非前代所能及，冯承钧先生认为元代"交通之事"中有四件重大者：杨庭璧出使马八儿、俱蓝等国，史弼等征爪哇，周达观随使诏谕真腊，以及汪大渊附舶历游南海，[2]但有著述遗留于今者只有周达观的《真腊风土记》和汪大渊的《岛夷志略》。此外，元末明初周致中的《异域录》也有对印度洋的记述。

周达观为浙江温州永嘉人，1295年奉命随使前往当时被称为"真腊"的柬埔寨，次年到达该国，居住一年始返。与前代僧人乘"商人大舶"不同，周达观此行是随元朝使团前往，所乘是朝廷派出的使船，随行的还有蒙古官员。[3]他根据随行见闻所写的《真腊风土记》，对当时柬埔寨风土人情、名物制度等进行了细致入微的考察，是中国关于异域的行纪中第一部专门记述一国的著作。书中还首次记载了在海外定居的华人，如"余乡人薛氏，居番三十五年矣"[4]。周达观号草庭逸民，本名"达可"，从真腊返回后改名"达观"，一是取其"遍观"异域风土之义，其次表明他随遇而安，对不如意的事情采取通达心态，这也是江浙"南人"知识精英在元代的一种处境和心态。汉族士大夫在元朝的官僚体制中地位相对卑

---

[1] 杨博文，《〈诸蕃志〉校释·前言》，载赵汝适著、杨博文校释，《〈诸蕃志〉校释》，第6页。

[2] 冯承钧，《中国南洋交通史》，第59页。

[3] 夏鼐，《校注者序言》，见周达观原著、夏鼐校注，《〈真腊风土记〉校注》，中华书局1981年版，第2页、第119—120页。

[4] 周达观原著、夏鼐校注，《〈真腊风土记〉校注》，第178页。

下，儒学在元代成为与佛教、道教、阴阳学等共存的"宗教"，多元宗教或多种知识体系的并存有助于汉族士大夫从仅以儒家学说治国的单纯理想中解脱出来。元代的开放、包容和多样性，使周达观对"华夷之辨"有了新的认识。从他的叙述中可见，华夏是包纳"天下"的一系列同心圆的中心，但并非唯一中心。真腊、暹罗、爪哇等也分别是另一系列同心圆的中心，它们的世界"圈子"同样包纳了华夏。在各个同心圆体系中，各圈层距离中心的等级，暗含着文野程度的差别，如真腊的华人在印度文明的体系中反倒成为被当地人鄙夷的"不知礼"的"蛮夷"。这种世界观反映了当时士人对于海外情况更高层次的认识。

汪大渊为元代江西南昌人。根据苏继顾先生考订，汪大渊曾两次航海，1330 年，他在二十岁左右由泉州第一次出海，历时五年，航海范围以印度洋为主；1337 年再次从泉州出海，所游范围仅在南海诸国并于 1339 年返国。回国后十年，他开始写作《岛夷志略》，并在其故乡南昌作为单行本付梓，后被纳入《清源续志》。汪大渊在《岛夷志后序》中说："大渊少年尝附舶以浮于海"，"中国之往复商贩于殊庭异域之中者，如东西州焉。"[1] 由此推知，他确曾依附于各种商船游历海外。张翥在该书的序中写道，虽然庄周有言，六合之外，圣人存而不论，但在此传统之外，"博古君子，求之异书，亦所不废"[2]，汪大渊既继承周去非、赵汝适、周达观等对于海外知识的追求，又更推进一步。他所记录的"山川、土俗、风景、

---

[1] 据苏继顾先生考证，明《文渊阁书目》等书中收录有汪氏此书，但都写作《岛夷志》，汪大渊在其后序中也用此名，《四库全书总目》等书中又写作《岛夷志略》，见苏继顾，《岛夷志略·叙论》，载汪大渊著、苏继顾校释，《岛夷志略》，中华书局 2009 年版，第 12 页。

[2] 汪大渊著、苏继顾校释，《岛夷志略》，第 1 页。

物产之诡异"与"可怪可愕可鄙可笑之事"与周达观一样，都是他耳目亲闻亲见。他所游历和记录的印度洋国家的数量也超越了从法显以来的所有中国人，但有学者认为其记述中有传闻的成分。他自认为能知"方外事"，"非徒以广士大夫之异闻，盖以表国朝威德如是之大且远也"，[1]反映了元帝国时期中国人空前广阔的世界和天下观。

周致中，元末明初江陵人，根据陆峻岭先生考订，他在元朝做过知院，是一位小有名望之士，"奉使外番者六，熟知四夷人物风俗"，但在元明典籍中尚未发现关于他出使情况的详细记载。[2]《异域志》记录了二百一十个国家和民族，所记范围东起朝鲜、日本，西抵西亚、非洲，南至东南亚、南亚诸国，编为一百五十七条，其中有六十四条内容未见于前代史书。[3]书中主要记述这些国家的风俗和物产，其材料来源或是作者亲身见闻，或是采录自《酉阳杂俎》《岭外代答》《诸蕃志》中的相关条目。从周致中所写的书前序言中可见，一方面他已意识到"天下"之广博，"六合邈矣，人居寰宇中，以藕孔即未至"，犹如"毫末之于马体"；另一方面，他又有忧患的"国家"意识，"若干城之不饬，何事周知域外，第相怵说为"。所以，其友人形容他"既有游揽之思，又有封疆之虑"，这可谓是元末士人看待域外的双重心态。

周达观、汪大渊、周致中三位著者的出洋经历及其著作反映出元代中国与印度洋关系的发展变化。周达观、周致中都是"奉使出洋"，陈得芝先生认为唐、宋的汉族王朝统治者一般只满足与海外各国通贡市，而元朝统治者对南海诸国进行多次大规模海外远

---

[1] 汪大渊著、苏继庼校释，《岛夷志略》，第385页。

[2] 陆峻岭，《异域志·前言》，见周致中著、陆峻岭校注，《异域志》，中华书局1981年版，第1页。

[3] 康冰瑶，《〈异域志〉研究》，陕西师范大学硕士学位论文，2011年，第86页。

征，并频繁遣使到海外各国"诏谕"，[1]这是元代中国与南海各国关系的新特点。元代的航海知识和技术比前代更为进步，例如，记载航海使用罗盘针位始于周达观《真腊风土记》："自温州开洋，行丁未针。"[2]元人对海外各地的地理知识也远较前代更为丰富，如陈得芝先生认为，从《大德南海志》到《岛夷志略》，作者们对各处大小港口的地形、停泊条件、各地物产、贸易等都积累了很多知识，这对明初郑和的航行有很大作用。[3]在元代的海外贸易中，中国出口印度洋各国的货物无论数量还是种类都十分丰富，[4]例如，周达观《真腊风土记》中除多处提到真腊人的日常器用，其中"盛饭用中国瓦盘或铜盘"；"地下所铺者，明州之草席"；"近又用矮床者，往往皆唐人制作也"；[5]书中专辟一章"欲得唐货"，说明当地民众对中国出口货物的喜爱。

3. 下西洋的参与者

　　明代郑和下西洋是古代中国人在海外远航规模最大和范围最为广阔的壮举，其参与者几乎在同时留下三本有关印度洋世界的撰述，即马欢的《瀛涯胜览》、巩珍的《西洋番国志》和费信的《星槎胜览》。这是古代中国人探索和了解印度洋世界的空前未有的巨大成就。

　　马欢是明代浙江绍兴人，根据万明教授考订，他通晓阿拉伯语，以通事即翻译身份分别于1413年、1421年、1431年跟随郑和

---

[1] 陈得芝，《元代海外交通的发展与明初郑和下西洋》，载陈得芝，《蒙元史研究丛稿》，第414—415页。

[2] 周达观原著、夏鼐校注，《〈真腊风土记〉校注》，第15页。

[3] 陈得芝，《元代海外交通的发展与明初郑和下西洋》，载陈得芝，《蒙元史研究丛稿》，第421页。

[4] 韩儒林主编、陈得芝等著，《元朝史》，人民出版社1986年版，第436页。

[5] 周达观原著、夏鼐校注，《〈真腊风土记〉校注》，第165—166页。

下西洋，访问过亚非二十多个国家和地区。马欢第一次随郑和下西洋回国后即草成《瀛涯胜览》初稿，在郑和下西洋结束近二十年后终成定稿。[1]他在《瀛涯胜览·序》中写道："永乐十一年（1413）癸巳，太宗文皇帝敕命正使太监郑和等统领宝船，往西洋诸番开读赏赐，余以通译番书，忝备使末。随其所至，鲸波浩渺，不知其几千万里。历涉诸邦，其天时、气候、地理、人物，目击而身履之，然后知《岛夷志》之所著不诬，而尤有大可奇诧者焉。"[2]万明教授认为，宋代以来，对海外的记录多为传闻，即使是元代《岛夷志略》的作者汪大渊，他所记有听之传闻的成分，不可能在两次出洋就跑了那么多地方。但马欢的书是他切实踏勘的结果，是亲历者的实录。[3]

巩珍，南京人，最初是从军身份，后提拔为幕僚，仅在1431—1433年间参与郑和第七次下西洋。巩珍在《西洋番国志·自序》中描述了下西洋途中的种种惊险经历，如"至于当洋正行之际，烈风陡起，怒涛如山，危险至极。舟人惊骇，仓忙无措，仰赖神灵显然临庇，宁帖无虞"；他"所至番邦二十余处"，"土产风俗，各不相类"，并惊叹于途中的"千载奇遇"。虽然这些诡怪异端有可疑，传译舛讹而未辨，但仍"依原记录"，"不更别饰"。[4]

费信，江苏太仓人，他本是太仓卫戍军，因而从军。他跟随郑和在1409年、1415年、1431年间三次下西洋，在1412—1414年随奉使少监杨敏等前往榜葛剌（今孟加拉国及印度西孟加拉一

---

[1] 万明，《马欢〈瀛涯胜览〉源流考——四种明钞本校勘记（代前言）》，见马欢原著、万明校注，《明钞本〈瀛涯胜览〉校注》，海洋出版社2005年版，第1页。

[2] 马欢原著、万明校注，《明钞本〈瀛涯胜览〉校注》，第1页。

[3] 万明，《马欢〈瀛涯胜览〉源流考——四种明钞本校勘记（代前言）》，载马欢原著、万明校注，《明钞本〈瀛涯胜览〉校注》，第1—2页。

[4] 巩珍著、向达校注，《西洋番国志》，中华书局2012年版，第6—7页。

带，位于南亚次大陆东北部，恒河下游），[1] 是上述三人中远航印度洋次数最多的人。马欢、巩珍、费信也是郑和庞大船队里从平民到士兵的代表人物，他们的著作反映了每次下西洋航行中约两万八千名参与者的共同经验。

向达、万明等校注者均认为三部书中以马欢的《瀛涯胜览》最具原创性，巩珍《西洋番国志》和费信《星槎胜览》则有雷同沿袭之处。[2] 但无论如何，三人均是亲历诸邦，留下的是对于印度洋世界的第一手记录及关于郑和在海外朝贡外交成功的见证："其（郑和）所赍恩颁谕赐之物至，则番王酋长相率拜迎，奉领而去。举国之人奔趋欣跃，不胜感戴。事竣，各具方物及异兽珍禽等件，遣使领赍，附随宝舟赴京朝贡。"[3]

从东晋法显之后数百僧人先后冒险远去印度洋世界追求其佛家信仰和经典，到郑和所率领的巨大舰队在印度洋的七次远航和数万明朝军民参加的海外朝贡外交活动，古代中国人对于这一广阔外部世界表现了越来越浓厚的兴趣、建立了日益频繁的联系，并逐渐加深了对当地文化的了解。法显到郑和时代关于印度洋的中文著述中的确切记载反映了这一长期历史趋势。

二、古代中文记载中的印度洋世界及其变化

无论东晋至唐朝时期西行僧人的自述、宋元时期士人官员对

---

[1] 翁国珍，《浅谈费信及其〈星槎胜览〉》，载《福建师范大学学报（哲学社会科学版）》1986 年第 1 期，第 93 页。

[2] 万明，《马欢〈瀛涯胜览〉源流考——四种明钞本校勘记（代前言）》，载马欢原著、万明校注，《明钞本〈瀛涯胜览〉校注》，第 2 页。

[3] 巩珍著、向达校注，《西洋番国志》，第 6 页。

海外的记载，还是郑和下西洋参与者的游记，上述先行者关于印度洋的记录和看法都对后来者产生了影响，具有前后承接关系。但是，他们关于印度洋世界的著述也反映了当地历史和文化的长期变化以及中国人世界观的演变。

法显、玄奘和义净之间的承接关系恰如义净所承认："观夫自古神州之地，轻生殉法之宝，显法师则创辟荒途，奘法师乃中开王路。"[1] 义净志游西域深受这两位前辈影响。周去非《岭外代答》中的内容也为赵汝适《诸蕃志》和汪大渊《岛夷志略》所沿袭。[2]《真腊风土记》的作者元人周达观与《岭外代答》作者宋人周去非是同乡，显然也熟悉其书。他去真腊前也已熟读赵汝适的《诸蕃志》。[3] 此外，杨武泉先生指出，《岛夷志略》中天竺条云：该国"隶秦王之主"，但汪大渊的时代早已无秦王。这条记载实际出自《诸蕃志》天竺国条"隶大秦国"，而《诸蕃志》又源于《岭外代答》的大秦国条："天竺国其属也。"[4] 所以，姚楠先生评价《岛夷志略》是"上承宋周去非《岭外代答》、赵汝适《诸蕃志》，下接明马欢《瀛涯胜览》、费信《星槎胜览》等书的一部重要著作"[5]。据陆峻岭先生考订，周致中《异域志》中有引用唐段成式《酉阳杂俎》的内容，如焉耆国条、私诃条国条，[6] 此外，该书中很多条目采自《岭

---

[1] 义净著、王邦维校注，《〈大唐西域求法高僧传〉校注》，中华书局1988年版，第1页。

[2] 杨博文，《〈诸蕃志〉校释·前言》，见赵汝适著、杨博文校释，《〈诸蕃志〉校释》，第6页；苏继庼，《岛夷志略·叙论》，见汪大渊著、苏继庼校释，《岛夷志略》，第9页。

[3] 周达观原著、夏鼐校注，《〈真腊风土记〉校注》，第16页。

[4] 杨武泉，《周去非与〈岭外代答〉——校注前言》，见周去非著、杨武泉校注，《〈岭外代答〉校注》，第10页。

[5] 姚楠，《岛夷志略·前言》，见汪大渊著、苏继庼校释，《岛夷志略》，第2页。

[6] 陆峻岭，《异域志·前言》，见周致中著、陆峻岭校注，《异域志》，第1—2页。

外代答》和《诸蕃志》，如木兰皮国条、注辇国条。[1] 马欢深受汪大渊《岛夷志略》影响，他坦白称"历涉诸邦，然后知《岛夷志》所著者不诬"[2]。姚楠先生认为，马欢正是在证实了汪大渊所记之翔实后，才受启发撰写《瀛涯胜览》。费信《星槎胜览》中也有很多条目源自汪书。[3] 这种前后相袭的记载不仅反映了印度洋世界历史的延续，也体现了中国人海外世界观中一些持续的传统。

但是，从法显到郑和时代中文著述中关于印度洋世界的记载也描述了当地历史文化的变化，并显示了古代中国人对海外世界看法的演变。

1. 从佛门"中国"到"西洋"的海上世界观

从法显西行到郑和下西洋时代，中国人的著述中对于中国与印度洋世界的方位关系发生了变化。其中，最为重要的观念变化是将作为原始佛教发源地的"中国"或印度等南亚古国转变为中华帝国朝贡体系之下"西洋"的一部分。

在《佛国记》中，法显沿袭古印度佛教徒的观念，称恒河中流一带的中印度为"中国"，[4] 并以当时佛教文化"边地"而来的"边人"自居。当法显一行到达属于西、北天竺的毗荼国时，当地人惊叹："如何边地人，能知出家为道，远求佛法？"当法显抵达佛祖生前住过的祇洹精舍时，他"自伤身在边地"。[5] 除了早期西

---

[1] 康冰瑶，《〈异域志〉研究》，第 15—16 页、第 23—24 页。

[2] 马欢原著、万明校注，《明钞本〈瀛涯胜览〉校注》，第 1 页。

[3] 姚楠，《岛夷志略·前言》，见汪大渊著、苏继顾校释，《岛夷志略》，第 3 页。

[4] 法显著、章巽校注，《〈法显传〉校注》，第 28 页、第 46 页、第 63 页、第 88 页、第 103 页、第 120 页、第 129 页。

[5] 同上书，第 44 页、第 62 页。

行的中国僧人受佛教影响，采取以印度为中心的地理坐标系外，刘迎胜先生认为汉文古籍中还存在过以西亚为中心的地理坐标系。例如，宋人周去非《岭外代答》中提到"大食"周边的海："大食之地甚广，其国甚多，不可悉载。又其西有海，名西大食海。渡之而西，则木兰皮诸国，凡千余。更西，则日之所入，不得而闻也。"[1]刘先生推测这套地理坐标很可能来自与周去非打交道的大食海商。[2]周去非还借助伊斯兰世界的命名体系，与中国土生地名结合，描绘海外世界："三佛齐之南，南大洋海也。阇婆之东，东大洋海也，水势渐低，女人国在焉。愈东则尾闾之所泄，非复人世。"[3]南大洋海指今南太平洋和南印度洋海域，东大洋海为今印度尼西亚爪哇以东的大洋，即西太平洋，这些名称都是前代未有的新知。[4]

宋元时期几部关于印度洋著作的著者都身处中国东南与海外世界的连接地带。自唐代设立执掌海舶蕃商交易之事的市舶司以来，宋代在闽、广、浙等地均设市舶司。广西一隅在北宋为西南海疆，号称"天涯"，气候物产异于中原，少数民族众多，中原人视为奇异之乡。但随着海外贸易的兴起，这处"天涯"逐渐成为连接中国大陆与印度洋世界的中间地带。宋代并在泉州设置市舶司，成为蕃商、蕃舶出入的门户之地。赵汝适在《诸蕃志》中多次以泉州而不是以南宋都城临安作为定位海外诸国的参照，如"注辇国，自古不通商，水行至泉州约四十一万一千四百余里"；"大食在泉之西

---

[1] 周去非著、杨武泉校注，《岭外代答》，第 75 页。

[2] 刘迎胜，《"东洋"与"西洋"的由来》，见刘迎胜，《海路与陆路：中古时代中西交流研究》，第 6—7 页。

[3] 周去非著、杨武泉校注，《〈岭外代答〉校注》，第 74 页。

[4] 刘迎胜，《"东洋"与"西洋"的由来》，见刘迎胜，《海路与陆路：中古时代中西交流研究》，第 11 页。

北，去泉州最远"。[1] 1349 年，泉州路（又称清源）的地方长官见《清源前志》已散失，《后志》已是百年前所编，便发起修志。由于泉州是市舶司所在，"诸蕃辐辏之所，宜记录不鄙"，便让曾游历海外知悉蕃情的汪大渊撰写《岛夷志略》，作为泉州郡志的组成部分，[2] 汪大渊两次出洋的起点和终点都是泉州。

元代周达观《真腊风土记》和汪大渊《岛夷志略》进一步提出东洋与西洋的概念。东洋可能承袭自宋代的东大洋海，主要指今菲律宾、加里曼丹和爪哇岛以东的西太平洋。刘迎胜先生考证，西洋的名称始见于五代，当时泉州蒲氏家族成员蒲有良就曾在占城任"西洋转运使"，宋时其族人蒲甲又"司占城西洋之转运使"。此处的西洋大致是今马来半岛、苏门答腊海域。[3]《真腊风土记》中的西洋之名很可能沿袭前代，不过范围扩大到印度东南海域。万明认为，元初对"西洋"的认识有从中央政权的角度和从沿海地区的角度两套定位体系，而"西洋"一词出现重要变化则是在郑和下西洋时。马欢"往西洋诸蕃"[4]、费信"历览西洋诸蕃之国"[5]、巩珍所著的书名为《西洋番国志》，实际均指印度洋。郑和下西洋后，"西洋"一词广泛流行于明代社会，原为法显等早期僧人敬仰的佛门"中国"或印度等南亚古国仅成为明代西洋世界的一部分。[6]

以上的论述证明从法显到郑和时代的中国人通过在印度洋的

---

[1] 赵汝适著、杨博文校释，《〈诸蕃志〉校释》，第 74 页、第 89 页。

[2] 汪大渊著、苏继庼校释，《岛夷志略》，第 385 页。

[3] 刘迎胜，《"东洋"与"西洋"的由来》，见刘迎胜，《海路与陆路：中古时代中西交流研究》，第 12 页。

[4] 马欢原著、万明校注，《明钞本〈瀛涯胜览〉校注》，第 1 页。

[5] 费信著、冯承钧校注，《星槎胜览》，中华书局 1954 年版，第 10 页。

[6] 万明，《释"西洋"》，载王天有、徐凯、万明编，《郑和远航与世界文明——纪念郑和下西洋 600 周年论文集》，第 105 页、第 107 页、第 109 页。

活动或与当地文化的接触，对于海外世界采取十分不同的世界观。从东晋到唐代西行求法的高僧受到原始佛教信仰的影响，在作为"中国"的印度与"边地"中国的坐标体系中行走，对大陆与海洋的定位以印度为中心。宋代的周去非、赵汝适等士人官员身处中华帝国与海外世界"接缝处"，在东来的伊斯兰文明与华夏文明频繁接触的刺激下开始了解域外，在书中交织着伊斯兰世界与华夏本土两套对海外世界的定位，原始佛教中心印度已退为西亚至中国海上商路中的一站。元代至郑和时期，由于元明以来中华帝国的强盛及其在海外航运活动和朝贡体系的扩张，中文著述中使用的"西洋"一词的涵盖面便随之扩大，包括了整个印度洋世界。

2. 从"佛国"到"回回教门"的海外宗教发展

《法显传》既是法显的游记，更是他追寻"佛国"心路历程的记录，所以该书亦名《佛国记》，佛教也影响了其他中国人对于印度洋地区的认识。但至身为穆斯林信徒的郑和下西洋时期，伊斯兰教的信仰对于中国人在印度洋世界的活动及其世界观也产生了重要影响。

法显对所到印度等古国的描述以佛的生平事迹及其涅槃之后众生对佛的膜拜供养为基础展开。从他进入北天竺开始，到穿行西天竺，直至经狮子国返程，法显对途中每一个国家的记述都涉及它与佛的关联。例如，佛遗足迹在乌苌国，佛顶骨在那竭国；宿呵多国是佛割肉贸鸽处，迦耶城是弥家女奉佛乳糜处；佛在犍陀卫国以眼施人，在竺刹尸罗国以头施人，等等。[1] 在法显的观念世界里，

---

[1] 法显著、章巽校注，《〈法显传〉校注》，第 28 页、第 38 页、第 29 页、第 103 页、第 30 页、第 32 页。

这些地方是佛舍利、佛祖云游讲经、佛本生故事的地理载体。唐代义净《南海寄归内法传》对佛国的考察更为理性，书中详细记载了僧人个人的生活规范以及寺院集体生活的规矩。例如，僧人在穿衣、进食、安居、澡浴等个人生活方面应遵循的戒律，在寺院中僧人们的受戒仪轨、尊师之道、僧尼丧制等。王邦维先生评价义净此书是"根据他自己求法写下的笔记整理出来的一份专题考察报告，为我们今天了解公元7世纪时印度佛教僧伽内部宗教生活的状况提供了几乎是最多、最详细的信息"[1]。可见唐代僧人对印度洋世界的认识已经从佛光笼罩的灵异世界过渡到现实世界中的佛国风貌。

宋代周去非《岭外代答》和赵汝适《诸蕃志》中对"佛国"的描述，从前代仅以印度为中心的地域，扩大至更西端的"大秦""大食"，并与关于伊斯兰教的记载有所混淆。《岭外代答》和《诸蕃志》有关于"大秦国"和"麻嘉国"的同样记述："（大秦国，王所居舍）屋下开地道至礼拜堂一里许，王少出，惟诵经礼佛，遇七日即由地道往礼拜堂拜佛，从者五十人"；[2]"麻嘉国自麻离拔国西去，陆行八十余程乃到。此是佛麻霞勿出世之处，有佛所居方丈，以五色玉结甃成墙屋。每岁遇佛忌辰，大食诸国王，皆遣人持宝贝金银施舍，以锦绮盖其方丈。每年诸国前来就方丈礼拜，并他国官豪，不拘万里，皆至瞻礼。方丈后有佛墓，日夜常见霞光，人近不得，往往皆合眼走过。若人临命终时，取墓上土涂胸，即乘佛

---

[1] 王邦维，《义净与〈南海寄归内法传〉——代校注前言》，见义净著、王邦维校注，《〈南海寄归内法传〉校注》，第36页。

[2] 周去非著、杨武泉校注，《〈岭外代答〉校注》，第95页；赵汝适著、杨博文校释，《〈诸蕃志〉校释》，第81页。

力超生云。"[1]"麻霞勿"一说是穆罕默德，一说为麦加，但两者都指向伊斯兰教。当时中国人对更西边的伊斯兰文明的认识有限，仍将其纳入原有的以"佛"为特征的印度文明体系中。

元人周达观《真腊风土记》中对佛教、伊斯兰等教派的认识更加细化。书中"三教"条目专门描述了真腊的宗教分类："儒者称为班诘"，佛教僧侣呼为"苧姑"，"道教者，亦不如僧教之盛耳"，[2]周达观是用中国的儒、释、道来类比真腊国内的"三教"，但他所描述的这三教，一说是婆罗门教、小乘佛教、伊斯兰教，一说是婆罗门教和佛教的不同派别。无论如何，该书的详细描述较之前代对"佛"的笼统称谓，已有更加明确的认识。

在明初郑和下西洋的船队中，马欢是一名伊斯兰教信徒，他的《瀛涯胜览》对于印度洋世界的描述除对佛教状况仍然注意外，更为注意各地具有伊斯兰文化特色的政治和社会状况。例如，《瀛涯胜览》中"古里国"条写道："国王系南毗人氏，崇信释教"，"王有大头目掌管国事，俱是回回人。国人皆奉回回教门。"该书的爪哇国、满剌加国、祖法儿国、阿丹国、忽鲁谟斯国条目中也有关于这些国家信奉伊斯兰教的记载。值得一提的是，本书最后描写了郑和船队远访"天方"即麦加的事件："宣德五年（1430），蒙圣廷命差内官太监郑和等往各番国开读赏赐，分䑸到古里国时，内官太监洪等见本国差人往天方国，就选差通事人等七人，赍带麝香、磁器等物，附本国船只到彼。往回一年，买到各色奇货异宝，麒麟、狮子、驼鸡等物，并画天堂图真本回京。其天方国王亦差使人将方物跟

---

[1] 周去非著、杨武泉校注，《〈岭外代答〉校注》，第99—100页；赵汝适著、杨博文校释，《〈诸蕃志〉校释》，第98页。

[2] 周达观原著、夏鼐校注，《〈真腊风土记〉校注》，第94—95页。

同原去通事七人，贡献于朝廷。"马欢在书中描述"回回祖师始于此国阐扬教法"，民风和美、悉尊教规，"诚为极乐世界"，[1] 并且还详细记录了天堂礼拜寺和司马义祖师之墓的形制以及该国气候物产。

自《法显传》到郑和下西洋时期中国人对于印度洋的记述从最初对于天竺"佛光普照"的崇拜转向对佛教的区分，再进一步将佛教和伊斯兰教并置。这些著作对印度洋世界的宗教认识在不断推进。不同宗教中的神明，在这些书中时而被贬为"胡"，时而被奉为"神"，呈现出中国人对印度洋世界的多样认识。

3. 从佛国"鬼市"到印度洋世界的"互市"活动

虽然《法显传》的叙述是以印度等古国的佛教传说和信仰为中心展开，但书中也有关于贸易的零星记载。在后来关于印度洋的中文著述中，该地与中国"互市"的活动以及相关的物产等内容则越来越重要。

《法显传》在有关"狮子国"的记载中写道："诸国商人共市易，市易时鬼神不自现身，但出宝物，题其价直，商人则依价置直取物。因商人来、往、住故，诸国人闻其土乐，悉亦复来，于是遂成大国。"所以，在西行求法高僧的世界观里，商贸往来如同"鬼市"，湮没在佛国的光明之中。法显回国途中，船遇风暴，船上来华经商的婆罗门商人无端将此劫难怪罪于"外道"法显，险些将他扔在海岛。而法显一心念佛，对这些婆罗门商人并无好感。[2]

与此相反，宋人周去非《岭外代答》和赵汝适的《诸蕃志》

---

[1] 马欢原著、万明校注，《明钞本〈瀛涯胜览〉校注》，第64页、第65页，第103—104页，第99—102页。

[2] 法显著、章巽校注，《〈法显传〉校注》，第125页、第145页。

因海外贸易之兴而作，也服务于海外贸易的需要。因此，两本著作都采用"志国"与"志物"分开叙述的体例，详细罗列出印度洋地区各国所产，及其"市于中国"的情形。[1]《岛夷志略》在写作体例上受周去非、赵汝适影响，但将赵汝适志国与志物的分述变为将"土物"放在所经历的国度内，作为"国"的内容之一描述。该书对每国的叙述体例几乎都可分为以下几个方面：其俗为何、地产何物以及贸易之货。例如"日丽"条："风俗尚节义"，"土产龟筒、鹤顶、降真、锡。贸易之货，用青瓷器、花布、粗碗、铁块、小印花布、五色布之属。"[2]

在元人周达观《真腊风土记》中，他更为仔细地分节收录了真腊的出产，其记录的标准无外乎三条：中国有真腊没有者、中国无真腊有者，或者二国兼有者。他在书中还专门记下了中国货物在真腊的销售情况："其地向不出金银，以唐人金银为第一，五色轻缣帛次之；其次如真州之锡镴、温州之漆盘、泉处之青瓷器，及水银、银硃、纸札、硫黄、焰硝、檀香、草芎、白芷、麝香、麻布、黄草布、雨伞、铁锅、铜盘、水珠、桐油、篦箕、木梳、针。其粗重则如明州之席。甚欲得者则菽麦也，然不可将去耳。"他在真腊遇到了中国老乡，而其他中国人也多是到此地做生意："唐人之为水手者，利其国中不着衣裳，且米粮易求，妇女易得，屋室易辨，器用易足，买卖易为，往往皆逃逸于彼。"[3]

周达观在真腊遇见的唐人并不多，且多是身份地下、孤身打拼的流寓之人，但跟随郑和下西洋的马欢在《瀛涯胜览》则有不同

---

[1] 《岭外代答》卷一至卷五记录地理、外国、风土、法制，卷六至卷十专门记载器用、食用、花木、禽兽等；《诸蕃志》则更明确地分卷上"志国"与卷下"志物"。

[2] 汪大渊著、苏继庼校释，《岛夷志略》，第86页。

[3] 周达观原著、夏鼐校注，《〈真腊风土记〉校注》，第148页、第180页。

记载。如在该书"爪哇国"条中："于杜板投东行半日许，至厮村，番名曰革儿昔。原系沽滩之地，盖因中国之人来此创居，遂名新村。至今村主广东人也，约有千余家。其各处番船多到此处买卖，其金子、诸般宝石、一应番货多有卖者，民甚殷富。"[1] 显然，郑和船队所见的华人已渐成较大的社区规模，并且主导着印度洋中某些区域的周转贸易。

三、小结：从法显到郑和时代中国人
对印度洋的探索和认识

从法显西行到郑和下西洋，探索和记述印度洋世界的中国人不仅在数量上由少到多，在个人背景上也愈益多样。他们的足迹范围也自东向西拓展，其著作从记述神异到日渐写实，其中的士大夫从间接听从贾人、舟子之言到直接出洋验证所闻。据冯承钧先生考证，南北朝时，自法显后往来南海的沙门，行程可考见者约有十人，其中来自中国的不到一半，而义净《大唐求法高僧传》载西行求法的僧人约有六十，近半数来自中国。[2] 与朱彧、周去非、赵汝适等宋代士大夫不同，周达观和汪大渊出于对海外世界的好奇之心，跟随使团和船队附舶于海。周达观终生仅到真腊一次，汪大渊也只出洋两次。马欢、费信、巩珍则是郑和船队中具有固定职务的官方人员，其中马欢、费信出洋次数远胜过前人，并且代表了郑和七次下西洋的数以万计的普通军民，留下珍贵游记。

早期西行高僧们的目的地主要在印度。但周去非在《岭外代

---

[1] 马欢原著、万明校注，《明钞本〈瀛涯胜览〉校注》，第 19 页。

[2] 冯承钧，《中国南洋交通史》，第 25 页、第 41 页。

答》中分上、下两卷记述"外国"，上卷主要是印度洋东面的国家，下卷涉及印度洋西面的大秦、大食诸国，并将它们与中国西南的少数民族归为一列，可见他对这一区域的认识有限。赵汝适在《诸蕃志》中叙述完大秦国、大食国等国的部分后，却转向了琉球、新罗这些中国人早已熟悉的东方邻国，而不是更为遥远的世界。周去非、赵汝适书中记录的外国均不过百，但苏继顾先生统计汪大渊《岛夷志略》中收录的域外地名达二百二十个。[1] 虽然马欢在《瀛涯胜览》提及的国名不及汪大渊多，但是他与郑和的成千上万随从人员曾亲抵印度洋地区的二十多个国家和地区。此外，中国士大夫对印度洋的认识经历了从间接到直接的转变。周去非、赵汝适等虽未踏出国门，但他们笔下奇异的印度洋世界带动了周达观、汪大渊的亲身出行，马欢等人的对于印度洋世界的亲身记录再次印证汪大渊等前人所言不虚。

从法显至郑和时代，中国人对印度洋世界的探索和叙述也经历了从西行朝圣到招徕西洋朝贡的转变，由此也导致了对于中国与印度洋世界关系的重新定位和认识改变。在地理定位上，原来佛门信徒朝圣之旅中的天竺等"中国"与佛教文化边缘的华夏"边地"在郑和航海时代地位反转，成为中华帝国朝贡体系中的"西洋"。中文著作对印度洋的地理划分也因商贸航线的发展而不断细化，经历了借鉴印度文明、伊斯兰文明的地理坐标体系到本土化的过程。

从法显等僧人的西行到郑和、马欢等伊斯兰教徒的下西洋，中国人在印度洋世界的朝圣活动实际上从东晋到明初都在延续，但马欢等人的记载显示了从东南亚到西亚国家宗教信仰和宗教化政治在 15 世纪初的更加多元化发展。同时，有关印度洋地区的中文著

----

[1]　姚楠，《岛夷志略·前言》，见汪大渊著、苏继顾校释，《岛夷志略》，第 2 页。

述对宗教的书写从神话般地叙述转向对现实中宗教制度的描述。宗教和商贸在这些著作中的比例也发生了变化，从完全围绕宗教的叙述变为"志国"和"志物"的体例，进而将"国"与"物"合一，对各国的土特产更加了解，以利于互惠贸易的开展。

由于郑和下西洋的主要目的在于推行朝贡而非西行朝圣，其随员马欢等人的著作便在华夷之间的关系上采取了华夏中心主义的态度。但是，这些著作中也有从法显以来有关中国人著述中"以他者为上"的认识论。如同西行僧人赴印度求取真经，郑和下西洋也在使华夏文明宣教于海外诸番的同时，充分尊重各国固有的文明并给予发扬光大，[1] 这些颠倒都是对"夷夏"关系的另一种认识。

从法显西行到郑和下西洋，中国人对印度洋世界的探索达到了一个高峰，他们留下的著述也反映了中国人对海外世界认识的发展和演变。这些古代关于海外的著作成为林则徐、魏源、徐继畬等清末先进士大夫在国门重开后重新认识海外世界的参考。它们之中蕴含的丰富认识论，也为郭嵩焘、容闳、康有为、梁启超等对西方世界由器物到制度再到思想的探究，对中学与西学在"体""用"上的争论，奠定了思想基础。

---

[1] 郑一钧，《郑和下西洋对 15 世纪初期世界文明发展的贡献》，载王天有、徐凯、万明编，《郑和远航与世界文明——纪念郑和下西洋 600 周年论文集》，第 30 页。

征引文献

陈大震著、广州市地方志编纂委员会办公室编,《大德南海志残本》,广东人民出版社 1991 年版。

陈得芝,《元代海外交通的发展与明初郑和下西洋》,载陈得芝,《蒙元史研究丛稿》,人民出版社 2005 年版,第 411—423 页。

陈显泗、许肇琳、赵和曼等编,《中国古籍中的柬埔寨史料》,河南人民出版社 1985 年版。

陈序经,《陈序经东南亚古史研究合集》,商务印书馆(香港)有限公司 1992 年版。

段成式等撰、曹中孚等点校,《西阳杂俎》。

法显著、章巽校注:《〈法显传〉校注》,中华书局 2012 年版。

方豪,《中西交通史》,华冈出版有限公司 1977 年版。

费信,《星槎胜览·序》,见费信著、冯承钧校注,《星槎胜览》,第 9—12 页。

费信著、冯承钧校注,《星槎胜览》,中华书局 1954 年版。

冯承钧,《中国南洋交通史》,商务印书馆 2011 年版。

——,《〈星槎胜览〉校注·序》,见费信著、冯承钧校注,《星槎胜览》,第 1—7 页。

葛剑,《从中国历史地理认识郑和远航的意义》,载王天有、徐凯、万明编,《郑和远航与世界文明——纪念郑和下西洋 600 周年论文集》,北京大学出版社 2005 年版,第 253—259 页。

巩珍，《西洋番国志·自序》，见巩珍著、向达校注，《西洋番国志》，第5—7页。

巩珍著、向达校注，《西洋番国志》，中华书局2012年版。

韩儒林主编、陈得芝等，《元朝史》，人民出版社1986年版。

季羡林，《玄奘与〈大唐西域记〉——校注〈大唐西域记〉前言》，见玄奘、辩机著，季羡林等校注，《大唐西域记》，中华书局1985年版，第1—138页。

康冰瑶，《〈异域志〉研究》，陕西师范大学硕士学位论文，2011年。

李伟国，《萍洲可谈·校点说明》，见朱彧撰、李伟国校点，《萍洲可谈》，上海古籍出版社2012年版，第1页。

刘迎胜，《"东洋"与"西洋"的由来》，见刘迎胜，《海路与陆路：中古时代中西交流研究》，北京大学出版社2011年版，第1—19页。

陆峻岭，《异域志·前言》，见周致中著、陆峻岭校，《异域志》，中华书局1981年版，第1—4页。

马欢，《瀛涯胜览·序》，见马欢原著、万明校注，《明钞本〈瀛涯胜览〉校注》，第1—2页。

马欢原著、万明校注，《明钞本〈瀛涯胜览〉校注》，海洋出版社2005年版。

彭小平，《中国走向世界的历史轨迹——中国海外旅行与文化交流》，湖南人民出版社1999年版。

沙畹著、冯承钧译，《中国之旅行家》，上海古籍出版社2014年版。

申海田、张明锋，《宋元时期海外交通考析》，载《山东师大学报（社会科学版）》1997年第2期，第48—51页。

苏继庼，《岛夷志略·叙论》，见汪大渊著、苏继庼校释，《岛夷志略》，中华书局 2009 年版，第 1—15 页。

万明，《释"西洋"》，载王天有、徐凯、万明编，《郑和远航与世界文明——纪念郑和下西洋 600 周年论文集》，第 97—113 页。

————，《马欢〈瀛涯胜览〉源流考——四种明钞本校勘记（代前言）》，见马欢原著、万明校注，《明钞本〈瀛涯胜览〉校注》，第 1—28 页。

汪大渊，《岛夷志后序》，见汪大渊著、苏继庼校释，《岛夷志略》，第 385—386 页。

汪大渊著、苏继庼校释，《岛夷志略》。

王邦维，《义净与〈南海寄归内法传〉——代校注前言》，见义净著、王邦维校注，《〈南海寄归内法传〉校注》，中华书局 2009年版，第 1—187 页。

王庸，《宋明间关于亚洲南方沿海诸国地理之要籍》，载中国史地学会编，《史学与地学》1926 年第 1 期，第 1—11 页。

翁国珍，《浅谈费信及其〈星槎胜览〉》，载《福建师范大学学报（哲学社会科学版）》1986 年第 1 期，第 93—98 页。

邬国义，《中国之旅行家·序一》，见沙畹著、冯承钧译，《中国之旅行家》，第 1—19 页。

夏鼐，《〈真腊风土记〉校注·校注者序言》，见周达观原著、夏鼐校注，《〈真腊风土记〉校注》，中华书局 1981 年版，第 1—5 页。

向达，《校注巩珍〈西洋番国志〉序言》，见巩珍著、向达校注，《西洋番国志》，第 1—4 页。

玄奘、辩机原著，季羡林等校注，《大唐西域记》。

杨武泉，《周去非与〈岭外代答〉——校注前言》，见周去非著、杨武泉校注，《〈岭外代答〉校注》，中华书局 2006 年版，第 1—16 页。

杨博文，《〈诸蕃志〉校释·前言》，见赵汝适著、杨博文校释，《〈诸蕃志〉校释》，中华书局 2008 年版，第 1—8 页。

姚楠，《岛夷志略·前言》，见汪大渊著、苏继庼校释，《岛夷志略》，第1—8页。

姚楠、许钰著，《中国南洋史地丛考》，商务印书馆1958年版。

义净著、王邦维校注，《〈大唐西域求法高僧传〉校注》，中华书局1988年版。

——，《〈南海寄归内法传〉校注》。

张翥，《岛夷志略·张序》，见汪大渊著、苏继庼校释，《岛夷志略》，第1—4页。

章巽，《〈法显传〉校注·序》，见法显著、章巽校注，《〈法显传〉校注》，第1—12页。

赵汝适，《〈诸蕃志〉校释·赵汝适序》，见赵汝适著、杨博文校释，《〈诸蕃志〉校释》，第1页。

赵汝适著、杨博文校释，《〈诸蕃志〉校释》。

郑一钧，《郑和下西洋对15世纪初期世界文明发展的贡献》，载王天有、徐凯、万明编，《郑和远航与世界文明——纪念郑和下西洋600周年论文集》，第21—39页。

周达观原著、夏鼐校注，《〈真腊风土记〉校注》。

周去非，《岭外代答·序》，见周去非著、杨武泉校注，《岭外代答校注》，第1—3页。

周去非著、杨武泉校注，《岭外代答校注》。

周致中，《异域志小序》，见周致中著、陆峻岭校注，《异域志》，第1页。

周致中著、陆峻岭校注，《异域志》。

朱彧撰、李伟国校点，《萍洲可谈》。

罗杨

人类学博士，现为中国华侨华人历史研究所副研究员。研究方向为人类学理论与方法、东南亚宗教与华侨华人社会、闽南宗教与侨乡文化。著有专著《他邦的文明——柬埔寨吴哥的知识、王权与宗教生活》，曾在《华侨华人历史研究》《西北民族研究》等中国国内核心期刊上发表论文十余篇，译作数篇。参与或承担中国侨联、中央民族大学、中国民族博物馆所资助的课题或子课题研究。曾在柬埔寨以及闽南侨乡进行长期的人类学田野调查。

第六部分

多学科研究综述：
走向文史交叉与全球学界的
郑和研究

郑和下西洋与明代小说
《三宝太监西洋记通俗演义》[1]
——跨越文学、历史和语言学科的研究成果综述

蔡亚平

【摘要】明永乐至宣德年间，郑和下西洋拓宽了中国与印度洋地区诸国政治、经济、文化交流的大门，也丰富了中华海洋文化内涵。明代小说《三宝太监西洋记通俗演义》即是郑和下西洋在文学作品中的反映，也是这一伟大历史事件所代表的海洋文化对古代小说渗透的结果之一。20世纪80年代以来，在郑和研究热潮的影响下，这部以郑和下西洋为题材的小说受到历史学家和文学研究专家愈来愈多的重视。本文目的主要在于回顾文学、史学及语言学等领域的相关研究，从小说类型及其文史内涵、小说材料和史料价值、小说作者与版本史研究、小说人物虚实的研究、语言学视角下的研究、海洋文化与文史研究六个方面，对这部小说的研究成果进行述评。

[1] 本文系国家社科基金青年项目"海洋文化对明清小说的影响研究"（编号：14CZW027）阶段性成果。

明永乐三年（1405）至宣德八年（1433），郑和七次奉旨出使西洋，"所历凡三十余国，所取无名宝物不可胜计，而中国耗费亦不赀。故俗传'三宝太监下西洋'为明初盛事云"。[1] "郑和下西洋"是中国和世界航海史上的重要事件，它拓宽了中国与印度洋诸国之间政治、经济、文化交流的大门，同时也丰富了中华海洋文化内涵。海洋文化对中国古代小说有着各种渗透和深刻影响，如海洋神话传奇、远洋探险交通、民间海神信仰等都在小说中有所反映。郑和出使西洋一百六十余年后，明代出现了一部直接以"下西洋"为主题的长篇小说：

> 书叙永乐中太监郑和、王景宏服外夷三十九国，咸使朝贡事。……其第一至七回为碧峰长老下生，出家及降魔之事；第八至十四回为碧峰与张天师斗法之事；第十五回以下则郑和挂印，招兵西征，天师及碧峰助之，斩除妖孽，诸国入贡，郑和建祠之事也。[2]

该小说现存最早版本为万历二十五年（1597）刊本，题《新刻全像三宝太监西洋记通俗演义》（下文简称《西洋记》），二十卷一百回，作者罗懋登。"20世纪80年代以来，随着郑和研究热

---

[1] 夏燮，《明通鉴》，中华书局1959年版，卷二〇，第846页。

[2] 鲁迅，《中国小说史略》，上海古籍出版社1998年版，第119—120页。

潮的掀起，以郑和下西洋为题材的小说《西洋记》也愈来愈受到重视"。[1] 因此，本文将回顾文学、历史学及语言学领域的相关研究，从小说类型及其文史内涵、小说材料和史料价值、小说作者与版本史研究、小说人物虚实的研究、语言学视角下的研究、海洋文化与文史研究六个方面，对这部小说的研究成果进行述评。

一、小说类型及其文史内涵

近代学者于 19 世纪已关注《西洋记》在文学史方面的意义，而历史学家也逐渐注意到这部小说对于郑和研究的价值，并在 20 世纪 80 年代开始将这一研究推向高潮。

清末俞樾较早关注这部小说并为之誉扬："其书视太公封神、玄奘取经尤为荒诞，而笔意恣肆，则似过之。……读其序云：'今者东事倥偬，何如西戎，即叙当事者，尚兴抚髀之思乎？'然则此书之作，盖以嘉靖以后，倭患方殷，故作此书，寓思古伤今之意，抒忧时感事之忱。三复其文，可为长太息矣。"[2]

俞樾所论包含两层含义：其一，该小说内容玄幻，与《封神演义》《西游记》等神魔小说类似，且其文笔纵肆，似尤胜之。其二，小说是作者感伤时事之作，内涵深刻，易于引发读者共鸣。对于第一层含义，鲁迅指出这部小说的艺术水平距《西游记》《封神演义》远甚："所述战事，杂窃《西游记》《封神传》，而文词不工，

---

[1] 朱鉴秋，《〈西洋记〉研究综述》，载时平主编，《中国航海文化论坛》（第一辑），海洋出版社 2011 年版，第 234 页。

[2] 俞樾，《春在堂随笔》卷七，江苏古籍出版社 2000 年版，第 100—101 页。

更增枝蔓……"[1]翻检文本可知，此为确论。而第二层含义，俞樾关于小说作者因时事触发而在书中有历史寄托的观点，则为鲁迅、赵景深等学者一致认同。[2]例如鲁迅曾认为作者的创作动机是："……嘉靖以后，东南方面，倭患猖獗，民间伤今之弱，于是便感昔之盛，作了这一部书。"[3]

由于《西洋记》内容驳杂，且在情节布局、语言水平等方面比较平庸，鲁迅、赵景深、郑振铎等都曾对这部小说的艺术技巧有所批评，因而它在文学史上被看作二三流小说。就艺术价值而言，直到近年的研究仍认为其"即便在神魔小说的领域里，也远不如《三遂平妖传》与《封神演义》那样引人注目，更不用说《西游记》了"[4]。

尽管《西洋记》"真人与神人杂陈，史实与幻想并列"[5]，其"内容在文学和历史之间是交织的，但毕竟是一部文学形式的作品"。[6]所以，鲁迅在《中国小说史略》中将其与《西游记》《封神演义》同列于"明之神魔小说"，并于《中国小说的历史的变迁》

---

[1] 鲁迅，《中国小说史略》，第 120 页。

[2] 鲁迅，《中国小说的历史的变迁》第五讲《明小说之两大主潮》，《鲁迅著作全编》第三卷，中国社会科学出版社 1999 年版，第 1044—1047 页；赵景深，《三宝太监西洋记》，陆树仑、竺少华校注，《三宝太监西洋记通俗演义》，上海古籍出版社 1985 年版，附录三，第 1298—1328 页。

[3] 鲁迅，《中国小说的历史的变迁》第五讲《明小说之两大主潮》，《鲁迅著作全编》第三卷，第 1045 页。

[4] 李平，《平凡中见光彩——重读〈三宝太监西洋记通俗演义〉》，载《上海大学学报》1985 年第 2 期，第 116 页。

[5] 季羡林，《〈三宝太监西洋记通俗演义〉新版序》，见陆树仑、竺少华校注，《三宝太监西洋记通俗演义》，上海古籍出版社 1985 年版，第 4 页。

[6] 时平，《〈西洋记〉语境中的华夷态度》，时平、普塔克编，《〈三宝太监西洋记通俗演义〉之研究》(第二辑)，威斯巴登，哈拉索威兹出版社 2013 年版，第 48 页。

中重述："在这书中，虽然所说的是国与国之战，但中国近于神，而外夷却居于魔的地位，所以仍然是神魔小说之流。"[1]之后学术界多依从这一观点，称其为"神魔小说"。

向达对《西洋记》文学价值的判断同鲁迅等人的观点基本一致，认为它的艺术水平远不及《西游记》。但他又是最先发现这部小说对于郑和研究的价值的历史学家之一。早在1929年，向达就曾发表专论，提及中国士大夫鄙薄小说的传统，并指出《西洋记》之存世对于郑和下西洋研究的意义。向达强调，这部小说在创作中依据了明代的《瀛涯胜览》等原始资料，因而可用其校正今本相关史料之失。[2]

向达的专文发表后，只有少数学者如包遵彭曾在20世纪中期对《西洋记》的历史价值做过断断续续的有限研究。直到20世纪80年代以来，在郑和研究的热潮之中，庄为玑等历史学家才开始对该小说给予更多重视。[3]德国汉学家普塔克并且与中国学者时平联合主编了论文集《〈三宝太监西洋记通俗演义〉之研究》（第一辑、第二辑）。[4]史学界对《西洋记》的重新关注和重视不仅带动了文学史领域对这一小说更为集中和深入的探讨，而且促使有关研究逐渐反思其"神魔小说"的内涵及其文史价值。

---

[1] 鲁迅，《中国小说的历史的变迁》，《鲁迅著作全编》第三卷，第1045页。

[2] 向达，《关于三宝太监下西洋的几种资料》之三《论罗懋登著〈三宝太监西洋记通俗演义〉》，原载《小说月报》1929年1月10日号，见陆树仑、竺少华校注，《三宝太监西洋记通俗演义》，附录二，第1292—1296页。

[3] 参见朱鉴秋主编，《百年郑和研究资料索引：1904—2003》，上海书店出版社2005年版，第196页。

[4] 时平、普塔克编，《〈三宝太监西洋记通俗演义〉之研究》（第一辑），威斯巴登，哈拉索威兹出版社2011年版；时平、普塔克编，《〈三宝太监西洋记通俗演义〉之研究》（第二辑），威斯巴登，哈拉索威兹出版社2013年版。

确实，不同于其他神魔小说，《西洋记》以不太久远的明初历史事件作为创作主题，其神魔化比较困难。作者为何将历史神魔化，以及如何处理现实和虚幻之间的关系成为研究者所关注的焦点之一。李平于20世纪80年代发表的关于《西洋记》的文学研究论文与史学家的有关研究相呼应，指出小说中的主要人物及部分事件可与历史文献相互印证，就其尊重现实的程度而言远胜一般神魔小说。[1] 黄慧珍近年发表的两篇系列论文，探讨了《西洋记》与明代宗教及文化历史之间的关系，指出该小说是在当时儒、释、道"三教合一"的宗教文化历史背景的影响下，借助幻想传奇创作出的神魔小说。[2] 刘红林在其两篇论文中也特别关注了《西洋记》处理现实和神魔的关系问题。他认为，在罗懋登所处的明末衰世，将历史神魔化"是一种解释，也是一种安慰"。其神魔化的手法与小说作者在明朝国势日衰、外患频仍的情况下的"天朝心态"及其所掌握史料的不足也有关系。关于小说对现实与虚幻的处理，"它以神魔化的手法演绎历史事件"，"基本线索却是历史的真实"。与《三国演义》《封神演义》和《西游记》相较，《西洋记》是"一部跨历史和神话两个类别的小说"，因而应名之为"神魔化的历史演义"。[3] 由此可以看出，自鲁迅将其列为"神魔小说"之后，近年来的文、史学界对《西洋记》的文学意义与历史内涵给予了更多重视。

---

[1] 李平，《平凡中见光彩——重读〈三宝太监西洋记通俗演义〉》，第116—118页。

[2] 黄慧珍，《明代宗教文化与〈三宝太监西洋记通俗演义〉神魔化关系初探》，载时平、普塔克编，《〈三宝太监西洋记通俗演义〉之研究》（第一辑），第105—118页；及其《明代宗教文化与〈西洋记〉神魔化关系再揆》，载时平、普塔克编，《〈三宝太监西洋记通俗演义〉之研究》（第二辑），第91—106页。

[3] 刘红林，《〈三宝太监西洋记通俗演义〉神魔化浅谈》，载《明清小说研究》2005年第3期，第209—213页；及其《神魔化的历史演义》，载《明清小说研究》2007年第3期，第255—260页。

二、小说材料和史料价值

《西洋记》虽以郑和下西洋这一史实敷衍而成，但小说成书时距郑和时期已一百六十余年，关于此事件可查的资料并不丰富。而《西洋记》洋洋洒洒一百回，它的材料内容和来源颇值得探究，其史料价值对于目前资料严重匮乏的郑和下西洋研究的作用更需引起重视。

民国时期对《西洋记》小说材料来源进行关注的先驱性研究成果是向达和赵景深的相关论文。

向达将《西洋记》小说与郑和下西洋参与者马欢所作的《瀛涯胜览》进行比较，认为"《西洋记》一书大半根据《瀛涯胜览》演述而成"，因而具有一定史料价值，甚至小说中相关内容"可用来校正今本《瀛涯》之失"。《西洋记》所据材料还有《冶城客论》等，向达强调他论文中所列只是"偶举一隅"。他也谈到《西洋记》的情节和滑稽描述对《西游记》的承袭。[1] 近来陈晓发表的论文引申了这一说法，指出《西游记》对《西洋记》的创作具有深远影响，"在小说语言文本上，表现为两者故事源起架构、小说文本结构、人物塑造、故事情节和叙事方式上的互文"[2]。关于小说的材料来源，赵景深的相关研究则在向达结论的基础上，提出新的观点。他强调，《西洋记》所据除《瀛涯胜览》之外，还有另一位郑和随员费信所著的《星槎胜览》。为证明这一观点，他不惮其烦地

---

[1] 向达，《论罗懋登著〈三宝太监西洋记通俗演义〉》，见陆树仑、竺少华校注，《三宝太监西洋记通俗演义》，附录二，1294—1297 页。

[2] 陈晓，《世德堂本〈西游记〉与〈西洋记〉"语—图"互文研究》，载《明清小说研究》2013 年第 3 期，第 106 页。

选取近三十处小说中的段落与两书比勘。针对《西洋记》对《西游记》情节的承袭，赵景深虽举出更多例证，补充了向达之论，但强调其"引用《西游记》之处虽是不少，提到《三国演义》之处却更多"。他的论文也谈到《西洋记》中的材料还包括"里巷传说"，并梳理其源流。[1] 在另一篇文章中，赵景深将《西洋记》与明代学者黄省曾所著《西洋朝贡典录》两相对照，得出小说未曾引用此书的结论。[2] 此外，冯汉镛也曾发表论文援引向达的观点，并指出《西洋记》的材料来源有逸事、传说、杂剧、史料等，其取材"比起当时其他说部，涉猎就要广泛得多"[3]。这些研究梳理了《西洋记》与明代史料、神话、民间传说之间的联系，令文学研究专家注意到它在"文词不工"之外的意义。

在向达之后的史学家中，郑一钧是对《西洋记》的史料价值给予最多重视的学者之一。1982 年，他在北京图书馆柏林寺分馆点校《西洋记》时，从馆藏万历刻本《西洋记》后附录的文献中发现了《非幻庵香火圣像记》这篇重要的历史文献，由此证明郑和在第七次下西洋归国途中，于宣德八年（1433）逝世于今印度南部的古里，从而解决了相关研究中一个悬而未决的关键问题。[4] 郑鹤声和郑一钧父子合作编纂的《郑和下西洋资料汇编（增编本）》，也于多处收录了《西洋记》中的资料。此外，在郑一钧就郑和下西洋研究发表的相关专著中，还引用了《西洋记》中关于郑和船队的描

[1] 赵景深，《三宝太监西洋记》，原载《小说闲话》，北新书局 1937 年版，见陆树仑、竺少华校注，《三宝太监西洋记通俗演义》，附录三，第 1299—1324 页。

[2] 赵景深，《〈西洋记〉和〈西洋朝贡〉》，原载《小说论丛》，日新出版社 1947 年版，见陆树仑、竺少华校注，《三宝太监西洋记通俗演义》，附录四，第 1329—1333 页。

[3] 冯汉镛，《〈西洋记〉发微》，载《明清小说研究》1998 年第 1 期，第 126—127 页。

[4] 郑一钧，《论郑和下西洋》，海洋出版社 1985 年版，第 335—341 页。

写，以补充历史资料在这方面的不足。[1]

特别值得注意的是，大陆学者唐志拔与台湾学者苏阳明曾先后撰文，认为史学界长期激烈争论的关于郑和巨型宝船尺度的记载，很可能是后人在辑录《瀛涯胜览》时加进去的。苏阳明并认为这一记载是据《西洋记》中的描述加入，但这种说法虽为大部分学者所拒绝接受，迄今并未受到严格彻底的检验。[2]此外，苏阳明进而提出史学家从马欢《瀛涯胜览》中广泛引用的《纪行诗》也可能来自于《西洋记》，这一推测似乎至今还未引起史学界主流学派的任何注意和反驳。[3]无论上述说法是否可能被证实或证伪，它们都表明《西洋记》中的资料已受到史学界高度或过度的重视，其价值也远远超过了文学研究范围。

三、小说作者与版本史研究

关于《西洋记》作者与版本史的研究工作开展较迟，但在近来的文、史学界都受到了重视，并取得丰硕成果，其中史学家所做的贡献尤其重大。

清末俞樾谈到《西洋记》的作者为罗懋登，[4]学术界对此并无

---

[1] 郑一钧，《论郑和下西洋》，第 92 页、第 175 页、第 181 页、第 214 页。

[2] 唐志拔，《关于郑和宝船尺度出自〈瀛涯胜览〉的论点质疑》，载《郑和研究》1995 年第 3 期，第 27—28 页；苏阳明，《历史与小说的错综交织——解开"郑和宝船之谜"》，载《船史研究》2002 年第 17 期，第 139—147 页；万明，《明钞本〈瀛涯胜览〉与郑和宝船尺度》，见万明，《明代中外关系史论稿》，中国社会科学出版社 2011 年版，第 398 页。

[3] 苏阳明，《谁是"纪行诗"的作者——马欢或罗懋登？》，载《暨大学报》2002 年第 1 期，第 1—17 页。

[4] 俞樾，《春在堂随笔》卷七，江苏古籍出版社 2000 年版，第 100 页。

争议。关于罗懋登的籍贯，清代学者黄文旸以罗懋登在明传奇《香山记》序中署"二南里人"，断定其为陕西人。[1] 但这只是一种猜测，今查陕西地方志，不见有名为"二南里"的地方。1929 年，向达在《论罗懋登著〈三宝太监西洋记通俗演义〉》一文中将《西洋记》引入郑和下西洋的历史研究，但他承认并不清楚罗懋登的籍贯与生平，"二南里不知道究竟是什么地方"。从该小说"所用的俗语如'不作兴''小娃娃'之类，都是现今南京一带流行的言语"，向达推测小说作者大概是明朝时南京人，或长期流寓于该地。[2] 赵景深就此提出质疑，指出《西洋记》中不仅包含南京一带方言，还出现了太湖系语言"终生"（意云"畜生"）等词语。[3]

值得注意的是，郑闰据《罗氏重修族谱》和《豫章堂罗氏大成宗谱》等文献推断，罗懋登祖籍应为江西南城县南源村，他自署"二南里人"乃以其故里"二南"为号。[4] 此文以作者发现于南源村的罗氏相关谱牒资料、方志等为主要依据进行论证，结论比较合理，是有关研究的重要突破。而周运中就此指出，罗懋登在《罗氏宗谱》中没有任何突出事迹可循，因此他的具体行迹仍需进一步查考。周运中对《西洋记》与南京的关系进行阐发，认为这一研究视角是考察罗懋登生平的重要突破口。他引述《西洋记》中对明代南京城卫所、建筑、地理情况等的细致描写，说明罗懋登对当地的熟

---

［1］ 黄文旸，《曲海总目提要》卷十八，人民文学出版社 1959 年版，第 856 页。

［2］ 向达，《论罗懋登著〈三宝太监西洋记通俗演义〉》，见陆树仑、竺少华校注，《三宝太监西洋记通俗演义》，附录二，第 1293 页。

［3］ 赵景深，《三宝太监西洋记》，见陆树仑、竺少华校注，《三宝太监西洋记通俗演义》，附录三，第 1298 页。

［4］ 郑闰，《〈西洋记〉作者罗懋登考略》，载时平、普塔克编，《〈三宝太监西洋记通俗演义〉之研究》（第一辑），第 18—21 页。

悉及其与该地的密切关系。[1]

关于《西洋记》的版本，鲁迅在《中国小说史略》中云其"一百回"，题"二南里人编次"，"前有万历丁酉（1597）菊秋之吉罗懋登叙，罗即撰人"[2]。向达在其文中谈到《西洋记》万历刊本中的插图"颇为古雅，不是俗手所绘"，而清末的三种翻刻本"以申报馆本为最老，次为商务本，又次为中原本"，其中后两种"附有绣像，粗俗不堪"。[3]鲁迅和向达均未提及清咸丰年间的文德堂刊本。

孙楷第《中国通俗小说书目》著录《西洋记》如下：

三宝太监西洋记通俗演义二十卷一百回

存 明万历间精刊本。大型，插图。

步月楼本别题"映旭斋藏板"，系覆万历本。

咸丰已未（九年）厦门文德堂覆明本。中型。书二十卷，一百二十回。题《三宝开港西洋记》。半叶十三行，行二十六字。写刻。【北京大学图书馆】

申报馆排印本，不精。

商务印书馆排印本。

明罗懋登撰。题"二南里人著"，"闲闲道人编辑"……[4]

李春香的研究指出，此处著录有误，只有咸丰年间文德堂

---

[1] 周运中，《罗懋登〈西洋记〉与南京》，载时平、普塔克编，《〈三宝太监西洋记通俗演义〉之研究》（第二辑），第16—19页。

[2] 鲁迅，《中国小说史略》，第119页。

[3] 向达，《论罗懋登著〈三宝太监西洋记通俗演义〉》，见陆树仑、竺少华校注，《三宝太监西洋记通俗演义》，附录二，第1293页。

[4] 孙楷第，《中国通俗小说书目》，国立北平图书馆1933年初版；人民文学出版社1982年再版，第67页。

一百二十回本《三宝开港西洋记》才题有"闲闲道人编辑"字样。这个版本与万历年间原刻本及清步月楼覆刻本相差甚远。她并且称《明清小说资料选编》、上海古籍出版社 1985 年版《西洋记》校点本"前言"、《中国通俗小说总目提要》等书的相关著录均有错误：其一，将咸丰版《三宝开港西洋记》误作万历版《三宝太监西洋记通俗演义》的别名，实际上前者为一百二十回本，后者为一百回本，它们的内容有明显不同；其二，编者署名错误，其实只有一百二十回本中才署有"闲闲道人编辑"；其三，对相关版本之行款题署的著录有误。她将文德堂一百二十回本与万历年间一百回本进行比较，在其文中强调："《三宝开港西洋记》的编辑者闲闲道人，按照原书的故事框架，调整回目，删减部分内容，使之更适合读者的口味。这个删改本与一百回本从回次的编排到文字的使用，从内容的繁简到刻工的精劣，均有很大的差异。"[1] 此文基本厘清了以往权威书目对一百回本和一百二十回本的混淆。

庄为玑也曾撰文对《西洋记》"明刻本""清刻本"、清末民初申报馆的"铅印本"、上海商务印书馆的"铅印本"、上海中原书局的"石印本"及民国时期的"标点本"进行过梳理，他并将《西洋记》肯定为"所有有关郑和的书中资料最多，史料价值最强的古籍"。[2] 日本学者山根幸夫则对日本各图书馆收藏的《西洋记》版本进行了考索。[3] 邹振环不仅梳理了《西洋记》现存各版本，而且

---

[1] 李春香，《〈西洋记〉版本的文化学研究》，载《明清小说研究》1998 年第 4 期，第 255 页。

[2] 庄为玑，《论明版〈三宝太监西洋记通俗演义〉》，载《海交史研究》1985 年第 1 期。

[3] 山根幸夫撰、张乃丽译，《对日本现存〈三宝太监西洋记〉版本的考证》，载《郑和研究》1996 年第 2 期，第 42—44 页。

指出这部小说在明末清初和清代末期的两次刊刻高潮都与当时的海事危机有关：“《西洋记》的两次重刊，在海防危机中重构了民众的‘郑和记忆’，为我们提供了丰富的历史认识，正是该小说历史价值之所在。”[1] 上述成果实际突破了对《西洋记》版本史的研究，更多地揭示了该书不同版本的史料价值和历史背景。

四、小说人物虚实的研究

由于题材选择的原因，《西洋记》里的人物不可避免地与历史有着各种联系。因此，该小说中的人物塑造和历史原型引起了文学和史学家的共同兴趣。

俞樾、向达等学者曾谈到，《西洋记》的主要人物除郑和之外，金碧峰在史上也实有其人。实际上，《西洋记》中的不少人物在前人文献中都有迹可循，李平指出：“作为统帅和使臣的郑和与王尚书，均见于《明史》。”他并认同俞樾、向达之论，根据《客座新闻》与《图书集成》中的相关资料强调“国师金碧峰与徒弟非幻”都是现实中的人物。另外，小说人物张三丰、马欢也实有其人。[2]

冯汉镛在引用向达对金碧峰“真有其人”的推测时，还特别注意到小说对金碧峰面貌的描写、他在小说中的“国师”称号和明初“帝师”名号的相符、他在小说中“水西洋”的活动与明初帝师从“旱西洋”到来的对应等处，从而认为金碧峰“系指永乐派人到西藏迎来‘佛子’哈立麻的替身”。[3]

---

[1] 邹振环，《〈西洋记〉的刊刻与明清海防危机中的“郑和记忆”》，载《安徽大学学报》2011 年第 3 期，第 20 页。
[2] 李平，《平凡中见光彩——重读〈三宝太监西洋记通俗演义〉》，第 117 页。
[3] 冯汉镛，《〈西洋记〉发微》，载《明清小说研究》1998 年第 1 期，第 127—128 页。

廖可斌在论述《西洋记》的主角问题时指出：该书"虽以郑和命名，但实际上最重要的人物是金碧峰，他相当于《西游记》中的孙悟空，而郑和则近似于唐僧"。他并依据明代宋濂《寂照圆明大禅师碧峰金公设利塔牌》所载金碧峰生平及其他相关史料，在其文中对小说中金碧峰及其徒弟非幻的人物原型进行了考证，资料丰富，论证严谨。另外，他还认为"《西洋记》乃是现存中国古典长篇小说中确实可信的最早主要由作家个人创作的作品之一"[1]。

刘红林同样强调："小说主人公并非郑和，而是佛界长老金碧峰。"他认为，罗懋登在选取主人公时舍弃真实的郑和而另行塑造金碧峰，并将其"塑造成集忠诚、仁爱、慈悲、智慧、无坚不摧为一身的正面形象"，是因为他一方面从维护封建正统的角度去渲染永乐时代的强大，另一方面又对社会现实不满，对太监不满，因而不愿去塑造太监的高大形象。[2] 从这种人物的虚构回到历史现实，时觉非据《金陵梵刹志》等史籍进行分析，认为历史上的金碧峰并未随郑和出使西洋，故"因其辅佐郑和七下西洋功绩卓著而为之建寺之说，应属无稽之谈"[3]。

当然，在研究《西洋记》中人物的塑造及其与现实之间的联系时，郑和这一角色也比较引人注目。周茹燕曾对小说文本进行仔细解读，从军事、外交、宗教等层面分析了小说中的郑和这一文学

---

[1] 廖可斌，《〈三宝太监西洋记通俗演义〉主人公金碧峰本事考》，载《文献》1996年第1期，第24页、第42页。

[2] 刘红林，《〈三宝太监西洋记通俗演义〉主角谈》，载《明清小说研究》2006年第3期，第166—168页。

[3] 时觉非，《〈三宝太监西洋记通俗演义〉人物辨析》，载《郑和研究》1993年第4期，第20页。

形象。[1] 她还运用类似的研究方法，对小说中王尚书的形象进行了解读。[2]

就目前成果来看，学术界对《西洋记》人物虚实的研究多集中于金碧峰（碧峰长老）这一角色，对其关注度远超其他重要人物，如郑和等。因而，从历史的角度审视《西洋记》，该小说的主角设定，以及小说与历史人物之间的关系问题还值得更深入探讨。

五、语言学视角下的研究

如上所述，较早关注《西洋记》所使用的语言的学者是向达和赵景深，但真正从语言学角度对《西洋记》的词语进行细致研究的工作近年来才受到学者注意，并为关于郑和下西洋的海洋文化和历史研究提供了新视角。

集中于《西洋记》中的词语研究，王艳芳、王开生、王飞华等先后发表了论文，这些论文分别关注小说中"么""来""着、个、则个、些"等语气词在汉语中的来源与发展，并分析它们在该小说里的具体用法和含义。[3] 王祖霞、罗国强与程志兵等学者则诠释了《西洋记》中一些意义难明或易生误解的俗语和方言（例如江

---

[1] 周茹燕，《〈西洋记〉中的郑和形象》，载时平、普塔克编，《〈三宝太监西洋记通俗演义〉之研究》（第一辑），第 71—92 页。

[2] 周茹燕，《〈西洋记〉中的王景弘形象》，载时平、普塔克编，《〈三宝太监西洋记通俗演义〉之研究》（第二辑），第 73—90 页。

[3] 王艳芳、王开生，《〈三宝太监西洋记通俗演义〉中的语气词"么"》，载《青岛科技大学学报》2003 年第 1 期，第 95—98 页；王飞华，《〈三宝太监西洋记通俗演义〉中的语气词"来"》，载《广西民族大学学报》2006 年第 12 月，第 118—120 页；王飞华，《〈西洋记〉中语的语气词"着、个、则个、些"》，载《宁波教育学院学报》2007 年第 4 期，第 35—39 页。

淮方言），并补正了有关辞书中的遗漏与误释之处。[1]

从《西洋记》中的词语运用转向句法和语法探讨，赵秀文发表了关于其中"被"字句的研究论文，对小说中的"被"字句进行了句法分类与分析，得出如下结论：《西洋记》中"被"字句的使用范围较窄，在小说中只表示"不幸"或"不愉快"的感情色彩；但该字句应用数量较多，是小说中有形式标志的五类被动句中使用频次最多的一种句式，并且使用形式多样化。在另外两篇论文中，她从语法研究的"语义"和"语用"层面来探讨了《西洋记》中"被"字句的相关特征。[2]

《西洋记》的语言学研究也显示了这一学科与史学的交叉，例如翟占国对《西洋记》中的海洋类词汇进行研究，指出该小说对于深入认识古代海洋知识具有较高价值。他将小说中使用的海洋类词汇，如表示船只的"宝船"、表示海洋地点的"海沿"、表示海洋工作人员的"舵工"等，进行了仔细统计与释义。[3]

以上成果表明，《西洋记》不仅对于近代汉语研究，包括词汇与语法分析等方面具有一定的应用价值，而且可以丰富以郑和下西洋为中心的海洋文化研究。

---

[1] 王祖霞，《〈西洋记〉词语拾零》，载《淮北煤炭师范学院学报》2004年第4期，第88—90页；罗国强，《〈西洋记〉词语拾零》，载《河池学院学报》2012年第6期，第52—54页；程志兵，《〈西洋记〉词语考释》，载《合肥师范学院学报》2011年第4期，第25—28页。

[2] 赵秀文，《〈西洋记〉"被"字句研究》，载《湖北第二师范学院学报》2008年第5期，第20—22页；赵秀文，《〈西洋记〉"被"字句的语义分析》，载《湖北第二师范学院学报》2009年第4期，第20—22页；赵秀文，《〈西洋记〉"被"字句的语用分析》，载《湖北第二师范学院学报》2011年第10期，第26—29页。

[3] 翟占国，《明清小说中的海洋类词汇研究——以〈三宝太监西洋记〉为例》，载《现代语文》（语言研究版）2012年第5期，第19—21页。

六、海洋文化与文史研究

中国海洋文化内涵丰富，包括海上神话、远洋交通、民间海神信仰等，与古代小说的创作与流传有着各种各样的联系。《西洋记》以"郑和下西洋"为主要历史背景，是这种海洋文化的典型表现，值得文学、史学和其他多种领域的学者进行合作研究。

从海洋文化角度出发，唐琰将《西洋记》与清代小说《镜花缘》的海洋观念进行比较，着重探讨了两部小说"对外部世界的探求"和"对待海外贸易及华侨的态度"，指出"二者都把目光投向广阔的海外"。而《西洋记》则更集中体现了作者"认同海外探险、渴望了解异域和异物的思想"[1]。廖凯军联系小说所处的历史文化语境，分析了其中对海外异国的描写及其反映出的诸如明代作为"圣人之邦"的优越感等文化情结。[2] 陈美霞进而发现《西洋记》具有明显的海洋情结，表现于其"叙事目的的寄寓性"。该小说对水战的描写是明代抗击海上倭寇的一个缩影，"在郑和航海下西洋这一海洋大事的影响下，抒写明人心中的海洋情结在明代主流文化面前愈显珍贵"[3]。

由于《西洋记》用奇幻的神魔故事再现了郑和下西洋的伟大壮举，并用纵肆的文笔书写了这一历史事件所代表的中国海洋文

---

[1] 唐琰，《海洋迷思——〈三宝太监西洋记通俗演义〉与〈镜花缘〉海洋观念的比较研究》，载《明清小说研究》2006年第1期，第171—175页。

[2] 廖凯军，《〈三宝太监西洋记〉中的异域现象》，载《安徽文学》2008年第12期，第219—220页。

[3] 陈美霞，《论明代神魔小说中海洋情结的叙事特征》，载《内江师范学院学报》2010年第3期，第24—25页。

化，因而受到文学、史学、语言学等多种学科学者的关注。除上述已刊发的论文和著作以外，还有数篇博士、硕士学位论文也从不同角度对《西洋记》做出了多方面探讨。[1]

郑和下西洋所代表的海洋文化，不仅影响了小说《西洋记》的产生与传播，也催生了其他相关文艺作品，如明代杂剧《奉天命三保下西洋》等。[2] 从海洋文化角度研究郑和下西洋与《西洋记》及其他文艺作品之间关系的工作，已受到文学、史学等学科专家越来越多的重视。[3] 张祝平在其文中指出："郑和下西洋……对中外交往产生了深远的影响，对明代海洋文学产生了重要的影响，而且对后代的海洋文学的发展也产生了重要的影响，清代彭鹤龄著有《三保太监下西洋》的小说，李汝珍的《镜花缘》、观书人的《海游记》、吕熊的《女仙外史》等都受其影响。"[4]

---

[1] 据笔者检索，以《西洋记》为研究对象的学位论文，主要有博士论文一篇：张火庆，《三宝太监下西洋记研究》，台湾，东吴大学中国文学研究所，1992年。硕士论文八篇：王飞华，《〈三宝太监西洋记通俗演义〉中的语气词研究》，四川师范大学，2002年；欧阳文，《〈西洋记〉的形式研究》，江西师范大学，2005年；蒋丽娟，《〈三宝太监西洋记通俗演义〉研究》，苏州大学，2008年；英娜，《〈西洋记〉的文学书写与文化意蕴》，陕西理工学院，2008年；刘香玉，《〈西洋记〉研究》，首都师范大学，2009年；张丽，《〈三宝太监西洋记通俗演义〉程度副词研究》，四川师范大学，2009年；毛睿，《"郑和下西洋"俗文学综合研究》，南京师范大学，2010年；邓珊，《〈三宝太监西洋记通俗演义〉称谓词研究》，浙江财经大学，2014年。

[2] 万明，《明内府杂剧〈奉天命三保下西洋〉探析》，载万明，《明代中外关系史论稿》，中国社会科学出版社2011年版，第399—417页。

[3] 例如：张祝平，《郑和下西洋与明代海洋文学》，载《南通大学学报》2008年第3期，第40—44页；赵君尧，《郑和下西洋与明代海洋文学刍论》，载《职大学报》2008年第3期，第55—61页。

[4] 张祝平，《郑和下西洋与明代海洋文学》，载《南通大学学报》2008年第3期，第44页。

自鲁迅在 1923 年于《中国小说史略》中提出"神魔小说"的概念至今，学术界对此类小说的研究已历经九十余年。但作为神魔小说的代表作，《西游记》几乎吸引了研究者的全部视点，其他作品包括《西洋记》则被无意中冷落。据冯汝常《明清神魔小说研究八十年》统计，1978—1997 年，研究《西游记》的论文有四百二十篇，研究《西洋记》的论文仅有两篇。[1]此统计所依据的是中国人民大学中文系光盘所收论文，可能对相关会议论文、辑刊中的论文等有所遗漏。但不难看出，从民国时期鲁迅、向达、赵景深等学者探讨《西洋记》起，此部具有一定研究价值的小说长期以来并未得到相应重视。

　　这一结果的形成，除因《西洋记》本身艺术水平所限，也与中国海洋文化被长期忽略有很大关系。直至 20 世纪 80 年代，中外交流日益密切，中国逐渐重视对海洋文化的研究。特别从 90 年代中期开始，学术界陆续出版了一系列著作，对中国海洋文化进行了经济、政治、军事、艺术等方面的研究。[2]同时，中国与世界各地的郑和研究也蓬勃开展，中外学者对郑和下西洋的探讨持续升温。在此背景下，《西洋记》作为与历史事件郑和下西洋密切相关的小说，受到前所未有的关注。因此，本文所述《西洋记》研究成果，建国以来多集中于 20 世纪 90 年代中期至今。由此可见，就某种意义而言，《西洋记》的价值实际上已超越了它作为文学作品的价值，或者说它的价值从来都不仅在于其艺术技巧层面。不可忽视的是，相比史学界高度重视郑和下西洋和海洋文化研究的现状，文学等学

---

[1] 冯汝常，《明清神魔小说研究八十年》，载《闽江学院学报》2004 年第 1 期，第 20 页。

[2] 例如：宋正海，《东方蓝色文化》，广东教育出版社 1995 年版；曲金良主编，《中国海洋文化研究》（系列辑刊），文化艺术出版社、海洋出版社，1999、2000、2002、2005、2008 年版；李明春，《海洋龙脉》，海洋出版社 2007 年版。

科对相关海洋文学作品的探讨还需进一步加强，多学科就此主题进行合作研究才能取得更大成就。

（本文于会议发言后据陈忠平教授、时平教授的意见进行了修改和补充，两位先生并向笔者提供了相关文献资料，特此向两位先生致以衷心的感谢。）

征引文献

陈美霞，《论明代神魔小说中海洋情结的叙事特征》，载《内江师范学院学报》2010 年第 3 期，第 22—25 页。

陈晓，《世德堂本〈西游记〉与〈西洋记〉"语—图"互文研究》，载《明清小说研究》2013 年第 3 期，第 106—117 页。

程志兵，《〈西洋记〉词语考释》，载《合肥师范学院学报》2011 年第 4 期，第 25—28 页。

邓珊，《〈三宝太监西洋记通俗演义〉称谓词研究》，浙江财经大学硕士论文，2014 年。

冯汉镛，《〈西洋记〉发微》，载《明清小说研究》1998 年第 1 期，第 121—134 页。

冯汝常，《明清神魔小说研究八十年》，载《闽江学院学报》2004 年第 1 期，第 20—23 页。

黄文旸，《曲海总目提要》，人民文学出版社 1959 年版。

黄慧珍，《明代宗教文化与〈三宝太监西洋记通俗演义〉神魔化关系初探》，载时平、普塔克编，《〈三宝太监西洋记通俗演义〉之研究》（第一辑），第 105—118 页。

＿＿＿＿，《明代宗教文化与〈西洋记〉神魔化关系再揆》，载时平、普塔克编，《〈三宝太监西洋记通俗演义〉之研究》（第二辑），第 91—106 页。

季羡林，《〈三宝太监西洋记通俗演义〉新版序》，见陆树仑、竺少华校注，《三宝太监西洋记通俗演义》，新版序，第1—5页。

蒋丽娟，《〈三宝太监西洋记通俗演义〉研究》，苏州大学硕士论文，2008年。

李春香，《〈西洋记〉版本的文化学研究》，载《明清小说研究》1998年第4期，第252—265页。

李明春，《海洋龙脉》，海洋出版社2007年版。

李平，《平凡中见光彩——重读〈三宝太监西洋记通俗演义〉》，载《上海大学学报》1985年第2期，第116—122页。

廖凯军，《〈三宝太监西洋记〉中的异域现象》，载《安徽文学》2008年第12期，第219—220页。

廖可斌，《〈三宝太监西洋记通俗演义〉主人公金碧峰本事考》，载《文献》1996年第1期，第24—46页。

刘红林，《〈三宝太监西洋记通俗演义〉神魔化浅谈》，载《明清小说研究》2005年第3期，第209—213页。

＿＿＿＿，《〈三宝太监西洋记通俗演义〉主角谈》，载《明清小说研究》2006年第3期，第163—168页。

＿＿＿＿，《神魔化的历史演义》，载《明清小说研究》2007年第3期，第255—260页。

刘香玉，《〈西洋记〉研究》，首都师范大学硕士论文，2009年。

陆树仑、竺少华校注，《三宝太监西洋记通俗演义》，上海古籍出版社1985年版。

鲁迅，《中国小说的历史的变迁》，《鲁迅著作全编》第三卷，中国社会科学出版社1999年版。

鲁迅，《中国小说史略》，上海古籍出版社1998年版。

罗国强，《〈西洋记〉词语拾零》，载《河池学院学报》2012年第6期，第52—54页。

毛睿,《"郑和下西洋"俗文学综合研究》,南京师范大学硕士论文,2010 年。

欧阳文,《〈西洋记〉的形式研究》,江西师范大学硕士论文,2005 年。

曲金良主编,《中国海洋文化研究》(系列辑刊),文化艺术出版社、海洋出版社,1999、2000、2002、2005、2008 年版。

山根幸夫撰、张乃丽译,《对日本现存〈三宝太监西洋记〉版本的考证》,载《郑和研究》1996 年第 2 期,第 42—44 页。

时觉非,《〈三宝太监西洋记通俗演义〉人物辨析》,载《郑和研究》1993 年第 4 期,第 19—20 页。

时平、普塔克编,《〈三宝太监西洋记通俗演义〉之研究》(第一辑),威斯巴登,哈拉索威兹出版社 2011 年版。

_____,《〈三宝太监西洋记通俗演义〉之研究》(第二辑),威斯巴登,哈拉索威兹出版社 2013 年版。

时平,《〈西洋记〉语境中的华夷态度》,载时平、普塔克编,《〈三宝太监西洋记通俗演义〉之研究》(第二辑),第 25—50 页。

时平主编,《中国航海文化论坛》(第一辑),海洋出版社 2011 年版。

宋正海,《东方蓝色文化》,广东教育出版社 1995 年版。

苏阳明,《历史与小说的错综交织——解开"郑和宝船之谜"》,载《船史研究》2002 年第 17 期,第 139—147 页。

_____,《谁是"纪行诗"的作者——马欢或罗懋登?》,载《暨大学报》2002 年第 1 期,第 1—17 页。

孙楷第,《中国通俗小说书目》,人民文学出版社 1982 年版。

唐琰,《海洋迷思——〈三宝太监西洋记通俗演义〉与〈镜花缘〉海洋观念的比较研究》,载《明清小说研究》2006 年第 1 期,第 170—179 页。

唐志拔,《关于郑和宝船尺度出自〈瀛涯胜览〉的论点质疑》,载《郑和研究》1995 年第 3 期,第 27—28 页。

万明,《明代中外关系史论稿》,中国社会科学出版社 2011 年版。

_____,《明钞本〈瀛涯胜览〉与郑和宝船尺度》,见万明,《明代中外关系史论稿》,第 395—398 页。

_____,《明内府杂剧〈奉天命三保下西洋〉探析》,见万明,《明代中外关系史论稿》,第 399—417 页。

王飞华,《〈三宝太监西洋记通俗演义〉中的语气词研究》,四川师范大学硕士论文,2002 年。

_____,《〈三宝太监西洋记通俗演义〉中的语气词"来"》,载《广西民族大学学报》2006 年第 12 期,第 118—120 页。

_____,《〈西洋记〉中语的语气词"着、个、则个、些"》,载《宁波教育学院学报》2007 年第 4 期,第 35—39 页。

王艳芳、王开生,《〈三宝太监西洋记通俗演义〉中的语气词"么"》,载《青岛科技大学学报》2003 年第 1 期,第 95—98 页。

王祖霞,《〈西洋记〉词语拾零》,载《淮北煤炭师范学院学报》2004 年第 4 期,第 88—90 页。

夏燮,《明通鉴》,中华书局 1959 年版。

向达,《论罗懋登著〈三宝太监西洋记通俗演义〉》,见陆树仑、竺少华校注,《三宝太监西洋记通俗演义》,附录二,第 1291—1297 页。

英娜,《〈西洋记〉的文学书写与文化意蕴》,陕西理工学院硕士论文,2008 年。

俞樾,《春在堂随笔》,江苏古籍出版社 2000 年版。

翟占国，《明清小说中的海洋类词汇研究——以〈三宝太监西洋记〉为例》，载《现代语文》（语言研究版）2012 年第 5 期，第 19—21 页。

张火庆，《三宝太监下西洋记研究》，台湾，东吴大学中国文学研究所博士论文，1992 年。

张丽，《〈三宝太监西洋记通俗演义〉程度副词研究》，四川师范大学硕士论文，2009 年。

张祝平，《郑和下西洋与明代海洋文学》，载《南通大学学报》2008 年第 3 期，第 40—44 页。

赵景深，《三宝太监西洋记》，见陆树仑、竺少华校注，《三宝太监西洋记通俗演义》，附录三，第 1298—1328 页。

———，《〈西洋记〉和〈西洋朝贡〉》，见陆树仑、竺少华校注，《三宝太监西洋记通俗演义》，附录四，第 1329—1333 页。

赵君尧，《郑和下西洋与明代海洋文学刍论》，载《职大学报》2008 年第 3 期，第 55—61 页。

赵秀文，《〈西洋记〉"被"字句研究》，载《湖北第二师范学院学报》2008 年第 5 期，第 20—22 页。

———，《〈西洋记〉"被"字句的语义分析》，载《湖北第二师范学院学报》2009 年第 4 期，第 20—22 页。

———，《〈西洋记〉"被"字句的语用分析》，载《湖北第二师范学院学报》2011 年第 10 期，第 26—29 页。

郑闰，《〈西洋记〉作者罗懋登考略》，载时平、普塔克编，《〈三宝太监西洋记通俗演义〉之研究》（第一辑），第 15—22 页。

郑一钧，《论郑和下西洋》，海洋出版社 1985 年版。

庄为玑，《论明版〈三宝太监西洋记通俗演义〉》，载《海交史研究》1985 年第 1 期。

周茹燕,《〈西洋记〉中的郑和形象》,载时平、普塔克编,《〈三宝太监西洋记通俗演义〉之研究》(第一辑),第71—92页。

——,《〈西洋记〉中的王景弘形象》,载时平、普塔克编,《〈三宝太监西洋记通俗演义〉之研究》(第二辑),第73—90页。

周运中,《罗懋登〈西洋记〉与南京》,载时平、普塔克编,《〈三宝太监西洋记通俗演义〉之研究》(第二辑),第13—24页。

朱鉴秋,《〈西洋记〉研究综述》,载时平主编,《中国航海文化论坛》(第一辑),第234—240页。

朱鉴秋主编,《百年郑和研究资料索引:1904—2003》,上海书店出版社2005年版。

邹振环,《〈西洋记〉的刊刻与明清海防危机中的"郑和记忆"》,载《安徽大学学报》2011年第3期,第11—21页。

蔡亚平

文学博士。暨南大学文学院副教授，硕士生导师。2013—2014年间曾为威斯康星大学麦迪逊分校访问学者。主要研究方向为中国古代小说。近三年主持国家社科基金青年项目"海洋文化对明清小说的影响研究"及广东省社科规划项目、广东省教育厅项目各一项。已出版著作《读者与明清时期通俗小说创作、传播的关系研究》和《唐代小说学术档案》（与程国赋教授共同编著）。近年在《学术研究》《社会科学研究》《明清小说研究》等期刊发表学术论文十余篇，其中数篇被中国人民大学书报资料中心复印报刊资料全文转载。

近二十年来中国大陆以外郑和
研究成果综述

柳瀛

【摘要】本文主要介绍 1995 年以来中国大陆以外学者研究郑和下西洋的成果。在 1405—1433 年，郑和指挥明王朝的巨型舰队，先后进行了七次远洋航行。如今郑和舰队的远航及其相关命题在海洋史、考古学、经济、政治、科学技术史等方面引起了广泛的研究兴趣。本文致力于向中国学者就上述领域中的海外郑和研究成果做一个归纳和梳理。

缘 起

郑和研究一直是一个国际性的课题。早在 1875 年，英国汉学家梅辉立（W. F. Mayers, 1831—1878）就已经开始摘要翻译有关郑和下西洋的史料，并就一些相关地名和史实做了考证。[1] 在中国，一般认为关于郑和的学术研究始于 1905 年梁启超在《新民丛报》刊登的文章《祖国大航海家郑和传》。[2] 在此后的近百年时间里，中外学者不断发表有关郑和研究论著，并不时提出新的观点，引起了学术界和历史爱好者的广泛注意。

郑和研究的另一特点是时有学者著文介绍总结中国、亚洲及西方学者的研究成果，进行必要的翻译，以促进学术交流和进一步研究。比如朱鉴秋的《百年郑和研究资料索引：1904—2003》主要罗列了该时期有关中文著作和期刊文章，[3] 而孔远志和郑一钧在《东南亚考察论郑和》一书也包括专章介绍《海外用英文、马来文等出版的郑和著作》。[4] 邱克在 1994 年发表《国外对郑和下西洋的

---

[1] W. F. Mayers, "Chinese Explorations of the Indian Ocean during the Fifteenth Century." vol. 3, no.4 (1875): 219–25; vol.3, no.6 (1875): 321–31; vol. 4, no.2 (1875): 61–67; vol. 4, no. 3 (1875): 173–90.

[2] 梁启超，《祖国大航海家郑和传》（1905），载张品兴主编，《梁启超全集》第三册，北京出版社 1999 年版，第 1545—1550 页。

[3] 朱鉴秋编，《百年郑和研究资料索引：1904—2003》，上海书店出版社 2005 年版。

[4] 孔远志、郑一钧，《东南亚考察论郑和》，北京大学出版社 2008 年版。

研究》一文，介绍了 1994 年前海外出版的有关论著。[1]

　　为避免重复，本文将重点介绍 1995 年至今二十年间的海外关于郑和研究的主要成果。近年来，对于郑和及其航海的研究逐渐由单一的历史事件和史实考证，向多学科、多角度的方向发展，成果丰富而多样。为方便研究者克服语言、地域和文献检索的障碍，本文将对中国大陆以外地区研究者的著作和论文进行梳理介绍，其中不包括大陆研究者在海外的出版物，但包括部分海外学者在中国大陆的出版作品。也就是说，本文中地理区域的划定是基于学者所属的地域，不是基于作品发表的地域。

　　在近二十年的海外郑和研究中，以下几本论文集值得特别注意：陈信雄和陈玉女合编的《郑和下西洋国际学术研讨会论文集》，台北稻乡出版社 2003 年出版；普塔克（Roderick Ptak）和塞尔孟（Claudine Salmon）合编的《郑和：形象与印象》（*Zheng He: Images & Perceptions*），2005 年在德国发行；廖建裕（Leo Suryadinata）所主编的两本论文集：《郑和与东南亚》，2005 年新加坡国际郑和学会出版；《郑和之后的海外华人移民社会：以海洋亚洲为中心》（*Chinese Diaspora since Admiral Zheng He: With Special Reference to Maritime Asia*），2007 年新加坡华人文化遗产中心出版。此外，许福吉、廖建裕、柯木林合编的会议论文集《郑和与亚非世界》在 2012 年于新加坡出版，同一会议的同名英文论文集（*Zheng He and the Afro-Asian World*）由谢麟先（Chia Lin Sien）和程思丽（Sally Kathryn Church）编辑，于同年在新加坡出版。因为上述论文集中的重要论文在下文中进行了专门介绍，兹不在此赘述。

---

[1] 邱克，《国外对郑和下西洋的研究》，载邱克编，《中国交通史论》，人民交通出版社 1994 年版，第 93—107 页。

有关历史文献的探索

近二十多年来海外学人在有关郑和的历史文献研究上取得了相当的成果。2003 年到 2005 年间，澳门学者金国平和吴志良先后发表了系列文章讨论与郑和研究相关的葡萄牙史料，这些文章或者发表于台湾，或登载于中国大陆的期刊之上。金国平曾单独在台湾发表《葡萄牙史料所载郑和下西洋史事探微》。[1]他和吴志良又通过合作发表了三篇有关论文：《郑和下西洋葡萄牙史料之分析》[2]《五百年前郑和研究一瞥——兼论葡萄牙史书对下西洋中止原因的分析》[3]以及《500 年前葡萄牙史书对郑和下西洋的记载》。[4]上述的多篇文章虽然在内容上有不少重复之处，但它们为资料匮乏的郑和研究提供了珍贵的葡萄牙史料，如史学家巴罗斯（João de Barros, 1496—1570）等在 1563 年出版的《亚洲旬年史之三》一书关于华人航海活动的记载。[5]《郑和下西洋葡萄牙史料之分析》一文特别对孟席斯（Gavin Menzies）出版的《1421：中国发现世界》一书中引用的葡萄牙史料做了辨析和澄清。

---

[1] 金国平，《葡萄牙史料所载郑和下西洋史事探微》，载于陈信雄、陈玉女主编，《郑和下西洋国际学术研讨会论文集》，台北，稻乡出版社 2003 年版，第 323—339 页。

[2] 金国平、吴志良，《郑和下西洋葡萄牙史料之分析》，载《史学理论研究》2003 年第 3 期，第 47—60 页。

[3] 金国平、吴志良，《五百年前郑和研究一瞥——兼论葡萄牙史书对下西洋中止原因的分析》，载《世界汉学》2005 年第 1 期，第 163—169 页。

[4] 金国平、吴志良，《500 年前葡萄牙史书对郑和下西洋的记载》，载《史学理论研究》2005 年第 3 期，第 54—60 页。

[5] João de Barros, Ernest Mason Satow, and C. R. Boxer, *Terceira decada da Asia de Ioam De Barros: Dos feytos que os Portugueses fizeram no descobrimento & conquista dos mares & terras do Oriente*. Lisboa: Garharde 1563.

由于明代官方史书对于郑和航海的记载相当简要，给相关文献研究工作造成了困难。香港大学许振兴在2010年发表的《皇明祖训与郑和下西洋》一文中，[1] 剖析了郑和下西洋壮举被明代多部正史一致忽略的原因。《皇明祖训》是明太祖对后世明代君主行为的训令，但许振兴认为永乐帝与宣德帝派遣郑和下西洋之举有违太祖所立祖制中的训诫。所以，虽然当时存在大量的相关资料，明廷官方史书却只是予以回避，不加详细记录。

马欢的《瀛涯胜览》是郑和研究的重要文献之一。台湾学者张之杰补充冯承钧先生的注解，对《瀛涯胜览》中十二国二十二种动物做了考释。[2] 在这些动物中，麒麟是代表性的外来贡品。张之杰于2006年和2009年发表了两篇专门文章，[3] 探讨永乐至宣德年间麒麟贡与下西洋的关系，并对1414年后传世的七种麒麟图进行了考证，判定它们应该同出一源。另一台湾学者刘昭民则对《瀛涯胜览》记载的所经之国的地理位置、环境、气候、特产、宗教、习俗进行了梳理和归纳。[4]

现居美国的台湾海洋学学者苏明阳教授曾主办《郑和研究与活动简讯》。他于2002年在该简讯上发表的短文对于郑和下西洋研

[1] 许振兴，《〈皇明祖训〉与郑和下西洋》，载《中国文化研究所学报》2010年第51期，第67—85页。

[2] 张之杰，《〈瀛涯胜览〉所记动物初考》，载《中华科技史学会会刊》2006年第9期，第5—14页。

[3] 张之杰，《郑和下西洋与麒麟贡》，载《自然科学史研究》2006年第4期，第383—391页；张之杰，《传世麒麟图考察初稿》，载《中华科技史学会会刊》2009年第13期，第38—44页。

[4] 刘昭民，《〈瀛涯胜览〉中的地理资料》，载《中华科技史学会会刊》2006年第9期，第15—22页。

究的所谓"第一手"和"第二手"资料进行了简要的辨析。[1]但是近年在中国大陆又有如《武职选簿》等新的史料发现，所以苏氏的分析并不全面。[2]他的另一篇文章从马欢《瀛涯胜览》中"纪行诗"作者的探究入手，认为此诗来自明代后期罗懋登的《三宝太监下西洋演义》。苏明阳并著文称《瀛涯胜览》中对巨型宝船的描述可能也来自罗懋登的小说。[3]

此外，斯里兰卡学者海提奥拉齐（S. B. Hettiaratchi）在2003年发表《斯里兰卡的郑和研究》一文，提供了在15世纪末所编写的辛哈里文编年史《法之宝藏》（Saddharmaratnakaraya）等书中关于郑和在此活动的珍贵史料及其他相关资料。该文根据这些史料，对于郑和在1411年第三次下西洋期间擒获锡兰国王亚烈苦奈儿的战争及其后果做出了详细叙述，与中国学者依据中文史料所做的研究很不相同。[4]

因为一些与中国联系密切的印度洋古国文献的缺失，不少学者从与郑和下西洋相关的中文记载中来发掘有关史料，研究某个古国的历史状况。比如韦杰夫（Geoff Wade）的文章就曾试图用《明实录》中关于泰国的资料来探索当时泰国暹罗王国的历史。[5]而沈

---

［1］苏明阳，《郑和下西洋的历史文献》，载《郑和研究与活动简讯》2002年第6期，第27—28页。

［2］中国第一历史档案馆/辽宁省档案馆编，《中国明朝档案总汇：五一—七七卷：武职选簿》，广西师范大学出版社2001年版。

［3］苏明阳，《谁是"纪行诗"的作者——马欢或罗懋登？》，载《暨大学报》2002年第6卷第1期，第1—17页；《历史与小说的错综交织：解开"郑和宝船之谜"》，载《船史研究》2002年第17期，第139—147页。

［4］S. B. Hettiaratchi, "Studies in Cheng-Ho in Sri Lanka", 载陈信雄、陈玉女主编，《郑和下西洋国际学术研讨会论文集》，第91—113页。

［5］Geoff Wade, "The *Ming Shi-Lu* as a Source for Thai History: Fourteenth to Seventeenth Centuries." *Journal of Southeast Asian Studies* 31, no. 2 (2000): 249—294.

约翰（John Shen）的文章以使用中国文献重构早期斯瓦西里（今肯尼亚和坦桑尼亚沿海及莫桑比克北部区域）历史为例，对使用中国史料重构某古国历史的方法进行了辨析，提出了不同的思考。[1]

有关考古发现和研究

1911 年在斯里兰卡的加勒（Galle）发现的锡兰碑用中文、泰米尔文和波斯文三种文字记载了郑和对锡兰山佛寺的布施等事迹。此碑自发现以来，引起了研究者的浓厚兴趣。其中比较重要的是日本学者大隅晶子 1997 年的文章《从科伦坡国家博物馆所藏郑和碑文说起》[2]。她的文章对锡兰碑的材质、出土情况、碑纹、式样等做了详细的描述，并提供了中文碑文的全文和英文、日文的翻译，还对郑和布施贡品做了描述。在 2001 年出版的《古代锡兰：南部省份斯里兰卡 – 德国考古项目》一书中，也收录了爱娃·尼伽斯（Eva Negas）的一篇详细描述加勒石碑和中文碑文的文章：《重估加勒三语石碑上的中文刻文》。[3] 此文不仅对石碑做了进一步考证，更可贵的是它比对了 1405—1433 年其他有关郑和下西洋的中文石刻。斯里兰卡学者罗纳·德瓦拉加（Lorna Dewaraja）于 2006 年发

[1] John Shen, "New Thoughts on the Use of Chinese Documents in the Reconstruction of Early Swahili History." *History in Africa* 22 (1995): 349–358.

[2] 大隅晶子，《ユロソほ國立博物館所藏 "鄭和碑文" にフいて》，载《東京國立博物館研究誌》1997 年第 551 期，第 53—72 页。

[3] Eva Negas, "The Chinese Inscription on the Trilingual Slabstone from Galle Reconsidered." In *Ancient Ruhuna*: *Sri Lankan-German Archaeological Project in the Southern Province*, eds. H. J. Weisshaar, Helmut Roth, and W. Wijeyapala, (Mainz am Rhein: Von Zabern, 2001), 437–468.

表了《郑和访问斯里兰卡及科伦坡国家博物馆的加勒碑》，[1] 认为郑和曾六次访问斯里兰卡，有趣的是作为穆斯林的郑和却向佛祖、安拉和泰米尔之神献贡。她认为郑和的行为反映了当时明王朝安抚邻国的外交政策。台湾学者龙村倪在 2006 年特别对碑文的中文部分进行了综合勘订，并加以她个人的解读。[2]

除了锡兰石碑，更有一些可能的遗迹和考古发现引起了学者的兴趣。新加坡学者陈达生（Tan Ta Sen）于 2006 年著文探讨历史文献所载郑和远航中建立的两个商业据点可能的地理位置及其历史作用。[3] 美籍华裔学者李兆良的文章则介绍了 1994 年在美国北卡罗来纳州西部出土的一块明代早期铜牌以及它与郑和船队可能的关系，[4] 但这一铜牌的真伪还值得进一步检验。

此外，约翰·米克斯克（John N. Miksic）的论文对在马来半岛、苏门答腊、爪哇等地的一些主要考古发现及其与明代中国乃至郑和船队可能的关系做了探讨，其结论是自 12 世纪到 15 世纪，东南亚贸易的潜在结构没有因为郑和远航甚至明代海禁发生大的变化。[5] 印度尼赫鲁（Jauaharlal Nehru）大学的贺曼殊·普拉巴·瑞（Himanshu Prabha Ray）教授也长期从事古代印度洋诸国航海的考

---

[1] Lorna Dewaraja, "Cheng Ho's Visits to Sri Lanka and the Galle Trilingual Inscription in the National Museum in Colombo." *Journal of the Royal Asiatic Society of Sri Lanka (Colombo)*52 (2006): 59–74.

[2] 龙村倪，《郑和布施锡兰山佛寺碑汉文通解》，载《中华科技史学会会刊》2006 年第 10 期，第 1—5 页。

[3] 陈达生，《马六甲"官厂"遗址考》，载《郑和研究》2006 年第 3 期，第 52—55 页。

[4] 李兆良，《美洲出土宣德金牌考证》，载《郑和研究》2011 年第 3 期，第 50—56 页。

[5] John N. Miksic, "Before and After Zheng He: Comparing Some Southeast Asian Archaeological Sites of the 14th and 15th Centuries." In *Southeast Asia in the Fifteenth Century: The China Factor*, eds. Geoff Wade and Laichen Sun (Singapore: NUS press and Hong Kong University Press, 2010): 384–408.

古研究，曾发表有关论著。[1] 其论著虽然与郑和研究不直接相关，但是对研究郑和时代印度洋地区其他航海活动、造船、商业、宗教交流有兴趣的学者提供了很好的参考。

对于郑和和其他相关人物的研究

国内的学者对于参加郑和下西洋的历史人物如王景弘、马欢、侯显等人已经做了诸多研究。但是，香港的陈学霖教授（Hok-lam Chan）于 2008 年以英文发表的一篇论文，讨论了郑和与明初宦官集团的联系。[2] 有别于对于个别历史人物的单一研究，该文深入探讨了明代永乐和宣德两朝郑和下西洋之举与宦官集团的政治影响力的起伏之间的复杂关系，包括当时宦官出使外国的先例及选择郑和与王景弘率领船队的原因；下西洋资料的缺失与宦官行动中保守皇室秘密的特点；以及宦官擅权对下西洋终止造成的影响。

2005 年普塔克（Roderick Ptak）和塞尔孟（Claudine Salmon）合编的论文集《郑和：形象与印象》收录了八篇由德语、法语和英语撰写的论文。[3] 这些论文主要论述了 16 世纪中期葡萄牙史料中与郑和下西洋相关的内容、郑和的回族伊斯兰背景、彭鹤龄的小说《三宝太监下西洋》和对宝船尺寸的考证等。其中有三篇论文直接探

---

[1] Himanshu Prabha Ray, "Early Seafaring Communities in the Indian Ocean." In *The Western Indian Ocean: Essays on Islands and Islanders*, ed. Shawkat M. Toorawa(Louis, Mauritius: Hassam Toorawa Trust, 2007): 21–48.

[2] Chan Hok-lam, "The Eunuch Connection: Some Reflections on Zheng He's Maritime Expeditions to the Western Oceans, 1405–1433." *Journal of Chinese Studies* 48 (2008): 163–92.

[3] Claudine Salmon and Roderich Ptak eds., *Zheng He: Images & Perceptions*(Wiesbaden: Harrassowitz, 2005).

讨关于郑和的伊斯兰教信仰及其与中国福建和海外伊斯兰国家的关系。

在郑和的宗教信仰问题上，台湾的徐玉虎先生在 2002 也曾发表专文，[1] 对于用来证实郑和受戒为佛教弟子的史料《佛说摩利支天经》的可靠性表示了质疑。

除了学术专著，美国学者德雷尔（Edward L. Dreyer）的著作《郑和，1405—1433：明代早期的中国和海洋》一书是一部英文的郑和传记。其中对于郑和的身世及下西洋的背景、过程做了完整的叙述。书中附有明史郑和传及两篇天妃经石刻的英文翻译。作者对于郑和航行是否是和平之举抱有疑义。[2] 其他关于郑和的传记和小说较多，因其学术价值有限，这里不拟一一赘述。

另一本值得注意的通俗作品是英国记者理查德·色穆·豪尔（Richard Seymour Hall）在 1998 年出版的《季风的国度：印度洋的历史及其入侵者》。[3] 他曾在非洲和印度洋地区长年旅行和生活。其书中有两个独立章节分别与郑和和马欢有关，为历史爱好者提供了关于郑和和马欢的生平以及印度洋及东非的历史、传说、风土和人情等方面的生动描述。

关于郑和船队行程的讨论

近二十年关于郑和船队航行过程的论著颇多，其中值得特

---

［1］ 徐玉虎，《对郑和下西洋有关六件新史料读后感》，载《中国历史学会史学集刊》2002 年第 34 期，第 95—120 页。

［2］ Edward L. Dreyer, *Zheng He: China and the Oceans in the Early Ming Dynasty*，*1405–1433* (New York: Pearson Longman, 2007).

［3］ Richard Seymour Hall, *Empires of the Monsoon*: *A History of the Indian Ocean and its Invaders* (London, UK: Harper Collins, 1996).

别关注的有美国作家李露华（Louise Levathes）的《当中国称霸海上：1405 至 1433 年间的宝船舰队》，该书提到东非帕特岛（Pate）的法茂族人（Famao）是郑和部下水手的后代。[1] 对于这一观点，学者还有争议。法国退休海军工程师多米尼格·勒里埃佛（Dominique Lelièvre）的书《启蒙之龙：15 世纪初叶明朝的远航》将郑和远航之举放入广阔的时代背景中来研究，揭示了当时明王朝在经济上的垄断（朝贡贸易）、政治上的威慑和科技的高超及其在 15 世纪末海洋优势的丧失。[2] 另外，《国家地理》（*National Geography*）杂志的摄影师迈克尔·山下（Michael Yamashita）于 2006 年出版了《郑和：追寻中国最伟大的探险者的旅程》一书。[3] 作者重走郑和七下西洋的路程，拍摄了大量照片，与中文文献相辉映，值得一读。这三本书都不是专业历史学家的著作，但可读性较强，曾引起广泛注意。

最惹争议的是英国退役海军军官、业余历史爱好者孟席斯在 2002 年出版的《1421：中国发现世界》一书。[4] 他在 2009 年又出版了《1434：中国舰队在意大利点燃文艺复兴之火》[5]。在他 2002 年的这本书中，孟席斯声称郑和或他的部下周满、杨庆等航行远至澳大利亚、美洲，并且环球一周。他罗列了一系列的证据，其中最受瞩

［1］ Louise Levathes, *When China Ruled the Seas: The Treasure Fleet of the Dragon Throne, 1404-1433* (New York: Simon & Schuster, 1994; New York: Oxford University Press, 1997).

［2］ Dominique Lelièvre, *Dragon De lumière: Les Grandes expéditions Des Ming Au début Du XVe siècle* (Paris: France–Empire, 1996).

［3］ Michael S. Yamashita, and Gianni Guadalupi, *Zheng He: Tracing the Epic Voyages of China's Greatest Explorer* (Vercelli, Italy: White Star Publishers, 2006).

［4］ Gavin Menzies, *1421: The Year China Discovered the World.* (New York: Bantam, 2002).

［5］ Gavin Menzies, *1434: The Year a Magnificent Chinese Fleet Sailed to Italy and Ignited the Renaissance* (New York: William Morrow, 2009).

目的据说是产生于 1428 年的罗兹（Jean Rotz）地图等一批古地图。

继孟席斯之后，安纳多·安卓（Anatole Andro）在 2005 年出版《1421 的异说？明代中国人环球航海的探究》，[1] 保尔·契尔森（Paul Chiasson）在次年又出版了《七城岛：何时何地华人发现和定居美洲》。[2] 这两本书都声称郑和船队远航至北美的说法具有欧洲史料或考古发现作为根据，但他们的证据受到史学界的普遍质疑。

许多历史学者对孟席斯等人的论点论据提出了批评。马赫·佩瑞拉（Malhão Pereira）与金国平合编的《15 世纪中国人的航海》一书包括三篇关于郑和的论文。对于孟席斯在《1421：中国发现世界》中的论据和观点都表示不同的见解，并揭示了书中的错误。金国平的文章从郑和下西洋之目的角度来论证郑和船队没有前往偏远之地探险和征服的动机。马赫·佩瑞拉的文章则从中世纪晚期和现代早期航海技术的角度，探讨大西洋航海不同于印度洋依靠季风和沿岸的航行来反驳孟席斯的观点。[3]

罗伯特·芬利（Robert Finlay）在 2004 年发表《如何避免重写世界历史：加文·孟席斯与中国人发现美洲》一文，对孟席斯《1421：中国发现世界》一书中的论点、论据、研究方法甚至写作方式做了全面的分析和批判。[4] 台湾学者陈信雄、陈玉女主编的

---

[1] Anatole Andro, *The 1421 Heresy: An Investigation into the Ming Chinese Maritime Survey of the World* (Bloomington, IN: AuthorHouse, 2005）.

[2] Paul Chiasson, *The Island of Seven Cities: Where the Chinese Settled When They Discovered America*（New York: St Martin's Press, 2006）.

[3] José Manuel Malhão Pereira and Guoping Jin, *Navegações Chinesas no século XV* (Lisboa: Livraria Perin, 2006).

[4] Robert Finlay, "How Not to (Re)Write World History: Gavin Menzies and the Chinese Discovery of America." *Journal of World History* 15, no. 2 (2004): 229–42.

《郑和下西洋国际学术研讨会论文集》包括了十三篇论文，[1]其中陈信雄的《郑和船队究竟到过那［哪］些地方？》也就孟席斯的论据进行了辨析，认为文献中没有郑和到过美洲的记载。

实际上，陈信雄在此前发表在《历史月刊》的文章《郑和舰队曾经到过非洲？》中，甚至认为郑和舰队没有到过非洲，所经国家也没有三十个以上。[2]但是，金国平发表的《郑和与东非》一文，则对郑和船队到达非洲的事实加以肯定。[3]此外，罗宾逊（Kenneth R. Robinson）的文章对于孟席斯作为论据之一的15世纪末的朝鲜地图《混一疆理历代国都之图》进行考证，认为孟席斯通过此图证明郑和到过西非之说不能成立。[4]但是，香港学者林贻典发表多篇文章，肯定郑和船队曾发现新大陆。他并提出《明史》记载的纳兰皮国与西南非洲的纳米比亚吻合，证明郑和船队也到达过西非。[5]

非洲学者克立弗·佩瑞拉（Clifford J. Pereira）的文章《郑和与非洲地平线：探究关于十五世纪早期东非的中国地理（描述）》同样值得关注。以《郑和航海图》或作者所称的《茅坤地图》（the Mao Kun Map）为基础，作者结合近期东非考古发现、中世纪伊斯兰和葡萄牙地图学、东非口传历史、传说、语言学等多学科的研

---

[1] 陈信雄、陈玉女，《郑和下西洋国际学术研讨会论文集》，台北，稻乡出版社 2003 年版。

[2] 陈信雄，《郑和舰队曾经到过非洲？》，载《历史月刊》1999 年第 141 期，第 22—33 页。

[3] Guoping Jin, "Zheng He e â Africa Oriental（Zheng He and East Africa）", Trans. Richard Trewinnard. *Oriente* (Lisboa, Portugal). 14 (2006): 34–49.

[4] Kenneth R. Robinson, "Gavin Menzies, 1421, and the *Ryukoku Kangnido* World Map [Review Article]." *Ming Studies* (Leeds, England), 64(2010): 56–70.

[5] 林贻典，《三论郑和船队发现新大陆及环绕地球一周之见解》，载《郑和研究》2004 年第 21 期，第 8—15 页。

究，来寻找郑和远航到达非洲的证据以及郑和航行对当地土著文化的影响，并进一步勘定《郑和航海图》所绘东非港口的位置。[1]另一引起关注的地图是明代后期由意大利来华的传教士利玛窦所绘《坤舆万国全图》。从香港旅美的业余历史学者李兆良（Lee Siu-Leung）对于《坤舆万国全图》基于更早欧洲地图的观点提出质疑，认为该图作者利玛窦应该是在中国期间从郑和带回的航海资料中得到的关于美洲等地的信息。[2]

在关于郑和船队是否远航非洲和美洲的争论之外，台湾学者徐胜一根据季风变化和航海规律，考证了两次有争议的郑和西洋之行，认为郑和在永乐五年至七年（1407—1409）间没有率船队下西洋。而在永乐二十二年（1424），郑和奉命前往旧港，应该已经成行并完成了任务。[3]徐胜一与陈有志的另外一篇文章《对郑和航海牵星术的初步研究》，根据《前闻记》中记载的郑和船队在1430—1433年的航海记录，并利用《武备志》中《过洋牵星图》和现代软件进行推算分析，解开部分郑和时期的牵星术之谜。[4]航海研究

［1］ Clifford J. Pereira, "Zheng He and the African Horizon: An Investigative Study into the Chinese Geography of Early Fifteen-century Eastern Africa." In *Zheng He and the Afro-Asian World*, eds. Chia Lin Sien and Sally K. Church (Melaka, Malaysia: Melaka Museums Corporation and International Zheng He Society, 2012): 248-79.《郑和航海图》来自明末人茅元仪的《武备志》，但该非洲学者推测此图来自茅元仪祖父茅坤。

［2］ Lee Siu-Leung, "Zheng He's Voyages Revealed by Matteo Ricci's World Map." In *Zheng He and the Afro-Asian World,* eds. Chia Lin Sien and Sally K. Church: 307-35.

［3］ 徐胜一，《北风去南风回——论郑和七下西洋之新说与旧说》，载《地理研究》2005 年第 43 期，第 21—41 页。

［4］ Sheng-I Hsu and Yau-Zhih Chen, "Primary Study of Astronomical Navigation by Zheng He." In *Zheng He and the Afro-Asian World*, eds. Chia Lin Sien and Sally K. Church (Melaka, Malaysia: Melaka Museums Corporation and International Zheng He Society, 2012), 86-98.

专家菲力浦·瑞弗斯（Philip J. Rivers）的文章则颇有新意地从一位航海家和管理者的角度来看郑和航行，分析郑和船队如何利用季风、洋流和已有商路，统筹人力、船队装备和航海技术，控制速度、行程等，是一篇关于郑和船队航海技术的全面之作。[1]

在海外学术界另一个引起广泛注意的论题是明永乐帝耗费巨大人力和财力，命令郑和船队下西洋的原因以及下西洋活动突然中止的原因。台湾学者徐泓在 2006 年就此问题发表评介文章，[2] 综述了明清时期、近代和现代史家对于郑和下西洋目的和性质的不同说法。罗伯特·芬利在他 2008 年发表的文章《郑和的航行：观念、国家权力和中国明代的海上贸易》中对此也做了更仔细的分析。他认为下西洋有多重目的，除去外交和军事力量展示，贸易是重要的原因。他认为永乐帝企图通过下西洋恢复因受洪武朝限制而衰落的海洋贸易大国地位。而郑和下西洋的中止，正是中国传统儒家观念和洪武朝抑制贸易政策的延续。[3] 萧弘德在同年发表专论，认为从史料中可知忽鲁谟斯是郑和航海的重要地点，郑和航海有着切断帖木儿王国与蒙古残余势力联盟的战略意图。[4]

[1] Philip J. Rivers, "A Nautical Perspective on Cheng Ho, Admiral of the Western Oceans: Some Practical Considerations Concerning the Ming Voyages", In *Zheng He and the Afro-Asian World*, eds. Chia Lin Sien and Sally K. Church: 48–85.

[2] 徐泓，《郑和下西洋目的与性质研究的回顾》，载《东吴历史学报》2006 年第 16 期，第 25—51 页。

[3] Robert Finlay, "The Voyages of Zheng He: Ideology, State Power, and Maritime Trade in Ming China." *Journal of the Historical Society* 8, no. 3 (2008): 307–347.

[4] 萧弘德，《郑和舰队于忽鲁谟斯五十二天——郑和远航原始动机的探寻》，载《成大历史学报》2006 年第 30 期，第 91—137 页。

有关明初造船、航海等技术的分析

关于明代及其前后中国造船、航海等方面技术的研究一直是海外郑和研究中不可分割的部分。近二十年更是成果卓著。

伦敦经济政治学院的邓刚教授在 1999 年出版了专著《近代以前的中国海事系统、机构和实力》，着重从技术层面讨论中国经济中海运机构的活动。[1] 该书第四章探讨了中国的海上实力在技术、经济、军事、政治上对周边亚洲国家的影响，并且对于中国海上实力衰落的原因做了独到的分析。

在关于郑和下西洋船只的研究方面，程思丽（Sally K. Church）在 2005 年发表专文《郑和：对于 450 英尺宝船可能性的调查》。[2] 该文首先检查了明代相关官方和非官方记录、文学作品等，分析了南京宝船厂遗址的考古发现，比较了宝船、非宝船、非中国船、不同时期的中国船以及历代对船只的描述、木头用量等，得出了郑和宝船不可能有 450 英尺长的结论。与中国学者辛元欧等人的看法相似，程思丽认为宝船很可能接近 200—250 英尺长。她并就南京宝船厂遗址的详细报告在 2008 年发表专文进行讨论。[3] 她在 2010 年发表的另一篇文章还对宝船厂遗址和龙江船厂的区别进行

---

［1］ Deng Gang, *Maritime Sector, Institutions, and Sea Power of Pre-modern China* (Westport, CT: Greenwood Press, 1999).

［2］ Sally K. Church, "Zheng He: An Investigation into the Plausibility of 450–Ft Treasure Ships［Dimensions of the Ships］." *Monumenta Serica (Sankt Augustin, Germany)*, 53 (2005): 1–43.

［3］ Sally K. Church, "The Ming Treasure Shipyard Archaeological Report." In *ACUA Underwater Proceedings 2008*, eds. Susan Langley and Victor Mastone (Columbus, Ohio: PAST Foundation, Advisory Council on Underwater Archaeology, 2008）.

了详细阐述。[1]

此外，台湾学者陈政宏与许智超运用现代船舶设计工具来考证明初文献对沙船、福船和郑和宝船的描述，方法很是新颖，结果发现郑和宝船复原模型的稳定性和速度都逊于福船但优于沙船。[2]苏明阳也在 2002 年发表两篇文章，阐述他对于宝船尺寸的看法。[3]他推证《瀛涯胜览》《明史·郑和传》等文献记载的宝船尺寸（长四十四丈四尺，宽十八丈）是源于《西洋记》中小说家的夸张虚构。根据可信的文献和出土文物，他估计宝船的实际尺寸比记载的小很多，船长只有其半，载重量不到其十分之一。

在郑和航海地图的研究方面也有几篇重要论文发表，包括乐瑞沙（R. Z. Leirissa）的一篇相关文章《郑和船队环球航行的虚构：加文·孟席斯书中对古地图的使用》。[4]此文详细分析了孟席斯作为主要论据的两幅古地图：毛罗地图（the Map of Father Mauro）和皮里·瑞斯地图（the Map of Piri Reis）的来源及相关学术争议。台湾师范大学的徐胜一和陈有志根据《武备志》中《自宝船厂开船

[1] Sally K. Church, "Two Ming Dynasty Shipyards in Nanjing and their Infrastructure." In *Shipwreck ASIA: Thematic Studies in East Asian Maritime Archaeology*, ed. Jun Kumura (Adelaide, Australia: Maritime Archaeology Program, Flinders University, 2010–12), 32–49.

[2] 陈政宏、许智超，《郑和宝船复原模型与典型福船及沙船性能之初步比较研究》，载《成功大学学报》2002 年第 37 期，第 13—36 页。

[3] 苏明阳，《郑和宝船及船队究竟有多大》，载辛元欧主编，《郑和下西洋专刊》（《船史研究》2002 年第 17 期），第 29—43 页；苏明阳，《历史与小说的错综交织——解开"郑和宝船之谜"》，载辛元欧主编，《郑和下西洋专刊》（《船史研究》2002 年第 17 期），第 139—53 页。

[4] R. Z. Leirissa, "The Construction of the Circumnavigation of the World by the Fleets of Zheng He (1421–1423): Notes on Gavin Menzies' Book on the Use of Old Maps." In *Chinese Diaspora since Admiral Zheng He*: *With Special Reference to Maritime Asia*, ed. Leo Suryadinata(Singapore: Chinese Heritage Centre and HuayiNet, 2007), 13–23.

至龙江关出水直抵外国诸番图》及四幅《过洋牵星图》推算出一些航海细节，确定了一指仰角所对应的纬度数，由此得出丁得把昔与沙姑马山的地理定位。[1]

郑和船队所装备的兵器也引起了学者们的兴趣。金国平和吴志良曾在 2003 年发表文章，从欧洲历史文献出发，对郑和船队可能配备的冷、热武器状况提供了一些史料。[2] 台湾东吴大学周维强也在 2006 年发表有关的专门文章，着重介绍了明代火铳的种类、应用战术和规模。[3]

郑和下西洋的政治、经济和文化影响

在对于郑和船队出访"西洋"各国的史实之外，海外研究者也强调了这一系列航海活动的政治、经济和文化影响。

就郑和船队在东南亚的政治影响而言，陈达生在 2005 年发表的《郑和与满剌加》一文，[4] 讨论了满剌加（今马六甲）王国的历史、扩张及其与明王朝的关系，特别是它作为郑和船队的贸易中转站和指挥中心的重要地位。他后来还将此文扩充为一部英文专著，以同一题目出版。[5] 台湾学者陈鸿瑜也发表过有关这一问题的论

---

[1] 徐胜一、陈有志，《郑和〈过洋牵星图〉及丁得把昔与沙姑马山地理定位之研究》，载《地理学报》2008 年第 52 期，第 93—114 页。

[2] 金国平、吴志良，《郑和船队冷、热兵器小考》，载《澳门理工学报》2003 年第 6 卷第 3 期，第 103—112 页。

[3] 周维强，《试论郑和舰队使用火铳来源、种类、战术及数量》，载《淡江史学》2006 年第 17 期，第 277—294 页。

[4] 陈达生，《郑和与满剌加》，载《郑和研究》2008 年第 3 期，第 22—28 页。

[5] Tan Ta Sen, *Cheng Ho and Malacca*.（Melaka: Cheng Ho Cultural Museum and International Zheng He Society, 2005）.

文，[1]强调满剌加在明初中国海防中的战略地位及其日后为葡萄牙所灭与1557年葡萄牙入据澳门的关系。陈达生的另一文章《郑和在满剌加的官厂》着重于讨论郑和下西洋期间由中国使节在一些海外港口设立的机构——官厂，研究官厂的本源、设立背景及其在海上贸易航路中的作用。文章最后部分试图确定满剌加官厂的位置，并罗列了相关证据。[2]

近年来，还有不少海外学者关注郑和下西洋在当今的战略政治意义。美国学者霍尔莫斯（James R. Holmes）曾就此发表过三篇单独署名或者与人合作的文章：《海上软实力：郑和与中国海洋战略》[3]《郑和再次航行》[4]《中国展现其海洋身份》[5]。其他相关的研究有台湾学者龙村倪的文章[6]及台湾退休海军中将刘达材的文章。[7]这些作者各有不同政治立场，他们的文章则显示了郑和航海这一课题的特殊性。它不仅是一个学术课题，也是涉及现代中国海权和海洋

———

[1] 陈鸿瑜，《明朝与马六甲王朝之关系：战略前沿的建立和丧失》，载《汉学研究》2010年第28卷第4期，第139—169页。

[2] Tan Ta Sen, "Cheng Ho's Guangchang Site in Melaka." In *Zheng He and the Afro-Asian World*, eds. Chia Lin Sien and Sally K. Church: 192–215.

[3] James R. Holmes, and Toshi Yoshihara, "Soft Power at Sea: Zheng He and Chinese Maritime Strategy." *U.S.Naval Institute Proceedings*, vol.132, no.10 (2006): 34–8.

[4] James R. Holmes, "Zheng He Goes Traveling—again〔Beijing's Pursuit of an Increasingly Ambitious Maritime Strategy Drawing on China's Maritime Past〕." *Education about Asia* 2 (2006): 19–25.

[5] James R. Holmes, "China Fashions a Maritime Identity." In *Is there a Greater China identity? Security and Economic Dilemma*, ed. Yuan I.(Taipei: National Chengchi University, 2007), 245–71.

[6] 龙村倪，《"郑和"下西洋与"南海"新课题——海上丝绸之路是一条海上战略航线》，载《中华战略学刊》2001年第90期，第70—108页。

[7] 刘达材，《海权新思维——纪念郑和下西洋600周年庆典重大的收获与成就》，载《海军学术双月刊》2008年第42卷第5期，第4—14页。

战略的世界性政治课题。

郑和时代印度洋的海上贸易发展是国内学者关注的另外一个重点，但海外学者较为注重当时中外贸易的一般讨论。肯尼斯·豪尔（Kenneth R. Hall）在最近发表的《公元 600 至 1500 年间满剌加海峡地区的地方和国际贸易及商人》一文，[1] 运用一些被忽略的东南亚史料凸显 11—15 世纪海洋贸易体系的变化和复杂性，强调亚洲海洋贸易中心的重要性，并对 14 世纪末至 15 世纪亚洲贸易衰落的定论提出异议。马来西亚学者洛卡德·克瑞格（Lockard Craig）在 2010 年也发表论文《所有人的海洋：海运前沿、港口城市和东南亚贸易时代，1400—1750 年的中国商人》，[2] 着重于郑和时代前后中国与马来半岛上的满剌加、越南的会安（Hoi An）和暹罗的阿育塔亚（Ayutthaya in Siam）这三个港口之间的贸易关系，研究了移居这些城市的中国商民及他们在贸易中的作用。

伴随着国际贸易的发展，自然是人口的跨国流动。在有关研究中，具有代表性的论著是廖建裕（Leo Suryadinate）编辑的《郑和之后的海外华人移民社会：以海洋亚洲为中心》[3]。该书包括了二十三篇论文，大多侧重于郑和航行影响下的中国对外商业贸易和移民活动以及东南亚中国移民的政治和文化活动等专题研究。此

---

[1] Kenneth R. Hall, "Local and International Trade and Traders in the Straits of Melaka Region: 600–1500." *Journal of the Economic and Social History of the Orient*. vol. 47, no. 2 (2004): 213–260.

[2] Lockard Craig, "The Sea Common to All: Maritime Frontiers, Port Cities, and Chinese Traders in the Southeast Asian Age of Commerce, ca. 1400–1750." *Journal of World History*, vol. 21, no. 2 (2010): 219–246.

[3] Leo Suryadinata and Chinese Heritage Center (Singapore), *Chinese Diaspora since Admiral Zheng He: With Special Reference to Maritime Asia* (Singapore: Chinese Heritage Centre and HuayiNet, 2007).

外，海外华人中关于郑和的众多传说和遗迹也受到了学者注意，用以说明他的下西洋活动在海外华人社会的影响。[1]印度尼西亚历史学家乔哈尼·维多达（Johannes Widodo）的文章《郑和远航、海洋贸易和东南亚多元文化港口城市的构建》也颇有新意。[2]该文章没有沿袭传统的利用文献的研究方法，而是以实地调查东南亚地区沿海郑和曾经访问过的古老港口城市中中国移民和当地穆斯林团体及其他民族的紧密关系为基础，指出这种源于历史的和睦关系模式现在岌岌可危。

郑和船队七下西洋之举也促进了明初中国与印度洋各国间的文化交流，而海外学人的一个研究重点是郑和以及中国与伊斯兰教在东南亚及南亚地区传播的关系。

陈达生于 2009 年出版的《郑和与东南亚的伊斯兰教》一书，[3]不仅将郑和下西洋事迹放在中国与海外交往的文化环境中进行研究，还用史实证明伊斯兰教在东南亚传播过程中"中国潮"的存在。此书还对塞缪尔·亨廷顿（Sameul Huntington）的文化冲突论（clash of civilizations）的理论提出异议，以伊斯兰教、佛教等在中国和东南亚的传播为例，说明这可以是一个不需要卷入战争冲突，而通过贸易、文化交流、人口迁移达成的和平过程。该书中第二部分第七章《郑和与东南亚的伊斯兰化》着重探讨了为什么阿拉伯商人在传播伊斯兰教时在东南亚遭到相当的抗拒，而在中国则相对

---

[1] Singgih Tri Sulistiyono, "Contesting the Symbols: Zheng He, Sam Po Kong Temple and the Evolution of Chinese Identity in Semarang." In *Zheng He and the Afro-Asian World*, eds. Chia Lin Sien and Sally K. Church: 147–71.

[2] Johannes Widodo, "A Celebration of Diversity: Zheng He and the Origin of the Pre–Colonial Coastal Urban Pattern in Southeast Asia." *Journal of Southeast Asian Architecture* 5–6 (2003): 75–86.

[3] Tan Ta Sen, *Cheng Ho and Islam in Southeast Asia*. (Repr. Singapore: ISEAS, 2010).

容易。这一观点与马来西亚学者王乐丽的看法相近。在后者的文章《郑和对于伊斯兰教在马来世界传播的贡献》中，[1] 作者概括了郑和航海期间中国穆斯林在马来世界的影响及其留给当地的宝贵遗产：开放、和平、多民族和宗教共处的社会。此外，科特比（Sumanto Al Qurtuby）的文章则搜集各种历史文献、早期旅行者的口述、当地传说及文物，来证明郑和航行中中国穆斯林对当时印度尼西亚宗教和平共处的重要影响。[2]

在印度尼西亚学者廖建裕编辑的《航海家郑和与东南亚》一书中，[3] 也有两篇论文讨论郑和与伊斯兰教在东南亚传播的关系，即廖建裕本人的文章《郑和，三宝垄历史和传说中爪哇的伊斯兰化》和陈育崧（Tan Yeok Seong）的文章《东南亚伊斯兰化中的中国因素》。前者探讨两个问题：郑和是否到过三宝垄（Semarang）及郑和与爪哇（Java）的伊斯兰化之间的可能联系。作者罗列了一系列东南亚历史学家们的看法，加上对当地传说和史料如《关于三宝垄和色汶的马来编年史》（*The Malay Annuals of Semarang and Cerbon*）的分析，认为郑和可能到过三宝垄，并且与其他中国伊斯兰教徒在当地伊斯兰化的进程中起过积极的作用。陈育崧的文章写于 1983 年，本不在本文讨论之列，但与廖建裕文有联系，简述

---

[1] Rosey Wang Ma, "Zheng He's Contribution to the Spread of Islam in the Malay World: The Legacy of an Open-minded, Peaceful, Multi-ethnic, and Multi-religious Community." In *Zheng He and the Afro-Asian World*, eds. Chia Lin Sien and Sally K. Church: 115–29.

[2] Sumanto Al Qurtuby, "The Imprint of Zheng He and Chinese Muslims in Indonesia's Past." In *Zheng He and the Afro-Asian World*, eds. Chia Lin Sien and Sally K. Church: 172–87.

[3] Leo Suryadinata, *Admiral Zheng He & Southeast Asia*(Singapore: International Zheng He Society, 2005).

如下。陈文分析了《历代宝案》（*Lih Tai Pao Ann*）中记载的人物施大娘子俾那智（Njai Gede Pinatih, the Great Lady of Gresik），她是郑和设置的旧港宣慰使施进卿的家族成员。她的养子素南·吉里（Sunan Giri）是九圣徒（Wali Sanga）之一，对于伊斯兰教在当地传播起到过重要作用。

除了在海外的文化影响之外，还有一些学者注意到郑和下西洋所代表的海外文化对中华文化的影响。例如，台湾学者罗海贤于2011年发表专文，探讨了海神妈祖通过郑和下西洋的活动对中华文化的影响。[1]

结　语

本文介绍了1995年至今近二十年间出版的中国大陆以外地区学者在郑和远航研究方面的主要成果。由于有些资料难以获取及语言和地域的隔阂，文中难免遗漏一些重要的著作或文章，敬请有关专家指正。另外，本文对于有关论著的评论，目的是为相关学者提供一定的信息以助进一步研究之用，未免管中窥豹，不够全面，仅代表个人观点，请读者原谅。

---

[1] 罗海贤，《海神妈祖在郑和七航中对中华文化的影响》，载《大海洋诗杂志》2011年第83期，第30—32页。

征引文献

中日文献

陈达生，《马六甲"官厂"遗址考》，载《郑和研究》2006 年第 3 期，第 52—55 页。

————，《郑和与满剌加》，载《郑和研究》2008 年第 3 期，第 22—28 页。

陈鸿瑜，《明朝与马六甲王朝之关系：战略前沿的建立和丧失》，载《汉学研究》2010 年第 28 卷第 4 期，第 139—169 页。

陈信雄，《郑和舰队曾经到过非洲？》，载《历史月刊》1999 年第 141 期，第 22—33 页。

陈信雄、陈玉女，《郑和下西洋国际学术研讨会论文集》，台北，稻乡出版社 2003 年版。

陈政宏、许智超，《郑和宝船复原模型与典型福船及沙船性能之初步比较研究》，载《成功大学学报》2002 年第 37 期，第 13—36 页。

大隅晶子：《ユロソぼ國立博物館所藏"鄭和碑文"につ いて》，载《東京國立博物館研究誌》1997 年第 551 期，第 53—72 页。

金国平，《葡萄牙史料所载郑和下西洋史事探微》，载陈信雄、陈玉女主编，《郑和下西洋国际学术研讨会论文集》，台北，稻乡出版社 2003 年版，第 323—339 页。

金国平、吴志良，《郑和船队冷、热兵器小考》，载《澳门理工学报》2003 年第 6 卷第 3 期，第 103—112 页。

————，《500 年前葡萄牙史书对郑和下西洋的记载》，载《史学理论研究》2005 年第 3 期。

_____，《五百年前郑和研究一瞥——兼论葡萄牙史书对下西洋中止原因的分析》，载《世界汉学》2005 年第 1 期，第 163—169 页。

_____，《郑和下西洋葡萄牙史料之分析》，载《史学理论研究》2003 年第 3 期，第 47—60 页。

孔远志、郑一钧，《东南亚考察论郑和》，北京大学出版社 2008 年版。

李兆良，《美洲出土宣德金牌考证》，载《郑和研究》2011 年第 3 期，第 50—56 页。

梁启超，《祖国大航海家郑和传》(1905)，载张品兴主编，《梁启超全集》第三册，北京出版社 1999 年版，第 1545—1550 页。

廖建裕、柯木林、许福吉主编，《郑和与亚非世界》，新加坡、国际郑和学会、马六甲博物馆 2012 年版。

林贻典，《三论郑和船队发现新大陆及环绕地球一周之见解》，载《郑和研究》2004 年第 21 期，第 8—15 页。

刘达材，《海权新思维——纪念郑和下西洋 600 周年庆典重大的收获与成就》，载《海军学术双月刊》2008 年第 42 卷第 5 期，第 4—14 页。

刘昭民，《〈瀛涯胜览〉中的地理资料》，载《中华科技史学会会刊》2006 年第 9 期，第 15—22 页。

龙村倪，《郑和布施锡兰山佛寺碑汉文通解》，载《中华科技史学会会刊》2006 年第 10 期，第 1—5 页。

_____，《"郑和"下西洋与"南海"新课题——海上丝绸之路是一条海上战略航线》，载《中华战略学刊》2001 年第 90 期，第 70—108 页。

罗海贤，《海神妈祖在郑和七航中对中华文化的影响》，载

《大海洋诗杂志》2011年第83期，第30—32页。

邱克，《国外对郑和下西洋的研究》，见邱克编，《中国交通史论》，人民交通出版社1994年版，第93—107页。

苏明阳，《历史与小说的错综交织——解开"郑和宝船之谜"》，载辛元欧主编，《郑和下西洋专刊》（《船史研究》2002年第17期），第139—153页。

_____，《谁是"纪行诗"的作者——马欢或罗懋登？》，载《暨大学报》2002年第6卷第1期，第1—17页。

_____，《郑和宝船及船队究竟有多大》，载辛元欧主编，《郑和下西洋专刊》（《船史研究》2002年第17期），第29—43页。

_____，《郑和下西洋的历史文献》，载《郑和研究与活动简讯》2002年第6期，第27—28页。

萧弘德，《郑和舰队于忽鲁谟斯五十二天——郑和远航原始动机的探寻》，载《成大历史学报》2006年第30期，第91—137页。

徐泓，《郑和下西洋目的与性质研究的回顾》，载《东吴历史学报》2006年第16期，第25—51页。

徐胜一，《北风去南风回——论郑和七下西洋之新说与旧说》，载《地理研究》2005年第43期，第21—41页。

徐胜一、陈有志，《郑和〈过洋牵星图〉及丁得把昔与沙姑马山地理定位之研究》，载《地理学报》2008年第52期，第93—114页。

徐玉虎，《对郑和下西洋有关六件新史料读后感》，载《中国历史学会史学集刊》2002年第34期，第95—120页。

许振兴，《〈皇明祖训〉与郑和下西洋》，载《中国文化研究所学报》2010年第51期，第67—85页。

张之杰，《传世麒麟图考察初稿》，载《中华科技史学会会刊》2009年第13期，第38—44页。

_____，《〈瀛涯胜览〉所记动物初考》，载《中华科技史学会会刊》2006年第9期，第5—14页。

_____，《郑和下西洋与麒麟贡》，载《自然科学史研究》2006年第4期，第383—391页。

中国第一历史档案馆／辽宁省档案馆编，《中国明朝档案总汇：五一～七七卷：武职选簿》，广西师范大学出版社2001年版。

周维强，《试论郑和舰队使用火铳来源、种类、战术及数量》，载《淡江史学》2006年第17期，第277—294页。

朱鉴秋编，《百年郑和研究资料索引：1904—2003》，上海书店出版社2005年版。

西语文献

Andro, Anatole. *The 1421 Heresy: An Investigation into the Ming Chinese Maritime Survey of the World.* Bloomington, IN: AuthorHouse, 2005.

Barros, Joao de, Ernest Mason Satow, and C. R. Boxer. *Terceira decada da Asia de Ioam De Barros: Dos feytos que os Portugueses fizeram no descobrimento & conquista dos mares & terras do Oriente.* Lisboa: Galharde, 1563. [Republished, Lisboa, 1628.]

Chan, Hok-lam. "The Eunuch Connection: Some Reflections on Zheng He's Maritime Expeditions to the Western Oceans, 1405–1433." *Journal of Chinese Studies* 48 (2008): 163–92.

Chiasson, Paul. *The Island of Seven Cities: Where the Chinese Settled When They Discovered America.* New York: St. Martin's Press, 2006.

Church, Sally K. "The Ming Treasure Shipyard Archaeological Report." in Susan Langley and Victor Mastone eds. *ACUA Underwater Proceedings 2008*. Columbus, Ohio: PAST Foundation, Advisory Council on Underwater Archaeology, 2008.

_____. "Two Ming Dynasty Shipyards in Nanjing and their Infrastructure." in Jun Kumura ed. *Shipwreck ASIA: Thematic Studies in East Asian Maritime Archaeology*, 32–49. Adelaide, Austrialia: Maritime Archaeology Program, Flinders University, 2010–12.

_____. "Zheng He: An Investigation into the Plausibility of 450–Ft Treasure Ships [Dimensions of the Ships] ." *Monumenta Serica (Sankt Augustin, Germany),* 53 (2005): 1–43.

Deng, Gang, *Maritime Sector, Institutions, and Sea Power of Pre-modern China*. Westport, CT: Greenwood Press, 1999.

Dewaraja, Lorna. "Cheng Ho's Visits to Sri Lanka and the Galle Trilingual Inscription in the National Museum in Colombo." *Journal of the Royal Asiatic Society of Sri Lanka (Colombo)* 52 (2006): 59–74.

Dreyer, Edward L. *Zheng He: China and the Oceans in the Early Ming Dynasty, 1405–1433*. New York: Pearson Longman, 2007.

Finlay, Robert. "How Not to (Re)Write World History: Gavin Menzies and the Chinese Discovery of America." *Journal of World History* 15, no. 2 (2004): 229–42.

_____. "The Voyages of Zheng He: Ideology, State Power, and Maritime Trade in Ming China." *Journal of the Historical Society* 8, no. 3 (2008): 307–347.

Hall, Kenneth R. "Local and International Trade and Traders in the Straits of Melaka Region: 600–1500." *Journal of the Economic and*

Social History of the Orient 47, no. 2 (2004): 213–260.

Hall, Richard S. *Empires of the Monsoon: A History of the Indian Ocean and its Invaders.*London, UK: HarperCollins, 1996.

Holmes, James R. "China Fashions a Maritime Identity." in Yuan I ed. *Is there a Greater China identity? Security and Economic Dilemma,* 245– 71. Taipei: National Chengchi University, 2007.

_____. "Zheng He Goes Traveling—again〔Beijing's Pursuit of an Increasingly Ambitious Maritime Strategy Drawing on China's Maritime Past〕." *Education About Asia (Ann Arbor, MI),* 2 (2006): 19–25.

_____ and Toshi Yoshihara, "Soft Power at Sea: Zheng He and Chinese Maritime Strategy." *U.S. Naval Institute Proceedings,* 132, no.10 (2006): 34–8.

Jin Guoping. "Zheng He e â Africa Oriental（Zheng He and East Africa）" Richard Trewinnard Trans. *Oriente* (Lisboa, Portugal). 14 (2006): 34–49.

Lelièvre, Dominique. *Dragon De lumière: Les Grandes expéditions Des Ming Au début Du XVe siècle.* Paris: France–Empire, 1996.

Levathes, Louise. *When China Ruled the Seas: The Treasure Fleet of the Dragon Throne, 1404–1433.* New York: Simon & Schuster, 1994; New York: Oxford University Press, 1997.

Lockard, Craig A. "The Sea Common to all: Maritime Frontiers, Port Cities, and Chinese Traders in the Southeast Asian Age of Commerce, Ca. 1400–1750." *Journal of World History* 21, no. 2 (2010): 219–246.

Malhão Pereira, José Manuel and Guoping Jin, *Navegações Chinesas no século XV*. Lisboa : Livraria Perin, 2006.

Mayers, W. F. "Chinese Explorations of the Indian Ocean during the Fifteenth Century." 3, no.4 (1875): 219–25; 3, no.6 (1875): 321–31; 4, no.2 (1875): 61–67; 4, no. 3 (1875): 173–90.

Menzies, Gavin. *1421 : The Year China Discovered the World* . New York: Bantam, 2002.

_____.*1434: The Year a Magnificent Chinese Fleet Sailed to Italy and Ignited the Renaissance.* New York: William Morrow, 2009.

Miksic, John N. "Before and After Zheng He: Comparing Some Southeast Asian Archaeological Sites of the 14th and 15th Centuries." in Geoff Wade and Laichen Sun eds. *Southeast Asia in the Fifteenth Century: The China Factor*, 384–408. Singapore: NUS press and Hong Kong University Press, 2010.

Negas, Eva. "The Chinese Inscription on the Trilingual Slabstone from Galle Reconsidered." in H. J. Weisshaar, Helmut Roth, and W. Wijeyapala eds. *Ancient Ruhuna*: *Sri Lankan–German Archaeological Project in the Southern Province,* 437–468. Mainz am Rhein: Von Zabern, 2001.

Ray, Himanshu Prabha. "Early Seafaring Communities in the Indian Ocean." in Shawkat M. Toorawa ed. *The Western Indian Ocean: Essays on Islands and Islanders,* 21–48. Louis, Mauritius: Hassam Toorawa Trust, 2007.

Robinson, Kenneth. "Gavin Menzies, 1421, and the *Ryukoku Kangnido* World Map [Review Article] ." *Ming Studies* (Leeds, England), 64(2010): 56–70.

Salmon, Claudine and Ptak Roderich eds., *Zheng He: Images & Perceptions*. Wiesbaden: Harrassowitz, 2005.

Sien, Chia Lin and Sally K. Churcheds. *Zheng He and the Afro-Asian World*. Melaka, Malaysia: Melaka Museums Corporation and International Zheng He Society, 2012.

Suryadinata, Leo. *Admiral Zheng He & Southeast Asia*. Singapore: International Zheng He Society, 2005.

_____.ed. *Chinese Diaspora since Admiral Zheng He*: *With Special Reference to Maritime Asia*. Singapore: Chinese Heritage Centre and HuayiNet, 2007.

Tan Ta Sen. *Cheng Ho and Islam in Southeast Asia*. Reprint ed. Singapore: ISEAS, 2010.

_____. *Cheng Ho and Malacca*. Melaka: Cheng Ho Cultural Museum and International Zheng He Society, 2005.

Widodo, Johannes, "A Celebration of Diversity: Zheng He and the Origin of the Pre-Colonial Coastal Urban Pattern in Southeast Asia." *Journal of Southeast Asian Architecture* 5–6 (2003): 75–86.

Yamashita, Michael S., and Gianni Guadalupi. *Zheng He: Tracing the Epic Voyages of China's Greatest Explorer*. Vercelli, Italy: White Star Publishers, 2006.

柳瀛

江苏南京人，2000 年毕业于上海海事大学，获语言学硕士学位。2004 年毕业于加拿大麦吉尔大学，获图书管理科学硕士学位。现为加拿大维多利亚大学图书馆东亚研究馆馆员。主要致力于研究资料的整理和利用，近作有《郑和下西洋及中国与印度洋世界的关系：多种语言论著目录》(*Zheng He's Maritime Voyages* [*1405–1433*] *and China's Relations with the Indian Ocean World: A multilingual Bibliography*，与陈忠平等合作编撰)。